PLAYERS DE IMPACTO

PLAYERS DE IMPACTO

Como assumir a liderança e fazer a diferença

LIZ WISEMAN

Tradução
André Fontenelle

RIO DE JANEIRO, 2022

Copyright © 2021 by Liz Wiseman. Todos os direitos reservados.
Copyright da tradução © 2021 por Casa dos Livros Editora LTDA.

Título original: *Impact Players: How to Take the Lead, Play Bigger, and Multiply Your Impact*

Todos os direitos desta publicação são reservados à Casa dos Livros Editora LTDA.
Nenhuma parte desta obra pode ser apropriada e estocada em sistema de banco de dados ou processo similar, em qualquer forma ou meio, seja eletrônico, de fotocópia, gravação etc., sem a permissão do detentor do copyright.

Diretora editorial: *Raquel Cozer*
Gerente editorial: *Alice Mello*
Editora: *Lara Berruezo*
Assistência editorial: *Anna Clara Gonçalves e Camila Carneiro*
Copidesque: *Lígia Alves*
Revisão: *Rowena Esteves*
Adaptação de capa: *Osmane Garcia*
Diagramação: *Abreu's System*

Dados Internacionais de Catalogação na Publicação (CIP)
(Câmara Brasileira do Livro, SP, Brasil)

Wiseman, Liz
 Players de impacto : como assumir a liderança e fazer a diferença / Liz Wiseman ; tradução André Fontenelle. -- Rio de Janeiro : Harper Collins Brasil, 2022.

Título original: Impact Players
ISBN 978-65-5511-263-4

1. Autoconhecimento 2. Carreira profissional -Administração 3. Carreira profissional -Desenvolvimento 4. Executivos 5. Gestão de negócios 6. Liderança 7. Mercado de trabalho
I. Título.

21-92610   CDD-658.4092

Índices para catálogo sistemático:
1. Liderança : Administração   658.4092
Aline Graziele Benitez - Bibliotecária - CRB-1/3129

Os pontos de vista desta obra são de responsabilidade de seu autor, não refletindo necessariamente a posição da HarperCollins Brasil, da HarperCollins Publishers ou de sua equipe editorial.

HarperCollins Brasil é uma marca licenciada à Casa dos Livros Editora LTDA.
Todos os direitos reservados à Casa dos Livros Editora LTDA.
Rua da Quitanda, 86, sala 218 – Centro
Rio de Janeiro, RJ – CEP 20091-005
Tel.: (21) 3175-1030
www.harpercollins.com.br

Para os três Josh que me trouxeram alegria e tornaram meu trabalho mais leve durante um ano difícil.

SUMÁRIO

INTRODUÇÃO 9

PARTE I: OS PLAYERS DE IMPACTO

CAPÍTULO 1: OS PLAYERS DE IMPACTO 21
CAPÍTULO 2: TORNE-SE ÚTIL 51
CAPÍTULO 3: UM PASSO À FRENTE, UM PASSO ATRÁS 87
CAPÍTULO 4: ACELERE NA RETA FINAL 122
CAPÍTULO 5: PERGUNTE E CORRIJA 156
CAPÍTULO 6: TORNE O TRABALHO LEVE 194

PARTE 2: COMO DESENVOLVER A MENTALIDADE DO PLAYER DE IMPACTO

CAPÍTULO 7: AUMENTE SEU IMPACTO 233
CAPÍTULO 8: MONTE UMA EQUIPE DE ALTO IMPACTO 264
CAPÍTULO 9: APOSTE TUDO 303

AGRADECIMENTOS 309
APÊNDICE A: COMO GANHAR MAIS CREDIBILIDADE 313
APÊNDICE B: PERGUNTAS MAIS FREQUENTES (FAQS) 315
NOTAS 323

INTRODUÇÃO

Existem pessoas que brilham mais nas circunstâncias mais difíceis; que executam o lance certo na hora certa, obtendo resultados que chegam impactando. Pessoas assim são chamadas o tempo todo para assumir a liderança, sobretudo em momentos críticos.

Provavelmente você já viu isso acontecer no esporte: uma partida importante está num momento crucial, em que tudo está em jogo. O técnico precisa decidir quem vai jogar. Há diversos atletas fortes e habilidosos, mas o treinador escolhe um jogador em especial — pode não ser o mais forte ou o mais rápido, mas é aquele que chama a responsabilidade na hora H. É aquele que entende a importância da situação e vai se apresentar e executar o serviço. É aquele em quem dá para confiar.

No trabalho, cenas assim acontecem todos os dias. Vejamos este exemplo: Jamaal, gerente regional de uma grande rede de varejo, fica sabendo que o presidente da empresa vai fazer uma visita à loja. Infelizmente, naquele dia o gerente não estará na loja, pois viajou para férias há muito planejadas. O gerente precisa de alguém que assuma a responsabilidade de ciceronear essa visita de prestígio. O desafio é apresentar as coisas boas feitas na loja, sem deixar de tocar com franqueza nos problemas; alguém que tenha personalidade e confiança, mas que não abuse do momento para se promover. Ele escolhe Joya, que, como previsto, desincumbe-se da tarefa com brilho. É um triunfo para Jamaal e toda a equipe. Para Joya, representar o time inteiro é totalmente natural. Ela foi criada sem muito apoio familiar, e sabe da importância do valor da comunhão do grupo. Ela conta: "Meu coração estava acelerado, do lado de fora da loja, esperando saudar o presidente, mas me acalmei, porque o importante era representar a loja e a minha comunidade da melhor forma que eu sabia".

Há pessoas que parecem saber como se tornar valiosas. São aqueles que prestam atenção. Que escolhem os momentos mais produtivos para pôr em prática suas habilidades. Fazem a coisa funcionar e cumprem a missão, mesmo quando ela se complica. Não apenas entregam resultados, mas criam ondas de choque de impacto positivo em toda a equipe e por toda a organização. É nessas pessoas que os gerentes confiam quando há muita coisa em jogo, e é a elas que recorrem em situações críticas. Elas encontram um jeito de superar as dificuldades e de impactar em situações que outros simplesmente ligariam o piloto automático.

Durante a primeira metade da minha carreira, administrei uma universidade corporativa e comandei o desenvolvimento de talentos na Oracle. Durante esse período, o mundo do treinamento em empresas costumava operar com base no pressuposto de que mais é melhor, ou seja: na dúvida, treine o pessoal e reze para a situação melhorar. Por isso, tocávamos vários programas diferentes. Enviávamos relatórios aos diversos executivos, contando a eles o quanto tínhamos realizado treinamentos. Esses relatórios eram, na maior parte, ignorados, e os gerentes de treinamento se sentiam permanentemente frustrados pela falta de envolvimento da direção. Os programas de treinamento surgiam por toda parte, mantendo as pessoas ocupadas, mas nem todo mundo e nem todo programa produziam impacto.

Ben Putterman, um dos gerentes de treinamento da minha equipe gestora, tinha uma abordagem diferente. A empresa estava se posicionando para lançar um novo produto, e ele e vários colegas estavam preparando um briefing para a diretoria sobre o treinamento da equipe de campo para o novo produto. Por saber que os relatórios de treinamento anteriores não haviam suscitado uma reação muito entusiasmada dos diretores, eles pararam para pensar e se questionaram: com o que a diretoria, de fato, se importa? Ben se colocou no lugar dos executivos das diferentes áreas e percebeu que ele não se importaria muito em saber de quantos treinamentos as equipes participaram; o que ele teria interesse era se cada um sabia o que tinha que fazer e até que ponto o pessoal estava pronto para vender e promover os novos produtos junto aos clientes.

Ele reorientou totalmente sua abordagem, focando a preparação, e não o treinamento. Ben e sua equipe implantaram testes de certificação, incentivando de fato os colaboradores a serem autodidatas e a testarem, fora dos horários de treinamento, se isso os ajudava a entrar mais rapidamente no ritmo. Os diretores começaram a prestar atenção nos relatórios, apontando onde havia dados incompletos e trabalhando em conjunto para aumentar a precisão. Aumentou o envolvimento dos executivos seniores, porque Ben e a equipe tornaram mais fácil para eles fazer seu trabalho: investir da forma certa, fazer o que era certo para o cliente e assumir a responsabilidade, como diretores e como empresa.

Essa abordagem, embora hoje possa parecer banal, era uma novidade na época, e transformou o setor. Enquanto outros não saíam do lugar, Ben produzia impacto.

Mas não foi uma tacada genial isolada. Ao longo do caminho, Ben enfrentou reveses, tratando os problemas como oportunidades para dar meia-volta e produzir algo de maior valor. Entregar a ele as tarefas mais vitais e desafiadoras era fácil. Ben trabalhou na minha equipe durante dez anos, e me deu alguns apelidos. Um deles era, simplesmente, "Chefe", e outro era *Busy Lizzy* ("Liz, a Ocupada"), descrição bem apropriada. Isso me fazia questionar o tempo todo: será que eu estou no piloto automático ou produzo impacto de verdade? Talvez você se pergunte por que às vezes impacta o trabalho, enquanto em outros momentos seu esforço se perde no vazio. Talvez você tenha sido preterido para um cargo de liderança e pensado no motivo da nomeação de outro colega.

Embora todo mundo traga para o trabalho sua competência e sua inteligência, assim como em um jogo de cartas sempre parece haver uns que sabem usar sua mão melhor que os outros. São aqueles que angariam a fama de Player de Impacto dentro da organização. Os gerentes sabem quem são esses craques, e entendem o valor que têm. Os líderes acabam se tornando dependentes deles, atribuindo-lhes um fluxo constante de tarefas de destaque e novas oportunidades. Seus pares também sabem quem são. Todos parecem compreender o valor que agregam e conseguem ver a influência positiva de seu trabalho. São pessoas que dão a impressão de avançar carreira afora com propósito e impacto.

Tive o privilégio de trabalhar com muitas superestrelas assim nos meus anos como executiva de empresas, testemunhando a influência positiva que elas exercem nas equipes e em suas organizações como um todo.

Também vi como o impacto da atuação dessas pessoas cria uma experiência de trabalho mais relevante e gratificante. Porém, também me deparei com pessoas inteligentes e talentosas com desempenho abaixo do potencial. É triste ver gente boa no banco de reservas, quando você sabe que essas pessoas poderiam estar em campo, marcando gols e ganhando campeonatos.

A maioria já viu uma dinâmica assim — dois indivíduos de capacidade equivalente, ambos talentosos e motivados, mas cujo trabalho vem tendo níveis de impacto diferentes —, porém nem todos compreendem a causa dessa diferença. Você mesmo pode já ter se encontrado nessa situação e conjecturado sobre a mentalidade e o comportamento que separam duas pessoas com a mesma capacidade.

Líderes empresariais sentem essas diferenças, mas muitas vezes não conseguem expressá-la em palavras. Em geral, sabem quem são as superestrelas e querem que haja mais, mas têm dificuldade para explicar o que, de fato, torna-as diferentes. Em geral, esses gestores conseguem articular as diferenças mais pronunciadas entre aqueles que têm performance mais alta e mais baixa; no entanto, quando se trata de seus Players de Impacto mais influentes, o top do top, é como se eles tivessem uma qualidade intangível. Existe um certo *je ne sais quoi* na forma de lidar com suas funções; a maneira como contribuem é como uma forma de arte.

Profissionais de RH e desenvolvimento de talentos nas empresas tentam capturar, compreender e comunicar essas diferenças por meio de uma série de ferramentas. Por exemplo, sistemas de gestão de desempenho criados para classificar os funcionários segundo categorias de performance, dando feedback para ajudar as pessoas a evoluir, modelos de competência para definir as fundamentais para o êxito e declarações de valores corporativos recomendando comportamentos valorizados. Apesar disso, a maioria das declarações de valores corporativos é abstrata demais para capturar a sutileza entre o comportamento que é apenas culturalmente aceitável e aquele que produz impacto verdadeiramente. Por outro lado, os modelos de competência tendem a ser excessivamente detalhados; afinal de contas, poucos de nós lembraríamos dezenas de competências e comportamentos cruciais, que dirá desenvolver essas competências antes que se tornem obsoletas. São esforços que não atacam as questões certas, e ignoram a distinção sutil entre uma contribuição simplesmente correta e uma que seja verdadeiramente excelente. Além disso, essas ferramentas tendem a não levar em conta as poderosas crenças por trás desses comportamentos.

Enquanto isso, há muitos profissionais que anseiam por impactar. Certo, a maioria quer um bom emprego, mas também quer dar uma contribuição relevante; quer que seu trabalho tenha importância e faça diferença no mundo. Quer estar envolvida e ser respeitada por sua contribuição. Na falta de uma orientação clara, muitos consomem os conselhos de carreira disseminados nas mídias sociais ou distribuídos em frases feitas de aulas inaugurais. São fontes que podem parecer atraentes, mas que tendem a oferecer a versão *junk food* de uma consultoria profissional: pré-embalados, superprocessados e sem valor nutritivo.

Eu também já busquei respostas para esta pergunta: por que algumas pessoas realizam plenamente seu potencial, enquanto outras permanecem subaproveitadas? Ao longo da última década, procurei analisar os líderes tanto como fonte quanto como solução para o problema. Tenho total consciência de como o comportamento de um líder pode aumentar ou diminuir a capacidade de alguém de contribuir. Explorei essa tese no livro *Multiplicadores: como os bons líderes valorizam você*. Com frequência excessiva, os líderes não percebem talento e inteligência sentados bem na frente deles. No entanto, embora a liderança seja um fator essencial — fator que merece ser examinado mais de perto —, ela não é o único. Com toda a certeza os líderes são responsáveis pela criação de um ambiente inclusivo e por orientar na direção certa, mas a forma como trabalha seu contribuidor importa do mesmo jeito. Nas palavras de um gestor com quem conversei, "Zero não tem multiplicador". Ele não estava desdenhando da capacidade individual; queria dizer que é difícil liderar alguém que não traz para o trabalho a mentalidade e as práticas corretas. Ele tem razão, e a matemática também está certa. O gestor pode ser um multiplicador, mas o contribuidor também é uma variável dessa equação; sua forma de trabalhar determina o nível de sua contribuição, de sua influência e de seu impacto final.

À medida que o local de trabalho foi se tornando menos hierarquizado e mais complexo, diversos pesquisadores, inclusive eu, elaboraram novos modelos de liderança, mas quem é que está estudando o novo modelo de contribuição? Existem milhares de livros sobre como brilhar sendo líder, mas como é que alguém se torna um contribuinte de ponta? Existe uma série de perguntas sem resposta: o que torna alguém influente dentro de uma organização? Quais são as mentalidades e práticas que diferenciam os maiores Players de Impacto do restante de uma equipe? Como os contribuidores influenciam seus líderes e constroem o apoio organizacional para suas ideias e iniciativas, mesmo sem ocupar um posto de comando? Essas habilidades podem ser aprendidas?

É hora de olhar o outro lado da moeda para saber o que os maiores contribuidores fazem, como eles criam valor extraordinário ao seu redor e como isso dá mais força à voz deles e aumenta sua influência no mundo.

Em busca de respostas, precisamos compreender o que faz os indivíduos exercerem influência e criarem valor, sobretudo aos olhos de seus acionistas. Quando busquei estudar os grandes líderes, não pedi aos gestores que falassem de suas filosofias pessoais de liderança; perguntei para as pessoas que trabalhavam para eles. Essas pessoas sabiam quais os líderes que tiravam o melhor delas e quais líderes agiam de forma diferenciada. Da mesma forma, para revelar o método dos profissionais mais influentes, precisamos começar escutando os líderes atuais — os gestores que testemunham o comportamento e os acionistas que se beneficiam dos resultados. Precisamos compreender as diferenças sutis entre as contribuições e revelar os sistemas invisíveis de valor, para compreender como pequenas diferenças de comportamento podem gerar um impacto de grande dimensão.

Reuni uma equipe de pesquisa ancorada por duas de minhas colegas no The Wiseman Group: Karina Wilhelms, diretora de pesquisa, e Lauren Hancock, economista comportamental e cientista de dados. Juntas, conversamos com 170 líderes de algumas das empresas mais admiradas, entre elas Adobe, Google, LinkedIn, Nasa, Salesforce, SAP, Splunk, Stanford Health e Target. Esses gestores/gestoras atuam em dez países diferentes. Pedimos a cada um deles que identificasse alguém em sua equipe que estava fazendo um trabalho de extraordinário valor. Em seguida, pedimos ao gestor/gestora que descrevesse o comportamento e a mentalidade daquela pessoa: como ela aborda o trabalho? Como pensa seu papel? O que faz? O que não faz? Por que seu trabalho tem tanto valor?

Não nos restringimos aos maiores contribuidores; também pedimos ao gestor que identificasse alguém com quem trabalhou que contribuía em um nível normal, assim como outra pessoa que contribuía abaixo de seu grau de capacidade. Fizemos as mesmas perguntas. Todas as três pessoas identificadas pelo gestor eram consideradas por ele/ela como inteligentes e capazes. Isso nos permitiu encontrar os ingredientes essenciais e as práticas profundas que diferenciam os contribuidores mais eficientes do restante, e as mentalidades que impedem pessoas inteligentes e capazes de contribuir com seu potencial pleno.

Levamos essa investigação um passo além, pedindo aos gestores que nos contassem, no geral, o que eles mais apreciam no que os funcionários fazem e o que os deixa mais frustrados. As reações foram incrivelmente parecidas, e em alguns casos até empolgadas e emotivas. Por meio dessa pesquisa, compreendi aquilo que os gestores mais precisam daqueles que comandam, por que é mais fácil para eles confiar tarefas críticas a certas pessoas e por que eles hesitam em apoiar integralmente o esforço de outras.

Durante essas entrevistas, adquiri uma noção profunda do desafio vivido pelos gestores ao liderar em um ambiente de incerteza, sobretudo em tarefas como supervisor hospitalar ou executivo de vendas. Vi de que forma os membros da equipe de gestores podem ampliar ou aliviar esse fardo. Tendo ouvido centenas de histórias de gestores elogiosos, percebi que é extremamente gratificante trabalhar com indivíduos talentosos no pleno desempenho de suas competências, mas também que é frustrante ver pessoas normalmente inteligentes e competentes errarem o alvo e darem uma contribuição bem abaixo de seu potencial.

Para completar esse panorama, conversei com contribuidores. Comecei com 25 dos maiores contribuidores identificados em nosso estudo, para compreender melhor sua forma de pensar e o que estavam realizando de tão valioso e impactante na visão de outros. Acrescentei, em seguida, o ponto de vista de centenas de pessoas que trabalham arduamente, mas não conseguem ver o impacto desse esforço, assim como outras que tentam dar uma contribuição significativa, mas que sentem não estar sendo vistas ou escutadas, que se sentem deixadas de lado, por uma série de razões. Ficou evidente que o mundo do trabalho está cheio de gente que quer dar sua contribuição máxima. Esse desejo de envolvimento e impacto elevados não é uma ambição apenas dos líderes das empresas; é uma necessidade profunda de todos. Todo mundo quer contribuir de maneira relevante e impactar. Porém, nem todo mundo sabe como.

Com base no pensamento tanto dos gestores quanto dos aspirantes a líderes, compreendi o que diferencia os maiores Players de Impacto das demais pessoas, e como diferenças pequenas e aparentemente insignificantes na nossa forma de pensar e agir podem ter um enorme impacto. Este livro trata dessas diferenças. À medida que você vier a conhecê-las, terá acesso a essa forma de trabalhar de alta contribuição e alta recompensa, e poderá fazer parte do grupo de Players de Impacto, encontrando mais significado e realização em seus projetos.

Não é necessariamente fácil tornar-se um Player de Impacto. Não se requer um talento ou uma competência especial, mas é preciso, sim, compreender a mentalidade e os comportamentos que diferenciam os Players de Impacto dos demais contribuidores. É possível, porém, adquirir o domínio dessas mentalidades e práticas. As páginas deste livro mostrarão que, com um pouco de coaching, essa mentalidade é acessível a todos aqueles que querem dar um passo à frente e contribuir no mais elevado grau.

Este livro foi escrito para aspirantes a líderes e profissionais batalhadores que querem ter mais êxito no trabalho, aumentar sua influência e multiplicar seu impacto. Para alguns, a liderança é uma questão de se fazer ouvir mais e fazer diferença no mundo. Para outros, a liderança assume a forma de um posto de gestão em que se estará em condição de treinar outros. Ao colocar em prática a Mentalidade do Player de Impacto, você assumirá esses papéis com naturalidade. Já será visto/a como um/uma líder, e terá prática na liderança por influência e na colaboração de uma forma que multiplica, em vez de reduzir, a capacidade daqueles com quem você trabalha.

Este também é um livro para os líderes de hoje, aqueles gestores que querem cultivar mais essa mentalidade em suas equipes. Gestores, vocês encontrarão aqui um conjunto de práticas que levará sua organização a outro patamar. Também descobrirão que essas práticas vão ajudá-los a aumentar seu próprio impacto. Por isso, incentivo os líderes de equipes e gestores corporativos de todos os níveis a lerem este livro em duas partes distintas. A Parte 1, Capítulos 2 a 6, vai ajudar você a aprimorar sua efetividade pessoal e a turbinar o lado contribuidor do seu papel; afinal de contas, até mesmo os CEOs e os empreendedores autônomos continuam tendo "chefes": um comitê, um grupo de clientes ou outros a quem servir. Durante a leitura, você se verá refletindo sobre seus tempos de contribuidor. Poderá encontrar ideias sobre por que você foi eficiente, por que progrediu e como veio a assumir seu papel de líder. A Parte 2, Capítulos 7 e 8, vai ajudá-lo a ser um líder melhor, proporcionando estratégias para recrutar mais talentos desse tipo, desenvolver essa mentalidade em sua equipe como um todo e elevar o grau de contribuição de toda a organização. Resumindo, gestores, adotem essas práticas vocês mesmos; no entanto, não percam de vista seu papel primordial como líderes: maximizar a contribuição e o impacto de sua equipe inteira. Não aspire apenas a ser um Player de Impacto; aspire a liderar um time de alto impacto.

Este livro é, além disso, um manual para profissionais de desenvolvimento de organizações, os desenvolvedores de talentos internos e guias da cultura organizacional, que precisam ampliar a capacitação de toda a empresa. As ferramentas do livro vão ajudá-lo a desenvolver lideranças em todos os níveis, aumentar o envolvimento dos funcionários e incutir as mentalidades que ajudam nos tão desejados valores culturais, como responsabilização, colaboração, inclusão, iniciativa, inovação e aprendizado. Também é um guia para mentores — pais, professores, consultores empresariais — que querem ajudar pessoas queridas ou mentorados a desenvolver mentalidades de valor para o êxito na carreira, em um mundo em transformação.

Então, vamos começar. É hora de descobrir os segredos dos profissionais extraordinários que jogam em um nível mais alto, elevando o nível do jogo para todos na equipe.

PARTE I

OS PLAYERS DE IMPACTO

Capítulo 1

OS PLAYERS DE IMPACTO

Talento existe em toda parte, atitude vencedora não.
DAN GABLE

Monica Padman saiu da faculdade com dois diplomas na mão — um em Artes Cênicas e outro em Relações Públicas, este último obtido para agradar os pais. Ela se mudou para Hollywood em busca do sonho de se tornar atriz ou comediante — de fazer as pessoas rirem e se emocionarem. Como a maior parte dos atores em busca de um lugar ao sol, teve uma série de empregos em tempo parcial entre um e outro teste ou pequeno papel.

Padman conseguiu um pequeno papel em *House of Lies*, série do canal Showtime, em que encarnava a assistente da atriz Kristen Bell. As duas ficaram amigas, e, quando Padman soube que Bell tinha uma filha pequena, ela comentou que às vezes trabalhava como babá. Bell e o marido, o ator Dax Shepard, aceitaram a oferta. Tendo adquirido a confiança da família, Padman pôde testemunhar o sacrifício que Bell fazia para conciliar diferentes projetos como atriz e produtora, e ofereceu ajuda na gestão da agenda. Por mais tentador que fosse para aquela aspirante a atriz pedir a uma estrela de Hollywood ajuda para conseguir papéis, Padman cumpriu tarefas onde ela era mais necessária — ironicamente, como assistente de Bell fora da televisão.

Quando Bell e Shepard pediram a ela que passasse a trabalhar em tempo integral, Padman relutou, o que era compreensível — como ela encontraria tempo para fazer testes? Aquele emprego seria um estorvo. Mas ela decidiu aceitar. Com o passar do tempo, ela se tornou mais que uma funcionária de confiança; tornou-se amiga e parceira criativa tanto de Bell quanto de Shepard. Trabalhava com entusiasmo sempre que via uma necessidade, e não demorou a passar a analisar roteiros e a colaborar nos projetos. "Ela faz tudo a 110%", diz Bell a respeito de Padman, "mas ela não é o tipo de pessoa que anda por aí querendo mostrar que é 110%. Não fica se achando." Em pouco tempo, Padman tornou-se tão essencial que Bell pensava em voz alta: "Como eu conseguia fazer tudo isso sem a Monica?".[1]

Ao mesmo tempo que trabalhava para a família, ela passava horas e horas na varanda da casa conversando com Shepard, conhecido por ser uma pessoa "do contra". Eram discussões ao mesmo tempo bem-humoradas e acaloradas. Por isso, quando Shepard propôs que aqueles bate-papos virassem um podcast, ela também topou. Assim nasceu *Armchair Expert* ("O especialista de sofá"), um podcast no qual Shepard e Padman, como coapresentadores, debatem com especialistas e celebridades a bagunça que é o ser humano. Espirituoso, engraçado, bem-humorado e instigante, tornou-se o podcast novo mais baixado de 2018 e continua a ganhar popularidade.

Dois anos e quase duzentos episódios depois, Padman refletiu: "É super, superfácil, principalmente quando você está correndo atrás de uma carreira no setor do entretenimento, ter uma visão bitolada. Acho que isso acontece com qualquer emprego. Você direciona o seu olhar para alguma coisa, e só enxerga aquela meta. Na minha experiência, é melhor ser um pouco mais flexível em relação a isso".[2]

Padman poderia ter procurado um rumo mais direto em busca de sua paixão. Em vez disso, trabalhou com afinco nas demandas em que poderia ser mais útil. Ao atuar com paixão onde era mais necessária, acabou encontrando uma oportunidade maior e, talvez, sua verdadeira vocação.

OS PLAYERS DE IMPACTO

Profissionais como Monica Padman, e muitos outros como ela em outros setores, são as grandes estrelas do local de trabalho. Dão o melhor de si aonde quer que vão e em tudo o que fazem. São pessoas que poderiam ser colocadas em dez papéis diferentes e ainda assim dariam certo. São profissionais que se tornam cruciais para suas organizações e prosperam em momentos de transformações e dificuldades econômicas. Agem com propósito e paixão, mas essa paixão é canalizada, focada naquilo que mais importa para as organizações onde trabalham e para as questões de nossa época. São profissionais que muitas vezes se tornam vozes influentes no mundo, tanto por suas competências singulares quanto por seu impacto geral.

Eles são Players de Impacto: players que realizam uma contribuição individual relevante, mas que também têm um efeito enormemente positivo sobre a equipe como um todo. Assim como os jogadores de impacto nos esportes, todas as superestrelas do mundo do trabalho são "craques". São inteligentes e talentosos, e têm um espírito de luta extraordinário. Porém, assim como os jogadores de impacto nos esportes, há algo mais além de talento e espírito de luta em jogo. Também há o jogo da mente: como eles enxergam o próprio papel, como trabalham com seus gestores e como lidam com adversidades e dúvidas, e até que ponto estão dispostos a evoluir.

Neste capítulo, vou compartilhar as ideias extraídas de nosso estudo dos Players de Impacto e apresentar as práticas e as mentalidades que fazem o seu trabalho produzir impacto e os diferenciar de outros contribuidores esforçados. Em primeiro lugar, é preciso apresentar algumas definições. Na pesquisa, minha equipe e eu estudamos três diferentes categorias de contribuidores:

Contribuidores de alto impacto: aqueles que realizam um trabalho de valor e impacto excepcionais

Contribuidores comuns: gente talentosa e inteligente que realiza um trabalho sólido, ainda que não brilhante

Subcontribuidores: gente talentosa e inteligente que vem atuando abaixo de seu grau de competência

Este livro vai se concentrar primordialmente na distinção entre as duas primeiras categorias, de modo a explorar as diferenças sutis, e às vezes paradoxais, de mentalidade que se tornam os grandes diferenciadores do impacto. Ao longo do livro, vou me referir aos dois grupos como Players de Impacto e Contribuidores. Você poderá encontrar um relato completo do processo de pesquisa em ImpactPlayersBook.com (em inglês), inclusive nossas entrevistas com 170 gestores de nove empresas, que trabalham em dez países, levantamentos com 350 gestores de um leque mais amplo de setores e entrevistas aprofundadas com 25 contribuidores de alto impacto.

COMO COMPREENDER O PLAYER DE IMPACTO

O que descobrimos, afinal? Para começo de conversa, encontramos Players de Impacto numa ampla variedade de profissões, em todos os níveis e em todos os setores que pesquisamos. Alguns cumprem papéis de alta visibilidade, como Monica Padman, ou recebem reconhecimento público, como a doutora Beth Ripley, pesquisadora da Medicina que recebeu a Medalha de Serviço aos Estados Unidos de 2020, da Parceria pelo Serviço Público, por seu trabalho pioneiro com impressão 3D.[3]

Outros, como Arnold "Jojo" Mirador, técnico em cirurgia no Centro Médico Santa Clara Valley, desempenham papéis menos visíveis. Os cirurgiões com quem ele trabalha concordariam: quando você entra na sala de cirurgia com Jojo, o procedimento vai dar certo. Quando Jojo prepara uma cirurgia, ele não se limita a arrumar os instrumentos; ele os arruma na ordem em que serão usados. Quando um residente em cirurgia pede um instrumento, Jojo não entrega simplesmente o que foi pedido pelo aprendiz de cirurgião; ele entrega o instrumento que ele deveria ter pedido, aquele que Jojo sabe que ele realmente necessita, dando uma sugestão gentil.

Outra coisa ficou bem clara: os considerados "contribuidores comuns" não têm preguiça. São profissionais capazes, prestativos e esforçados. Realizam um bom trabalho, cumprem ordens, assumem responsabilidades, mantêm o foco e carregam seu fardo. Sob vários aspectos, são o tipo de funcionário que todo gestor quer em sua equipe.

No entanto, analisando as diferenças entre os Players de Alto Impacto e os demais contribuidores esforçados, descobri quatro diferenças-chave na forma de pensar e trabalhar. Vamos começar pelas diferenças básicas na maneira de encarar os desafios do dia a dia.

Os Players de Impacto usam a lente da oportunidade

A abordagem adotada pelos Players de Impacto não é apenas ligeiramente diferente: é radicalmente diferente — e está enraizada na forma como esses profissionais lidam com situações fora de seu controle. O contribuidor comum se sai bem em situações comuns, mas tende a ficar desconcertado mais facilmente em situações de incerteza, que o deixam travado. Onde outros surtam ou pedem arrego, os Players de Impacto mergulham no caos de cabeça, de um jeito parecido com um nadador, que, acostumado ao oceano, mergulha no meio da onda imensa que vem em sua direção, em vez de entrar em pânico e ser levado pela arrebentação.

Praticamente todos os profissionais lidam com ondas de incerteza, onde quer que trabalhem. Entre esses desafios estão aqueles problemas que todos percebem, mas ninguém assume; reuniões cheias de participantes, mas sem uma liderança clara; terrenos desconhecidos com obstáculos nunca antes vistos; objetivos que se metamorfoseiam quando estão quase sendo alcançados; e demandas que aumentam mais rapidamente que o desenvolvimento de competências. Esse tipo de desafio, que antes era a exceção, tornou-se parte do cotidiano, uma realidade permanente do trabalho moderno. E a forma com os Players de Impacto enxergam e reagem a esses fatores externos se encontra no cerne daquilo que os torna extraordinariamente preciosos.

Um problema a ser evitado

Quando você trabalha em uma organização complexa ou em um ambiente dinâmico, sabe que certas dificuldades são inevitáveis. Mesmo assim, muitos de nós fazemos o possível para fugir delas. Mas o que acontece quando tentamos driblar esses problemas? Eric Boles, ex--jogador profissional de futebol americano, relembrou um momento de fraqueza ocorrido em sua temporada de estreia no New York Giants.

DESAFIOS DO COTIDIANO

Os Players de Impacto reagem de maneira diferente a estas forças e frustrações constantes do mundo do trabalho

1		PROBLEMAS COMPLICADOS	Questões complexas e interdisciplinares, que não se encaixam nas fronteiras de responsabilidades predefinidas
2		CONFUSÃO DE PAPÉIS	Falta de clareza sobre quem está no comando
3		OBSTÁCULOS IMPREVISTOS	Problemas inéditos e impossíveis de antecipar
4		ALVOS MÓVEIS	Necessidades que mudam ou circunstâncias que tornam as práticas em uso ineficientes ou inapropriadas
5		DEMANDAS INCESSANTES	Exigências do trabalho que aumentam mais rapidamente que a capacidade de atendê-las

Jogando na posição de *wide receiver*, sua função era correr, receber passes e continuar correndo. Por isso, sua mentalidade, como jogador, era evitar tomar pancadas. No entanto, além de jogar como *wide receiver*, ele também disputava algumas partidas como *flyer*. Sua missão era, no chute inicial, correr campo afora, na direção dos adversários, e romper a formação ofensiva conhecida como *wedge* — uma parede humana de bloqueadores grandalhões que correm na frente do recebedor do chute —, para impedir que este seja derrubado. Em uma de suas primeiras partidas da temporada, ao se deparar com esse enorme obstáculo determinado a destruir tudo que aparecesse pelo caminho, seu instinto de evitar levar pancadas foi acionado. Em vez de bater de frente com o *wedge*, ele desviou para a esquerda e o contornou. Conseguiu, então, derrubar o recebedor por trás, mas na linha de 45 jardas, e não na de 20 jardas. Essas 25 jardas a mais acabaram provocando a derrota dos Giants, que perderam a chance de chegar ao mata-mata. Nas palavras de Boles, "o medo custa caro".[4]

Nosso estudo indicou que o profissional médio encara essas situações difíceis como se o desafio fosse um incômodo, o que reduz a produtividade e dificulta a realização do trabalho. Na visão dele, é um problema que precisa ser contornado e evitado, em vez de abordado de frente. Além disso, os "subcontribuidores" não veem o desafio como ameaça à produtividade, e sim como ameaça pessoal, que pode trazer prejuízo ao seu cargo ou ao status na organização. Onde os outros podem identificar uma única abelha, mas temem um enxame inteiro, o Player de Impacto está tentando descobrir como construir uma colmeia e extrair o mel.

Uma oportunidade de agregar valor

O Player de Impacto, em nosso estudo, encara os desafios do cotidiano como oportunidades. Para os Players de Impacto, ordens pouco claras e prioridades que ficam mudando são oportunidades de agregar valor. Eles se veem estimulados pelos problemas enrolados que deixam outros nervosos ou desanimados. Não se sentem paralisados pela falta de clareza; eles se sentem desafiados. Convites para fazer mudanças são instigantes, e não intimidantes. Talvez o mais importante de tudo é que eles não enxergam os problemas como coisas que tiram a atenção do trabalho, e sim como *o* trabalho — não apenas o deles, mas o de todo mundo.

LENTE DA AMEAÇA X LENTE DA OPORTUNIDADE

Os Players de Impacto têm propensão a enxergar oportunidades onde outros enxergam ameaças

LENTE DA AMEAÇA   LENTE DA OPORTUNIDADE

Por exemplo, quando Jethro Jones foi entrevistado para uma vaga de diretor da escola de ensino médio Tanana, em Fairbanks, no Alasca, ele ficou sabendo que se cogitava fechar a escola, devido à queda constante nas matrículas. A escola continuaria a funcionar por mais um ou dois anos, mas, sem uma reviravolta de grandes proporções e um aumento nas inscrições, ela seria fechada. Não surpreende que o pessoal estivesse desanimado e bastante pessimista em relação ao futuro da instituição.

Porém, Jethro aceitou a vaga, enxergando uma oportunidade de inovar em benefício dos alunos. Na primeira reunião com a equipe, ele reconheceu os desafios, mas afirmou ao pessoal: "Estamos numa ótima posição. Todo mundo está prevendo o fechamento desta escola. Não temos nada a perder, o que nos propicia uma oportunidade única de assumir riscos e fazer as coisas de um jeito diferente."[5] Disposta a dar uma chance ao novo diretor, a equipe começou a pensar em maneiras de personalizar a experiência de aprendizado de cada estudante, o que Jethro auxiliou proporcionando treinamento e outros recursos. Em vez de se ver ameaçada pela possibilidade de fechamento da escola, a equipe se sentiu estimulada e também obteve o envolvimento dos alunos. Em parceria com os professores, os estudantes construíram uma pista de hóquei, consertaram o mobiliário e criaram *escape rooms*. Deram início a clubes e programas internos; em pouco tempo já havia um grupo de dança, outro de prestação de serviços e programas de ensino de linguagem de sinais, de conscientização para o suicídio e de prevenção do assédio.

Ao tratar uma ameaça como uma oportunidade de reinvenção, a equipe da escola Tanana mudou a trajetória da instituição. Sem que se dessem conta, nesse processo eles criaram um modelo de aprendizagem personalizada que foi sendo replicado em todo o bairro. Hoje em dia, a Tanana continua aberta e crescendo, sob uma nova liderança. Embora a ameaça de fechamento tenha evaporado, a mentalidade de oportunidade permaneceu. O sucessor de Jethro disse: "Quando veio a Covid-19, nossos professores não mudaram uma vírgula. As bases já tinham sido lançadas, e eles desenvolveram novas mentalidades. A Covid-19 e o ensino a distância foram apenas dois novos obstáculos a superar".

Resumindo, os Players de Impacto enxergam os desafios do cotidiano pela lente da oportunidade, enquanto os demais enxergam os mesmos desafios pela lente da ameaça. Essa diferença fundamental de ponto de vista separa os Players de Impacto dos demais.

A reação diferente dos Players de Impacto à incerteza

Como os Players de Impacto enxergam a incerteza e a dúvida como uma oportunidade de agregar valor, eles também reagem de maneira fundamentalmente diferente. Em situações nas quais outros travam, os Players de Impacto abraçam o caos. Essa abordagem se torna uma linha divisória que funciona de um jeito parecido com a Divisão Continental das Américas, uma linha de picos montanhosos, ao longo das maiores serras das Montanhas Rochosas e dos Andes, que separa as bacias hidrográficas dos dois continentes. A oeste dessa linha, a água flui para o Oceano Pacífico; a leste, flui para o Atlântico. Da mesma forma, de um lado da divisão de abordagem o comportamento flui para a contribuição comum; do outro lado, flui no sentido de uma contribuição extraordinária e de um alto impacto.

As seguintes práticas foram os cinco diferenciadores-chave que encontramos entre os Players de Impacto e seus colegas. Cada uma delas é um conjunto de comportamentos que flui da crença de que é possível encontrar oportunidades em meio a dúvidas e desafios.

1. **Fazer o trabalho que é necessário.** Ao lidar com situações confusas, os Players de Impacto abordam as necessidades da organização; vão além da tarefa atribuída para lidar com a questão verdadeira que precisa ser atacada. O objetivo dos Players de Impacto é servir; essa orientação os leva a ter empatia com aqueles que atendem, a buscar necessidades não atendidas e a focar onde serão mais úteis. Nesse processo, aumentam a responsividade organizacional, criam uma cultura de agilidade e serviço e constroem a reputação de players úteis e flexíveis, que podem ser valiosos em várias funções diferentes. Por outro lado, os players mais comuns operam numa mentalidade orientada para o dever, enxergando de forma restrita sua função e

se limitando a seus papéis. *Enquanto os outros fazem seu trabalho, os Players de Impacto fazem o trabalho que precisa ser feito.*
2. **Dar um passo à frente e dar um passo atrás.** Quando fica claro que é preciso fazer alguma coisa, mas não fica claro quem é o responsável, os Players de Impacto se apresentam e lideram. Eles não esperam que alguém peça; começam a tocar as coisas e a envolver os demais, mesmo quando não são oficialmente os responsáveis. Praticam um modelo fluido de liderança — liderando sob demanda, e não sob comando. Percebem as "deixas" daquela situação, dando um passo à frente quando necessário, mas, uma vez cumprida a tarefa de liderar, dão um passo atrás e seguem os demais com a mesma facilidade. Essa facilidade tanto para liderar quanto para seguir enseja uma cultura de coragem, iniciativa e agilidade dentro da organização. Por outro lado, quando os papéis não estão claros, a maioria das pessoas prefere agir como espectador. Supõem que outra pessoa estará no comando para dizer a elas quando serão necessárias e o que fazer. *Enquanto os outros esperam por ordens, os Players de Impacto dão um passo à frente e lideram.*
3. **Acelerar na reta final.** Os Players de Impacto tendem a ser obcecados pela missão cumprida; não saem de cena até que a tarefa esteja inteiramente completada, mesmo quando o trabalho é árduo e repleto de obstáculos imprevistos. Agem com um sentimento de missão ainda mais elevado, e confiantes na força pessoal, o que os leva a assumir responsabilidades, resolver problemas e completar tarefas sem necessidade de supervisão constante. Mas não é só uma questão de persistir diante dos obstáculos — eles improvisam e se permitem fazer as coisas de maneira diferenciada, encontrando formas melhores de trabalhar. E, à medida que entregam resultados mesmo diante de reveses, reforçam uma cultura de responsabilização e angariam uma reputação de players cruciais, capazes de virar o jogo. Por outro lado, os players mais comuns operam com uma mentalidade de evitamento. Agem de forma responsável, mas, quando a coisa aperta, levam os problemas cadeia de comando acima, em vez de assumir a responsabilidade; nos piores casos, sentem-se

desmotivados ou sem foco e entram completamente em parafuso. *Enquanto os outros levam os problemas para cima, os Players de Impacto levam o trabalho até a linha de chegada, robustecendo a organização nesse processo.*

4. **Perguntar e corrigir.** Os Players de Impacto tendem a se adaptar às condições cambiantes mais rapidamente que seus pares, porque sabem interpretar novas regras e novas metas como oportunidades de aprendizado e crescimento. Com certeza ficam contentes com a autoafirmação e o feedback positivo, mas apesar disso tomam a iniciativa de buscar um feedback corretivo e visões contrárias, usando essas informações como forma de recalibrar e "refocar" seu trabalho. Nesse processo, reforçam uma cultura de aprendizado e inovação, ajudam a organização a permanecer relevante e adquirem a reputação pessoal de players moldáveis, que aprimoram a própria capacidade, elevando o grau de exigência para a equipe como um todo. Por outro lado, a maioria dos profissionais interpreta a mudança como algo incômodo, injusto ou ameaçador da estabilidade de seu ambiente de trabalho. Em condições voláteis, tendem a se apegar àquilo que já conhecem bem e a continuar jogando pelas regras que validam seu conhecimento atual. *Enquanto os outros tentam administrar e minimizar as mudanças, os Players de Impacto continuam a aprender e a se adaptar à mudança.*

5. **Tornar o trabalho leve.** Quando uma equipe fica sobrecarregada por uma pressão maior e pelas demandas incessantes, os Players de Impacto tornam mais leve o trabalho pesado. Eles proporcionam apoio, não por fazerem o trabalho alheio, mas por terem facilidade para atuar em grupo. Propiciam uma sensação de auxílio e de igualdade que reduz os dramas, os jogos políticos e o estresse, aumentando a alegria de trabalhar. Ao criar um ambiente positivo e produtivo para todos, reforçam uma cultura colaborativa e inclusiva, angariando uma reputação de players altamente produtivos e pouco problemáticos — do tipo com quem todo mundo quer trabalhar. Por outro lado, quando a pressão é forte e a carga de trabalho é máxima, os players mais comuns tendem a buscar ajuda em vez de oferecer ajuda. Como essa

reação se torna automática, só aumenta o fardo de equipes que já estão sobrecarregadas em momentos difíceis, podendo fazer deles um estorvo para seus líderes e colegas. *Enquanto os outros aumentam o fardo, os Players de Impacto fazem demandas pesadas ficarem mais leves.*

Essas cinco práticas, juntamente com a perspectiva que guia cada uma delas, constituem a Mentalidade do Player de Impacto, um enquadramento para contribuições de alto valor.

Vejamos como Maninder Sawhney, diretor de análise de dados e novas ideias da Adobe, lidou com vários dos "desafios cotidianos" que diferenciam os Players de Impacto.

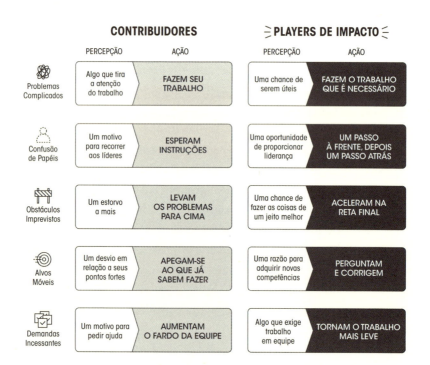

AS CINCO PRÁTICAS DOS PLAYERS DE IMPACTO

As crenças e os comportamentos que diferenciam o impacto da simples contribuição

É um problema conhecido de praticamente toda grande organização: ilhas de dados — sistemas de informação independentes que não se comunicam entre si. A Adobe estava sofrendo com esse problema, tentando compor uma visão abrangente de como os consumidores se envolvem com a companhia por meio de várias experiências de marketing e de produto. Houve várias tentativas de resolver o problema, mas nenhuma dessas medidas ajudou a empresa a progredir verdadeiramente na direção de suas metas. Nesse meio-tempo, o CEO da Adobe, Shantanu Narayen, continuou ressaltando a necessidade de um método simples de obter uma visão precisa do desempenho ao longo de toda a jornada do cliente. Vinte e cinco pessoas, a maioria da alta direção, reuniram-se na sala do comitê de direção para um dia inteiro de análise trimestral.

Entre os presentes na reunião estava Maninder Sawhney, a quem cabia fazer duas apresentações: uma delas explicando um método de gestão da perda de clientes e a outra descrevendo uma visão unificada de vendas, marketing, produto, finanças e outros conjuntos de dados. Maninder, que se define como um "cara de dados", era a pessoa mais júnior na sala, mas sempre tivera uma visão abrangente do negócio. Já era conhecido pela capacidade de decompor problemas grandes e cabeludos em algo de fácil compreensão, aquela pessoa que com um quadro e caneta capta a essência de um problema com o qual a equipe vinha se debatendo há horas e horas.

O grupo reunido naquele dia havia discutido várias formas de melhorar a retenção de clientes e o "valor vitalício". Alguns propunham mais painéis de visualização dos diversos setores da empresa; outros sugeriam soluções capazes de gerar melhorias imediatas. Ninguém chegava a um acordo que desse uma solução àquela oportunidade; na verdade, não chegavam a um consenso nem mesmo em relação a qual era o problema. Mas uma coisa que todos compreendiam era a necessidade de uma solução imediata.

Chegou a hora de Maninder fazer sua apresentação. O tema era a medição da perda de clientes. Ele apresentou as estruturas de dados existentes e em seguida propôs uma abordagem bem diferente, que, em sua opinião, a empresa deveria adotar para realizar a medição e a análise da perda de clientes. Os executivos em volta da mesa fizeram perguntas aprofundando a discussão, buscando compreender a lógica, a estratégia e os possíveis resultados. Foi um desafio que Maninder enfrentou com calma, explicando que painéis estatísticos, por si sós, não resolveriam o problema, e que extrair conclusões de dados isolados poderia levar a decisões erradas. No intervalo da tarde, Maninder já tinha uma tarefa maior: a pedido do CEO, passou a gerir mais do que os dados de clientes — começou a cuidar da estratégia de retenção de consumidores.

Na volta do break, Maninder começou a segunda apresentação, que versava sobre todo o conjunto de estruturas de dados de marketing e vendas. Logo nos primeiros minutos da apresentação, ele se deu conta de que estava fornecendo informações pouco relevantes. Por ter sido convidado para a reunião, passou a ter uma ideia mais clara de qual era a visão de modelo operacional do CEO. Estava fazendo a apresentação que lhe haviam pedido — um briefing técnico sobre um processo específico —, mas não era daquilo que o CEO precisava naquele momento. Maninder interrompeu a apresentação e perguntou se poderia retornar dali a duas semanas, com um plano que abordaria os problemas que o CEO queria resolver.

Foi uma jogada audaciosa — abandonar a apresentação e se propor a tratar de um problema muito maior. Os diretores na sala, responsáveis por partes da solução, poderiam ter contestado a ousadia de Maninder, mas ele contava com a confiança dos colegas e, no fim das contas, era o tipo de líder que as pessoas gostam de seguir. Os colegas dizem que ele trabalha sem vaidade, nunca se envolve em politicagem ou cria picuinhas. Na verdade, ele até usa uma camiseta que resume sua mentalidade: DEIXE A ASCENSÃO NA EMPRESA PARA OS OUTROS.

Duas semanas depois, Maninder apresentou um enquadramento novo, que incorporava contribuições de responsáveis de vários setores da companhia. Quando um dos executivos perguntou quem deveria comandar uma tarefa tão grande, a resposta já estava clara para Shantanu e os demais. Maninder foi encarregado de liderar um esforço interdisciplinar para criar um modelo operacional com base em dados para o negócio digital.

Em seis meses o sistema já estava operacional, alterando os fundamentos do método de gestão da Adobe. Atribui-se a essa nova forma de atuar, viabilizada pela soma das contribuições de diversos grupos de toda a empresa, um aumento de centenas de milhões de dólares na receita da organização. Depois de comandar o desenvolvimento do sistema, Maninder foi encarregado de tocar o negócio de mídia digital para as Américas (um dos maiores negócios da Adobe, que rende bilhões de dólares de receita anual), e agora é responsável por estimular a retenção de longo prazo do cliente.

O que possibilitou a ascensão de Maninder, de responsável por relatórios a responsável pelo negócio principal da Adobe?

Ele viu qual era o trabalho que realmente precisava ser feito, e se dispôs a dar um passo à frente e comandar. Ele viu um problema complexo como uma oportunidade. Para os Players de Impacto, os problemas se tornam oportunidades de prestar serviço, de encontrar soluções, de produzir impacto.

Os Players de Impacto exploram as regras não escritas

Uma das ideias básicas que surgiram da nossa pesquisa foi que os Players de Impacto parecem compreender as regras do mundo do trabalho melhor que os demais. Eles descobrem o livrinho de regras não escritas — os padrões de comportamento que devem ser seguidos em uma organização ou em uma função específica. Eles estão antenados nas necessidades da organização e determinam aquilo que é importante para os colegas mais próximos; compreendem o que precisa ser feito e encontram *o jeito certo* de fazer.

Esse livro de regras não existe na forma escrita, não porque os gestores gostem de segredos ou porque ninguém teve a ideia de publicá-lo, e sim porque se trata de regras tácitas para os próprios gestores, em sua maioria compreendidas no nível subconsciente. Muitos dos gestores que nós entrevistamos comentaram o quanto *eles* tinham aprendido durante a própria entrevista. Responder àquelas perguntas os ajudou a articular pela primeira vez as diferenças sutis entre os Players de Impacto e o restante da equipe, assim como os comportamentos que criam valor, em contraste com os comportamentos que criam atrito. Muitos gestores se deram conta de que nunca haviam compartilhado essas informações vitais com a própria equipe, e muitos se propuseram a dar um jeito nisso. A questão é que essas regras são tácitas para todos — exceto para aqueles que fazem um esforço para descobri-las e compartilhá-las.

O que, então, os líderes das organizações mais valorizam? O gestor quer que seu staff torne o próprio trabalho dele mais fácil — que o ajude a comandar as equipes e, sempre que possível, cuide de si mesmo. O gestor precisa de gente capaz de pensar por conta própria e se apresentar para encarar um desafio. Valoriza a obediência menos do que os livros de autoajuda querem fazer você crer, e valoriza a colaboração mais do que as declarações oficiais das empresas dariam a entender. Na verdade, o gestor procura gente que o ajude a encontrar soluções e a estimular o trabalho em equipe.

Quando os Players de Impacto se dão conta dessas regras invisíveis e compreendem o que seus responsáveis valorizam, eles angariam credibilidade. Seus líderes ficam satisfeitos e com vontade de apoiá-los para expandir ainda mais o potencial de impacto. Vejamos como os gestores a seguir descrevem um de seus Players de Impacto.

- Scott Faraci, diretor de vendas do LinkedIn, falou da executiva de contas Amanda Rost, que havia acabado de cuidar de uma importante reunião de vendas com genialidade e facilidade: "Literalmente, eu dei pulos de empolgação. Pensei: 'Que loucura, quem é essa superstar que eu acabei de contratar?'. Se eu pudesse erguer uma estátua dela e colocar no meio do nosso departamento de vendas, como um farol do executivo de vendas ideal, eu teria feito".
- Roberto Kuplich, gerente de desenvolvimento da SAP Brasil, falou de Paulo Büttenbender, um arquiteto de softwares altamente respeitado de sua equipe: "Você pode me demitir, mas não pode demitir o Paulo".
- Julia Anas, executiva sênior de RH, descreveu o sócio Jonathon Modica como "o primeiro que levanta a mão nos problemas bem

complicados e cabeludos", acrescentando: "Fico na expectativa para nossas reuniões, porque a energia dele me contagia". É um sentimento em forte contraste com a reação de um gestor de outra empresa, quando fica sabendo que terá uma reunião com uma pessoa da equipe que "simplesmente não saca as coisas": "Eu me sinto como aquele emoji trincando os dentes".

Este livro está recheado de descobertas que fizemos sobre aquilo que os líderes valorizam (mas você também pode dar uma espiadinha na lista completa no Apêndice A, "Como ganhar mais credibilidade". Utilize essas ideias para ajudá-lo a aumentar a confiança e o alinhamento com seus responsáveis — porque, a partir do momento em que sabe aquilo que é valorizado internamente em sua organização e aquilo que os líderes à sua volta mais apreciam, você se apossa do manual do sucesso. Além disso, quando os gestores compartilham seu livrinho de regras, todos na equipe podem atuar em um nível mais elevado.

Embora não chegue a ser surpresa que os profissionais de maior impacto compreendam as regras invisíveis, foi assustador constatar o grande número de pessoas capacitadas que erram o alvo o tempo todo. São pessoas inteligentes, talentosas e esforçadas, mas que parecem não compreender aquilo a que seus líderes dão valor, ignorando o subtexto das normas dos lugares onde trabalham. Em muitos casos, o contribuidor comum entrega uma performance sólida, mas ela passa despercebida ou não produz efeito, como o aluno que não lê os critérios de avaliação antes de entregar um trabalho, ou o ginasta que não consulta a tabela de pontuação dos jurados antes de criar uma apresentação.

Houve momentos em que eu mesma errei o alvo ao fazer simplesmente aquilo que me pediram, em vez de analisar melhor o que eu deveria fazer. Numa dessas ocasiões, uma grande empresa me convidou para ministrar uma oficina de liderança, para resolver um conjunto específico de problemas vividos por seus gestores. Meu cliente explicou esses problemas, e realizamos diversas discussões. Em seguida, preparei um plano que, no meu entender, considerava tratar da melhor forma essas questões, e concordamos unanimemente com aquele método. Um mês depois, realizei a oficina conforme previsto, certificando-me de que cada um dos pontos prometidos fosse abordado. Foi uma sessão produtiva, mas senti que faltou impacto. Pois bem, nos trinta dias transcorridos entre a formulação do plano e a realização da oficina, a pandemia da Covid-19 começou a varrer o planeta, causando perturbação em quase todos os aspectos do mundo do trabalho. Os gestores começaram a enfrentar uma série de desafios totalmente novos (administração de incertezas, interrupção de operações, equipes em home office). Eu tinha feito meu trabalho, só não percebi que não era mais o trabalho que se fazia necessário.

Assim como eu, os profissionais que erram o alvo têm boas intenções, mas elas são mal direcionadas. Estão fazendo aquilo que parece ter valor, seja porque já foi importante no passado, seja porque na opinião geral é o caminho do futuro. Mas muitas de suas práticas no trabalho são ilusórias — dão impressão de ter valor, mas lhes falta substância concreta. É o que eu chamo de *valor de mentirinha* — hábitos ou crenças profissionais que na aparência são úteis, e que parecem ser valorizados, mas que são mais destruidores que criadores de valor. São como objetos reluzentes, que nos distraem de contribuições que poderiam ser valiosas.

Vimos pessoas que acabaram ficando para trás porque obedeciam a um livro de regras ultrapassado. Algumas executavam seu trabalho com toda a responsabilidade, mas não percebiam o verdadeiro trabalho que deveria ser feito — trabalho do qual ninguém havia sido encarregado, mas que era aquele de que a organização mais necessitava. A etiqueta profissional ensina que as pessoas têm que ser responsáveis, vigilantes e inabaláveis. Mas, à medida que o entorno evolui, continuar no próprio quadrado pode nos levar à exclusão. Enquanto alguns profissionais caem na armadilha de jogar pela regra antiga, outros entendem mal as novas regras de uma cultura de trabalho moderna. Eles se dão conta de que o jogo está mudando e de que o mundo corporativo passou a valorizar a inovação, a agilidade, o envolvimento e a inclusão. Apesar disso, não perceberam as sutilezas e o subtexto dessas regras: não se deram conta, por exemplo, de que "Experimentar e correr riscos" não significa desmontar a base de dados de produção ou que "Seja seu autêntico eu" não significa sobrecarregar os colegas com todos os seus problemas. Eles não se dão conta de sinais relevantes, por excesso de ansiedade, excesso de coleguismo, por um envolvimento tão profundo que leva à grosseria. Essencialmente, é atividade em excesso e contribuição em excesso.

Isso nos leva a uma ideia original crucial: *contribuir demais pode ser contribuir de menos.* É possível entregar pouquíssimo valor fazendo um trabalho extremamente árduo. Seja porque somos prejudicados pela incerteza dos novos hábitos ou pelo engessamento de regras antiquadas, podemos acabar realizando um trabalho excelente, mas irrelevante. Podemos estar desperdiçando uma energia significativa, mas direcionada para longe do alvo.

Os Players de Impacto têm mais facilidade em identificar fraudes desse tipo, porque não pressupõem que aquilo que tem valor para eles tem valor para os demais. Olham para além do próprio nariz, e definem o valor pelo olhar dos interessados. Aprendem o que é importante para seus chefes, seus clientes ou seus colaboradores, e fazem aquilo que é importante para eles. Ao direcionar o esforço para onde ele beneficia o maior número de pessoas, aumentam o impacto e a influência. Enquanto os outros estão administrando a própria marca, os Players de Impacto estão construindo uma reputação de players com quem é fácil trabalhar e com quem é possível contar, para entregar o resultado onde ele mais interessa. Enquanto os outros podem até estar tentando mudar o mundo, os Players de Impacto estão mudando o mundo para valer. Eles começam transformando a si mesmos, sempre em busca de retorno e de se adaptar para ter certeza de que estão acertando o alvo. Com a Mentalidade do Player de Impacto, eles fogem da armadilha do pensamento da velha guarda e ao mesmo tempo evitam distrações modernosas.

Impacto gera investimento

A forma como os Players de Impacto pensam e reagem à incerteza e à dúvida os torna particularmente apropriados para os desafios do mundo moderno do trabalho. Eles são flexíveis, velozes, fortes, ágeis e colaborativos — o tipo de gente que você quer na sua equipe quando seu mundo está de ponta-cabeça ou alguma coisa desanda. Os Players de Impacto vão ajudá-lo a encontrar soluções, enquanto os outros apontam o dedo para os problemas. Nas palavras de um gestor, o Player de Impacto é "alguém que eu gostaria que estivesse comigo numa ilha deserta", comparado a outro funcionário, que é "alguém que eu teria que ajudar a sobreviver". Enquanto os outros poderiam construir um abrigo para se proteger durante a tempestade, o Player de Impacto está construindo um moinho para gerar energia. Em ambientes desafiadores, os Players de Impacto são trunfos que se valorizam com o passar do tempo.

Quando pedimos aos gestores que quantificassem o valor da contribuição do Player de Impacto quando comparado a seus pares, eles estimaram, em média, que os Players de Impacto de suas equipes entregavam mais que o triplo do valor do contribuidor médio. Além disso, indicaram que o valor da contribuição do Player de Impacto era quase dez vezes maior que o de um subcontribuidor (um colega inteligente e talentoso que contribui abaixo da própria capacidade). Uma resposta em especial me marcou, fornecida por um gerente sênior de engenharia da Nasa. Ao fazer uma estimativa do valor relativo da contribuição de um ex-subchefe de setor em comparação com os pares, ele respondeu: "Numa estimativa conservadora, eu diria vinte a trinta vezes maior".

O fato de que os Players de Impacto são vistos como mais de três vezes mais valiosos que os contribuidores médios é decisivo em termos de acesso a recompensas, tanto intrínsecas (como indicação para trabalhar nos melhores projetos) quanto extrínsecas (como promoções e bônus). E, no tocante ao desenvolvimento de talentos, esses players ganham o auxílio extra da mentoria e uma dose dupla de missões desafiadoras. O valor tangível que proporcionam aos outros é como um depósito que leva a um investimento recíproco, acionando um círculo virtuoso mútuo.

Geração de valor

Os Players de Impacto tendem a se autogerir, o que traz segurança e paz de espírito a seus gestores, que sabem que o serviço será integralmente executado sem que seja preciso lembrá-los disso. Não apenas eles realizam o serviço como o realizam da forma correta; ficam longe do jogo político e criam um ambiente de equipe positivo. Os líderes apreciam essa atraente proposta de valor: o serviço é bem-feito e a experiência é positiva para a equipe e eficaz para o líder.

Quando o gestor se dá conta de que pode investir um grama de liderança e receber de volta uma tonelada de valor, ele continua a investir — e reinvestir — nesses players. Em geral, confia a eles cada vez mais responsabilidades e recursos. Como os Players de Impacto são eficientes, os gestores lhes dão seu recurso mais precioso: seu tempo e sua reputação. Os Players de Impacto tendem a ser premiados com mais mentoria e são chamados com mais frequência para representar o gestor perante a organização como um todo ou ambiente externo. No entanto, os Players de Impacto de nosso estudo não receberam do céu, desde o início, essa confiança e esses recursos; eles fizeram por merecê-los. Os melhores provaram, logo de cara, que os colegas podiam contar 100% com eles. Ao dar retorno rapidamente e atuar com consistência e integridade, eles catalisam o ciclo de investimento.

Em compensação, os Players de Impacto angariam a reputação de estrelas, ganhando a credibilidade necessária para lidar com o fluxo de oportunidades de valor cada vez maior que começam a aparecer. Sua contribuição passa a ser capaz de alcançar níveis mais altos e mais amplos. O ciclo, assim, continua: quanto mais eles podem fazer, mais peso suas ações passam a ter. São vistos como líderes que encarnam os valores da organização e rapidamente se tornam modelos internos. Por serem influenciadores que afetam as atitudes vigentes e moldam a cultura da empresa, os colegas os respeitam e tentam imitá-los.

GERAÇÃO DE VALOR

O valor criado pelos Players de Impacto cresce e gera mais investimento

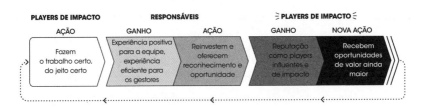

Reação em cadeia

Nesse ciclo contínuo, o investimento dos responsáveis aumenta, e as competências e as experiências dos Players de Impacto crescem de forma exponencial, permitindo que contribuam de maneiras cada vez mais extraordinárias. Mas esse ciclo não é a repetição sem fim de uma fórmula vencedora; a cada ciclo, eles aprendem algo, adaptando-se às transformações do entorno e ficando cada vez mais competentes na conversão dos recursos que lhes são disponibilizados em valor tangível. Esse ciclo simples, porém poderoso, começa a se autoalimentar, como os juros compostos de uma aplicação, em que pequenas avaliações e modificações contínuas geram resultados significativamente diferentes a longo prazo.

Em nossas entrevistas, ficou evidente que o tempo todo os Players de Impacto progridem mais rapidamente que seus colegas; ganham promoções com mais frequência e recebem oportunidades que geram mais impacto. Porém, eles não estão apenas subindo os degraus corporativos. Estão, em vez disso, valorizando a própria marca na organização e a usando de maneiras novas. Alguns são ambiciosos e usam essa influência ampliada para subir rapidamente no organograma. Outros estão satisfeitos com suas funções, e usam essa moeda de troca política para selecionar os projetos em que querem trabalhar, administrar os próprios horários ou permanecer em um cargo que os satisfaz verdadeiramente. Seja como for, estão motivados, mas não estão ansiosos. Além disso, os Players de Impacto que entrevistamos relataram níveis elevados de satisfação tanto no trabalho quanto na vida pessoal.

O Player de Impacto invisibilizado

Vale observar que os contribuidores de alto impacto identificados em nossa pesquisa estavam distribuídos uniformemente por gênero, faixa de idade, e raça e etnia. Tenho plena consciência, porém, de que a amostra foi preenchida com contribuições de alguns dos maiores líderes dos melhores lugares para trabalhar. São organizações que tendem a ser líderes em recrutamento e que valorizam a diversidade da força de trabalho. Sei bem que pode não ser o caso da organização na qual você está, e que isso talvez não reflita a realidade da sua situação específica, o que significa que pode ser complicado dar sua contribuição máxima e mais gratificante.

Na tentativa de compreender por que alguns profissionais se tornam extraordinariamente impactantes nesta ou naquela organização ou situação, não se pode ignorar os efeitos do viés inconsciente — nossa tendência a alimentar estereótipos em relação a certos grupos de pessoas, sem ter consciência disso. Como o viés potencial está embutido na cognição humana, "ser parecido" tende a ser valorizado como padrão. Isso pode distorcer a percepção em relação a quem contribui com mais valor e é considerado mais influente e impactante. Também significa que quem não se encaixa no perfil dominante pode acabar sub-representado, ou, quando devidamente representado, subutilizado ou subavaliado.

Mesmo em organizações bem administradas, há grupos incógnitos de aspirantes a líderes e Players de Impacto que continuam invisíveis, não têm vez ou não recebem o mesmo nível de investimento e reinvestimento. O mundo do trabalho deixa de se beneficiar com a influência e contribuição plena de muitos e muitos players. Minha esperança é que este livro represente uma base que ajude a tornar o jogo mais justo, robustecendo a parceria entre os gestores e seus talentos, proporcionando aos contribuidores ferramentas que os ajudem a aumentar a influência e aos gestores ideias novas e práticas que os ajudem a criar empresas mais inclusivas (veja o Capítulo 8 para conhecer práticas específicas para uma liderança inclusiva).

COMO MULTIPLICAR SEU IMPACTO

O estudo da liderança me ensinou a seguinte verdade sobre o "contributivismo": existem em todo lugar pessoas que chegam ao trabalho com a intenção de dar sua máxima contribuição. Para elas, é doloroso quando não conseguem. Elas querem trabalhar em uma organização onde a inteligência e o talento são maximizados e onde as pessoas têm um envolvimento profundo, aprendendo rapidamente e contribuindo na máxima medida. A subutilização do talento é evitável — com líderes que extraem o melhor dos outros, e players que trazem uma mentalidade de dedicação total. Se meu livro *Multiplicadores* propunha um modelo de liderança para envolvimento e utilização em alto grau, este livro explorará o lado do talento dessa equação, aquilo que os contribuidores podem fazer para maximizar seu impacto e o que os líderes podem fazer para ajudar todos em suas equipes a atuar no máximo de suas competências. Este livro serve como um acréscimo a *Multiplicadores* porque, quando os Contribuidores se transformam em Players de Impacto, o efeito multiplicador é exponencial.

O livro de regras

Você também pode ser um Player de Impacto. Este livro lhe proporcionará ideias com base em dados e ferramentas práticas que o ajudarão a assumir a liderança, a ser mais atuante e a multiplicar seu impacto. Nos Capítulos 2 a 6, vamos explorar detalhadamente cada uma das cinco práticas do Players de Impacto. Você vai conhecer os segredos do sucesso deles. Cada capítulo termina com uma lista de regras contendo um conjunto de Lances de Craque para aspirantes a líderes implementarem aquela prática com bom senso, criarem valor autêntico para os outros e aumentarem o impacto. O Capítulo 7 oferece um plano de treinamento abrangente para esses mesmos aspirantes a líderes, bem como para os gestores que atuam como coaches e mentores deles. O Capítulo 8 foi escrito expressamente para os gestores, orientando líderes e profissionais de desenvolvimento de talentos que queiram montar uma equipe de alto impacto.

Ao longo do livro, vamos abordar a questão do "Player de Impacto invisibilizado" e a maneira como vieses implícitos e outras formas de discriminação sistêmica criam barreiras que limitam artificialmente a contribuição, a visibilidade e a influência de certas pessoas. No Capítulo 7, especificamente, vamos explorar de que formas você pode ajudar outras pessoas a enxergar o valor de sua contribuição singular; e no Capítulo 8 vamos abordar práticas que os gestores podem utilizar para assegurar que todo tipo de talento seja percebido e valorizado.

Por fim, o Capítulo 9 o convida a pensar na possibilidade de atuar com dedicação total — não a forma de trabalho exaustiva, que leva as pessoas ao burnout, mas um modo de trabalhar em que as pessoas dão o melhor de si na vida profissional *e* são felizes na vida pessoal; em que todos os players são valorizados e podem dar uma contribuição de valor.

Os players

Nas próximas páginas, você encontrará um mix de profissionais do mundo inteiro que entregam valor de forma extraordinária. Por questões de clareza, nosso foco recairá essencialmente sobre suas contribuições individuais, mais que no esforço dos integrantes de sua equipe como um todo. Por favor, tenha em mente que praticamente todos os Players de Impacto cujos perfis são traçados nestas páginas ficam incomodados com o louvor que recebem, e reconhecem os colegas que contribuíram para cada êxito. De forma extremamente gentil, permitiram que eu concentrasse neles os holofotes. Eles representam inúmeros setores, experiências e funções; alguns são contribuidores individuais, outros são executivos. A maioria foi descoberta graças à nossa pesquisa (exceto quando especificado, todas as citações foram tiradas das entrevistas de nossa pesquisa). Alguns são bem conhecidos: atletas de alto nível, um ator ganhador do Oscar, alguns ganhadores do Prêmio Nobel. Alguns exemplos são tirados de minha experiência nos melhores momentos, e outros vieram de ex-colegas e colegas atuais (ou seus cônjuges). Um dos melhores exemplos veio da mãe de um dos Players de Impacto de nosso estudo. Quando ele, funcionário do Google, falou de sua "mãe que detona", senti que precisava conhecê-la. Ela é de fato uma líder extraordinária, e você também vai ficar com vontade de encontrá-la. Juntos, esses exemplos formam um retrato pixelizado da excelência que vale a pena imitar. Minha esperança é que você se enxergue neles, seja como realidade, seja como possibilidade.

Vamos entrar na mente de dezenas de gestores, de gerentes de projetos a CEOs — as falas dos líderes (tanto nas páginas específicas que antecedem cada capítulo quanto nas espalhadas por todo o livro) são, todas, de gestores reais que entrevistamos.[6] Além de saber mais sobre os Players de Impacto, você encontrará diversos exemplos de contribuidores mais típicos (que vamos chamar coletivamente de "Contribuidores") e de alguns subcontribuidores, cujos nomes foram alterados. Por meio de suas histórias, vamos apresentar e explorar as armadilhas que nos tolhem e as mentalidades que nos desviam do caminho da contribuição máxima. São armadilhas em que eu mesma caí. Vou compartilhar algumas de minhas próprias experiências — momentos em que meu excesso de confiança me fez "subcontribuir" ou em que meus pontos de vista me impediram de ver o que era mais relevante. Talvez você também se surpreenda às vezes, enganado por uma ilusão de valor. Espero que os exemplos deste livro o ajudem a fazer a virada.

Fora das quatro linhas

Antes de começar, vamos esclarecer algumas das mensagens vitais do livro — não apenas o que ele é, mas o que não é.

1. **O conceito de Players de Impacto não se restringe ao esporte.** Embora a ideia do *Players de Impacto* tenha sido tirada do esporte, este não é um livro sobre atletas ou treinadores de alta performance. Peguei emprestados alguns termos e metáforas e incluí vários exemplos do mundo dos esportes porque ele proporciona amostras potentes de excelência e resultados claros. No entanto, existem Players de Impacto em quase toda organização ou comunidade.
2. **Não vamos ficar comparando vencedores e perdedores.** Nosso foco será bem mais nuançado. Vamos explorar como a Mentalidade do Player de Impacto é distinta da Mentalidade do Contribuidor, e as diferenças sutis na forma de pensar e agir que fazem as coisas acontecerem.
3. **A distinção entre o Player de Impacto e o Contribuidor não é uma classificação de indivíduos, mas de práticas.** Provavelmente este livro terá mais valor para você se pensar nas Mentalidades do Player de Impacto e do Contribuidor como modos de pensar — orientações sobre de onde viemos e para onde vamos — e perguntar-se, de tempos em tempos: que mentalidade estou adotando atualmente?
4. **Tornar-se um Player de Impacto não é uma competição em que o vencedor leva tudo.** As mentalidades e práticas do livro são, em sua grande maioria, possíveis de aprender e ensinar; logo, estão ao

alcance de todos. Os Players de Impacto são estrelas, mas não estão isolados. É como uma cidade que pode ter vários hotéis e restaurantes cinco estrelas. Da mesma forma, um líder pode montar uma equipe inteira apenas com a Mentalidade do Player de Impacto.
5. **Este livro não prega a necessidade de trabalhar mais.** A Mentalidade do Player de Impacto não se preocupa em dar ainda mais de si quando a vontade é de parar; os Players de Impacto que estudamos não trabalham necessariamente mais ou por mais tempo que seus pares, mas tendem a trabalhar com mais foco e propósito. Eles criam energia e impacto, que previnem a exaustão.
6. **Este livro não traz uma fórmula mágica.** Os Players de Impacto que estudamos agem de maneira autêntica e constante. Quando a Mentalidade do Player de Impacto está arraigada e é praticada com autenticidade, ela também pode funcionar para você. Caso esteja à procura de práticas profissionais que o ajudem a furar a fila e a levar vantagem em pouco tempo, este livro não é para você.

Como adotar uma mentalidade de alto impacto

O astrônomo Neil deGrasse Tyson afirma: "O que você sabe é menos importante do que como você pensa".[7] Caso você aspire a ter mais influência, comece a pensar como um Player de Impacto. Pare de simplesmente seguir o manual; adote a mentalidade do Player de Impacto como seu *ethos*. É uma poderosa maneira de pensar o trabalho, que lhe permitirá dar sua contribuição mais valiosa, colher as recompensas subsequentes e ajudar os outros a fazer o mesmo. Pode ser que algumas das práticas não funcionem bem no seu trabalho ou para você; outras podem se tornar obsoletas. No entanto, a maneira de pensar — a mentalidade — vai transcender e durar muito tempo.

Eu incentivo você a encarar este livro não apenas como um guia para sua realidade atual, mas como um arauto do futuro do trabalho. O enquadramento do Player de Impacto foi desenvolvido por meio de um estudo dos maiores contribuidores de organizações líderes, da maneira como eles são vistos por alguns dos melhores gestores. Dessa forma, o enquadramento ganha uma orientação intrinsecamente moderna.

São ideias que não refletem necessariamente sua realidade atual, mas que podem se tornar parte do seu futuro. Para alguns, isso pode exigir encontrar outra organização ou causa merecedora de sua contribuição máxima. Outros podem descobrir que, à medida que se estudam e imitam as melhores práticas das empresas mais admiradas, sua organização está evoluindo para acompanhar o ritmo. Seja como for, inspire-se num princípio do craque do hóquei sobre gelo Wayne Gretzky: "Patinar para onde o disco vai estar".

Existe um prêmio para aqueles que fazem exatamente isso. Ao adotar a mentalidade e as práticas de um Player de Impacto, você vai adquirir reconhecimento como um dos craques do novo mundo do trabalho. Por saber identificar as armadilhas, você poderá evitar o infortúnio dos subcontribuidores. Também poderá ajudar outros a se libertar e a ficar longe das armadilhas que tolhem profissionais bem-intencionados, montando o tipo de equipe na qual todos querem trabalhar. Mas, acima de tudo, quando você joga seu melhor jogo em tudo o que faz, vai vivenciar a emoção de contribuir ao máximo e tornar-se o tipo de pessoa que todos querem na sua equipe.

RESUMO DO CAPÍTULO 1: OS PLAYERS DE IMPACTO

Este capítulo apresenta as diferenças entre trabalhar com a mentalidade de um Player de Impacto e trabalhar com a mentalidade de um Contribuidor.

Players de Impacto. Indivíduos, em qualquer nível de uma organização, que realizam um trabalho de valor excepcional, com um impacto extraordinariamente alto.

Mentalidade do Player de Impacto. Um jeito de pensar que, quando adotado constantemente, leva a uma contribuição de alto valor e alto impacto.

Mentalidade do Contribuidor. Conjunto de pressupostos e práticas que levam à realização de um trabalho, dando uma contribuição que fica aquém do seu potencial pleno e do alto impacto.

Conclusões

1. **Os Players de Impacto usam a lente da oportunidade.** Os Players de Impacto enxergam desafios como esses de maneira diferente dos demais: problemas complicados, confusão de papéis, obstáculos imprevistos, alvos móveis e sobrecarga incessante. Enquanto os outros enxergam esses desafios como ameaças, os Players de Impacto os enxergam como oportunidades para agregar valor.

2. **Os Players de Impacto reagem de forma diferente à incerteza.** Eles reagem diferentemente dos colegas das cinco seguintes maneiras:

CONTRIBUIDORES	PLAYERS DE IMPACTO
Fazem seu trabalho	Fazem o trabalho que é necessário
Aguardam instruções	Dão um passo à frente, e depois um passo atrás
Levam os problemas hierarquia acima	Aceleram na reta final
Apegam-se àquilo que conhecem	Perguntam e corrigem
Aumentam a sobrecarga	Tornam o trabalho mais leve

3. **Os Players de Impacto exploram as regras não escritas.** Os Players de Impacto compreendem os padrões de comportamento que devem ser adotados numa função ou numa organização específica, e se adaptam para obter o máximo impacto.

4. **Impacto gera investimento.** Os Players de Impacto tendem a receber responsabilidades cada vez maiores e recursos adicionais. Vieses do sistema podem levar a grupos de talento invisibilizados, que passam despercebidos ou recebem níveis inferiores de investimento e reinvestimento.

Problemas Complicados
O QUE OS LÍDERES DIZEM SOBRE OS...

CONTRIBUIDORES	PLAYERS DE IMPACTO
"Ela é uma fazedora prolífica, e produz mais que qualquer pessoa da equipe."	"Ele viu que demorava para criar os PowerPoints, desenvolveu uma ferramenta para consertar o problema e a distribuiu mundialmente. Economizamos centenas de horas de trabalho."
"Concentra-se em projetos 'xodó', que não são necessariamente prioritários."	"Não era função dela. Ela foi lá e fez."
"Se fosse uma crise na Apollo 13 e o chefe de engenharia pusesse as peças na mesa e dissesse: 'Vamos achar a solução', ele diria: 'OK, mas meu expediente termina daqui a 15 minutos.'"	"Reinventa-se o tempo todo para se tornar expert naquilo que é necessário."
"Ele chutava para um gol totalmente diferente."	"Analisou a situação geral, e então resolveu o problema para todo mundo."

Capítulo 2

TORNE-SE ÚTIL

> A maioria deixa passar oportunidades porque elas usam macacão e têm cara de trabalho.
> **THOMAS A. EDISON**

Minha carreira na Oracle Corporation começou em uma noite de domingo, em um hotel sem graça de San Mateo, na Califórnia. Eu era uma entre os sessenta recém-formados que se apresentavam cheios de empolgação para o workshop da "Turma de 88" — um programa intensivo de três semanas em que aprenderíamos as tecnologias da Oracle e outras informações básicas de que necessitaríamos para ter êxito naquela jovem empresa de software, que crescia aceleradamente. O aprendizado da turma começaria na manhã seguinte; a primeira noite era apenas para socializarmos e nos apresentarmos. Todos os participantes eram recém--diplomados num impressionante leque de universidades, a maioria em Informática ou Engenharia. Uns poucos, como eu, tinham feito faculdade de Administração, e alguns outros vinham de ciências humanas.

Os tutores do workshop nos explicaram qual seria a rigorosa agenda de treinamento, que culminaria em um projeto coletivo altamente competitivo: cada equipe criaria e apresentaria um aplicativo comercial usando o software da Oracle. O líder do programa ressaltou a importância de existir um equilíbrio de competências em cada equipe, e em seguida declarou, de maneira abrupta: "OK, o povo de tecnologia do lado de cá da sala, a turma dos indefinidos do outro." Todo mundo riu, e um monte de programadores e engenheiros passou para o lado esquerdo da sala, enquanto o restante de nós — agora sabendo que éramos os "indefinidos"

— foi para o lado direito. O pressuposto era de que os indefinidos iam sofrer, abandonados pela tecnologia, e que por isso seríamos dispersados pelas diversas equipes. O treinamento formal não tinha nem começado e eu já tinha aprendido uma lição importante: havia um conjunto de competências altamente valorizado na Oracle, e não eram as minhas.

Guardei comigo esse aprendizado e, depois do workshop, comecei a trabalhar como coordenadora educativa da divisão de consultoria. Porém, apenas um ano depois meu setor foi descontinuado em meio a uma reorganização. Por isso eu precisava achar um emprego novo dentro da empresa. Meu olhar se voltou para o grupo de treinamento de calouros que tinha realizado o workshop. Minha esperança era que as funções do grupo fossem expandidas, abarcando o desenvolvimento de lideranças, uma área em que eu tinha muito interesse. Marquei entrevistas com a chefe de departamento e, em seguida, com seu chefe, Bob Shaver, vice-presidente de administração. Depois de responder às perguntas, levantei uma questão. Eu tinha visto jovens profissionais serem jogados em cargos de gestão com pouco treinamento, e testemunhei quando eles criaram o caos em suas equipes. Confiante, disse a ele que a Oracle precisava de um workshop de gestão, e que eu adoraria criá-lo.

Nunca me esquecerei da reação de Bob. Ele começou dizendo: "Liz, é válido, mas o problema da sua chefe é outro. Ela precisa preparar 2 mil novos contratados para a área de tecnologia da Oracle este ano". A explicação dele era outra indicação de que, naquele momento, as competências técnicas eram mais importantes que as competências gerenciais. Ele prosseguiu: "Seria ótimo se você pudesse ajudá-la a descobrir como resolver isso". Essa orientação gentil continha uma mensagem gritante. O que eu ouvi foi: "Liz, torne-se útil".

Fiquei decepcionada. Eu sabia que a empresa precisava de gente que ensinasse a programar, e queria ser uma dessas pessoas, mas carecia de paixão pelas sutilezas das sub-buscas correlatas e pelas virtudes das técnicas de indexação de bases de dados. Para piorar as coisas, eu era terrivelmente subqualificada, e os *techies* com pós no MIT e na Caltech não iam deixar isso passar despercebido. Eu queria desenvolver líderes, mas o que Bob desejava naquele momento era que eu ensinasse programação a um bando de nerds. Não era o trabalho que eu queria fazer, mas era o trabalho que tinha que ser feito.

Ciente da sensatez e da oportunidade desse convite, entrei para o grupo de treinamento e me ofereci para ser instrutora de treinamento de produto, canalizando minha ambição para onde ela poderia ter o maior impacto. Mergulhei de cabeça, pedindo a documentação completa de todos os produtos e me associando rapidamente a uma colega, Leslie Stern, que realmente sacava de tecnologia (Leslie estava no grupo que ficou do lado tecnológico da sala em nosso primeiro dia de trabalho). Ela me ensinou a pensar como programadora, algo que não veio de maneira natural. Com sua orientação, porém, e algumas noites sem sono, aprendi. Em compensação, dei a ela algumas ideias sobre didática. Juntas, ganhamos prêmios por ensino técnico de alto nível, treinando muita gente que viria a ser pioneira no Vale do Silício, algo de que ainda sinto orgulho.

Nunca me tornei uma nerd de verdade. Mas, ao me dispor a entrar de cabeça na tecnologia, angariei a fama de alguém que compreendia o negócio e atuava onde era mais relevante. Essa reputação viria a abrir muitas portas para mim. Em menos de um ano fui promovida a chefe de departamento, mas estranhamente, naquela época, eu não tinha interesse em cargos de gestão; estava curtindo brincar de ensinar programação. Evidentemente, quando Bob explicou por que a empresa precisava que eu assumisse a função, novamente abri mão de algo que gostava para fazer algo que era necessário.

Como muitos profissionais míopes, comecei minha carreira em busca daquilo que me interessava. Porém, quando olhamos para além do trabalho ideal e realizamos o trabalho que tem que ser feito, nós nos tornamos úteis — e muito mais valiosos — e aumentamos nossa influência. Você está encaixando seu trabalho em seu interesse pessoal ou está sendo flexível para servir onde pode ser mais útil?

Neste capítulo você vai ver que os maiores Players de Impacto são aqueles que não fazem apenas o seu trabalho; fazem o trabalho que é exigido. Eles saem do conforto de seus papéis e atuam na linha de frente de todo tipo de problema. Você vai descobrir por que algumas pessoas sempre atuam onde tem ação, enquanto outras ficam o tempo todo pensando se deveriam fazer algo para ajudar. Você vai saber por que as *job descriptions* são irrelevantes, por que os chefes odeiam chefiar demais, e por que o simples ato de consertar uma copiadora quebrada pode colocar você no rumo da liderança.

No grau mais básico, este capítulo trata de como se tornar útil — como compreender aquilo que é importante e, então, fazê-lo de maneira extremamente benéfica para sua carreira. Mas, antes de começar, uma advertência: prepare-se para deixar para trás a zona de conforto de um cargo bem definido e trabalhar onde a coisa fica bem complicada.

A ESCOLHA: FAZER SEU TRABALHO OU FAZER O TRABALHO QUE TEM QUE SER FEITO?

O mundo do trabalho está cada vez mais confuso — mais complexo, mais caótico e mais interconectado — graças, em parte, à combinação dos efeitos da globalização e da tecnologia. Problemas complexos — aqueles que envolvem um excesso de variáveis e fatores inter-relacionados a serem reduzidos a regras e processos — estão se tornando mais comuns.[1] Entre esses problemas estão desafios como: a padronização da experiência do cliente no mundo inteiro; como reagir à inovação disruptiva; como criar uma experiência de aprendizado personalizada para todos os estudantes; como controlar os gastos com saúde; e como transformar uma cultura. As organizações tentaram atacar essa complexidade estabelecendo equipes interdisciplinares ou estruturas em matriz; mesmo assim, aqueles trabalhos que são os mais importantes continuam parecendo ser, ao mesmo tempo, responsabilidade de todo mundo e de ninguém. Há um excesso de profissionais presos em casinhas organizacionais que não se encaixam no trabalho real. A nomenclatura enrolada de níveis de remuneração, títulos de cargos e *job descriptions*, que deveria, em princípio, existir para captar as iniciativas e os fluxos de atuação relevantes, acaba, em geral, refletindo prioridades do passado e raramente capta o verdadeiro trabalho que tem que ser feito. Esse é um dos problemas centrais das organizações modernas: você acha que está fazendo o trabalho de hoje, mas provavelmente está cuidando das prioridades de ontem.

À medida que os problemas se tornam mais complicados e sofrem mutações mais rápidas que a capacidade de reação de uma organização formal, a agilidade precisa nascer da cultura da organização — as decisões diárias e as ações das pessoas —, e não de sua estrutura. Isso deixa os profissionais diante de um problema complicado para chamar de seu: devo ficar no meu quadrado, fazer meu trabalho, cuidar dos meus deveres? Ou devo sair do meu posto para ir buscar trabalho na terra de ninguém? Neste último caso, como posso me certificar de que continuo a brilhar naquilo que me encarregaram de fazer?

Vamos analisar como a maioria dos profissionais reage a esses problemas complexos e a essas oportunidades nascentes.

Quando James[2] foi contratado por um grande estúdio de games, o grosso do negócio bilionário da empresa consistia em games comprados e jogados off-line, sem necessidade de conexão à internet. James era o diretor de experiência de *gaming* on-line, e sua equipe dava suporte a um pequeno número de games disponíveis. Ele era inteligente, aprendia rapidamente novas tecnologias e era expert em sistemas de games na internet. Também era um desses profissionais em quem você pode confiar para sempre entregar o trabalho no prazo e dentro do orçamento. Sua chefe, Amika, supervisora de experiência de *gaming*, confiava em James para se certificar de que as ofertas on-line do estúdio eram constantemente robustas e funcionais.

Embora James e sua equipe estivessem realizando um ótimo trabalho oferecendo alguns games on-line, o mundo estava mudando. Games na internet eram a onda do futuro, e a empresa começou a migrar conteúdo para a web de forma agressiva. Amika vinha sofrendo pressão do CEO para disponibilizar o catálogo inteiro na internet.

Não era uma transformação fácil. Exigia coordenação entre vários grupos, e cada um deles teria que fazer uma reengenharia dos processos de promoção, entrega e suporte técnico. James compreendia os desafios melhor que qualquer um; apesar disso, não os via como problemas que ele tinha que resolver. Ele ajudou a equipe a se preparar para a iminente onda de games que seria acrescentada ao site; daí, ficou esperando que as outras equipes enviassem seus produtos. O que os outros grupos necessitavam, porém, era de ajuda para converter o negócio para a internet.

James era qualificado para assumir o desafio, mas estava tão focado em seu papel predefinido que não enxergou a oportunidade maior. Amika ficou pasma com a inação de James; por isso, fez uma visita à sala dele para discutir a questão. Sem muita empolgação, James reconheceu a situação, e garantiu a Amika que sua equipe era capaz de dar conta do volume maior de jogos on-line. Amika voltou à sala dele no dia seguinte, e no outro dia também. Depois de uma semana de visitas diárias, James finalmente começou a captar a mensagem: ele estava focado em realizar seu trabalho, mas estava desperdiçando a oportunidade de provocar um impacto maior e dar uma contribuição de verdade ao crescimento da empresa.

Os Contribuidores enxergam a si mesmos como ocupantes de posições. Fazem o trabalho que lhes é atribuído e ficam dentro das fronteiras de seu papel, mas correm o risco de ficar tão míopes que não conseguem enxergar a estratégia geral e se desviar da agenda.

Em compensação, os Players de Impacto enxergam a si mesmos como resolvedores de problemas. Não ficam presos na armadilha de estruturas organizacionais antiquadas, nem ficam excessivamente enamorados dos próprios cargos. Não fazem apenas seu trabalho; encontram formas de servir nas demandas em que podem ser de maior valor. Vejamos o caso de Scott O'Neil, um recém-formado de 22 anos que sonhava trabalhar com gestão esportiva.

Era uma manhã de sábado no verão de 1992, e Scott estava sentado no saguão de um ginásio, esperando um colega chegar com a chave do escritório da equipe. Ele acabara de conseguir um emprego subalterno como assistente de marketing do New Jersey Nets, um dos times da NBA, a liga profissional de basquete americana. Era um emprego mal pago, mas era um começo. Suas responsabilidades cotidianas não eram, em si, empolgantes — tomava nota de memorandos, enchia envelopes, tirava cópias e tinha algumas outras tarefas —, mas ele sempre estava animado. Tinha se acostumado a chegar cedo e esperar que alguém abrisse a porta para ele começar o dia de trabalho.

Naquele domingo específico, ele chegou ao escritório e descobriu que a copiadora tinha pifado. Isso foi no tempo em que fotocopiadoras eram ferramentas essenciais, e uma folha presa podia paralisar a produtividade de uma empresa inteira. Ao se deparar com as incompreensíveis mensagens de erro, a maioria dos funcionários sairia em busca de uma máquina que estivesse funcionando, em outro andar. Mas Scott tinha um pouco de experiência consertando copiadoras no escritório da casa dos pais, e resolveu que podia se tornar útil consertando aquela também.

O escritório estava vazio, à exceção de um pequeno grupo da alta diretoria. Jon Spoelstra, o presidente da empresa, viu Scott no chão, com os braços manchados de tinta de impressora até os cotovelos, desmontando aquela máquina imensa. Ele reconheceu Scott como um dos calouros da empresa e perguntou: "Como você se chama, rapaz?.".

Scott olhou para cima. "Scott O'Neil."

"O que você está fazendo?"

"Consertando a copiadora."

"Por quê?"

"Porque pifou."

Spoelstra pediu a Scott que fosse até sua sala e o bombardeou com perguntas. "Qual a sua função aqui? Você acha que este departamento é eficiente?", e assim por diante. Por fim, perguntou: "E então, o que você quer fazer aqui?". Scott respondeu que queria ser vendedor de patrocínios. Spoelstra respondeu: "Parabéns, você acaba de ser promovido."

Scott ficou atônito. "Quando eu começo?"

"Que tal hoje?", perguntou Spoelstra. "Você pode ficar com aquela sala", acrescentou, apontando para um escritório vazio do outro lado do corredor.

Scott pegou um catálogo comercial, dividido por setor, e começou, em suas palavras, "a ligar para todas as empresas dos Estados Unidos". Ele criou games para monitorar o próprio trabalho e se esforçou até encontrar o mote de vendas perfeito. Cometeu um erro atrás do outro, mas raramente cometeu o mesmo erro duas vezes. Aprendeu rapidamente e até deu sorte de conseguir alguns patrocínios.

Seu objetivo, porém, era conseguir patrocínios de grande valor. Por saber que não ia atingir essa meta com as competências de vendas de que dispunha, pediu a um dos principais executivos de vendas para se sentar ao lado dele e passar uma semana escutando suas ligações. O colega mais sênior ridicularizou a ideia. Scott replicou: "Eu não sei o que estou fazendo. Se o senhor não me deixar sentar no seu escritório, vou me sentar do lado de fora, e todo mundo vai achar bem mais esquisito". Scott conseguiu e passou a semana escutando e aprendendo. Ajustou sua abordagem, e em poucos meses estava fechando grandes contratos de patrocínio.

Scott carregou esse impulso e essa atitude característica para todos os cargos de gestão e liderança que ocupou desde então. Trabalhou dessa forma como presidente da Madison Square Garden Sports, onde supervisionava o New York Knicks (basquete) e o New York Rangers (hóquei). Ajudou a transformar esse lendário ginásio, engendrou algumas das maiores transações da história da NBA e bateu recordes de venda de ingressos. Trabalhou dessa forma como CEO de outro time, o Philadelphia 76ers. Foi o responsável por uma reviravolta que levaria o time fraco, que ganhou 19 partidas e perdeu 63 na temporada de 2013/2014, a se tornar uma equipe competitiva, que terminou a temporada 2017/2018 com um retrospecto de 52 vitórias e 30 derrotas, em terceiro lugar na Conferência Leste. Quando ele assumiu a equipe, o valor monetário dos patrocínios era o trigésimo em uma liga de trinta times. A marca dos 76ers era tão fraca que um dos patrocinadores — um restaurantezinho local — alegava que o time precisava *pagar* para pendurar seus cartazes, porque a marca do restaurante era mais forte. Seis anos depois, era o time com maior audiência de TV na NBA e tinha multiplicado por sete a base de patrocínios.

Scott também liderou o renomado departamento de marketing de equipes e operações comerciais da NBA, montando um time de executivos repleto de estrelas (muitas das quais viriam a ser dirigentes importantes do mundo esportivo), e depois foi CEO da Harris Blitzer

Sports & Entertainment, onde cuidou de doze equipes e marcas da região metropolitana da Filadélfia.

Podemos aumentar nosso impacto quando encontramos problemas que podem ser resolvidos e nos tornamos úteis para nossa organização.

O JOGO DA MENTE

Gente que faz aquilo que é pedido. Não é isso que todo gestor quer? O funcionário dos sonhos não é aquele que executa sua tarefa com empenho? No passado isso pode até ter sido verdade, mas os líderes atuais não precisam mais de "dependentes"; eles precisam de *extensões* — um par a mais de olhos para distinguir oportunidades, um par a mais de ouvidos para ouvir necessidades não atendidas, um par a mais de mãos para resolver problemas. Quando perguntamos aos gestores o que, no entender deles, tira a credibilidade de um funcionário, duas das respostas mais ouvidas foram: "Quando eles só realizam o trabalho deles, sem levar em conta um contexto mais amplo" (a quarta colocada em frustrações), e "Quando eles esperam que o chefe diga o que precisam fazer" (a segunda colocada em frustrações).

Embora muitas vezes pensemos nos chefes como ditadores com sede de poder, a verdade é que a maioria dos gestores não gosta de ter que dizer às pessoas o que elas precisam fazer. Perguntamos ao mesmo grupo de gestores quais os comportamentos dos funcionários que mais os agradam. A resposta número um? "Quando fazem as coisas sem que tenha sido pedido." Veja a tabela a seguir para saber como construir (ou destruir) sua credibilidade ao lidar com problemas complicados. Os profissionais mais eficientes enxergam além da própria função e vão além do próprio trabalho para executar o serviço real. Neste capítulo, vamos explorar como os Players de Impacto fazem exatamente isso.

Como ganhar credibilidade junto a líderes e interessados

DESTRUIDORES DE CREDIBILIDADE	Esperar que o gestor lhe diga o que fazer
	Ignorar o contexto mais amplo
	Dizer ao gestor que não é trabalho seu
GERADORES DE CREDIBILIDADE	Fazer as coisas sem ser pedido
	Antecipar-se aos problemas e ter um plano

Veja o ranking completo no Apêndice A.

Nas entrevistas, os gestores descreveram constantemente os Players de Impacto como solucionadores de problemas. Contaram histórias de pessoas que correram atrás de problemas complexos e os resolveram de ponta a ponta, da estratégia ao detalhamento. Disseram coisas como: "Ele resolve problemas espinhosos." "Ele pode ser designado para qualquer coisa." "É a ela que eu recorro quando o trabalho é complicado." "Ela pega projetos e crises difíceis e vira de ponta-cabeça." "Nas horas vagas, ele vai lá e resolve problemas."

Esses contribuidores enxergam problemas complexos como oportunidades para servir onde são mais necessários. Problemas inesperados, como uma bagagem abandonada em um aeroporto lotado, os deixam inquietos. Eles se enxergam como socorristas — heróis competentes e sensíveis, dispostos a se prejudicar para ajudar os outros.

Uma ideia abrangente parece comandar o trabalho deles: "Eu posso ser útil e resolver problemas." Essa mentalidade de servir, que é a marca registrada do Player de Impacto, foi captada de forma deliciosa pelo slogan da Kaiser, uma empresa de areia e brita para construções, que pintou em sua frota de betoneiras: ACHE UMA NECESSIDADE E A PREENCHA.

Por si só, uma mentalidade de servir não basta para atacar os problemas mais complicados; entram em jogo outras mentalidades subjacentes. Adicione à mentalidade de servir um forte senso de iniciativa ("Eu consigo agir por conta própria e tomar decisões") e de autocontrole ("Eu, e nenhuma força externa, controlo o desfecho do que acontece na minha vida"). Aí sim temos uma fórmula vencedora para lidar com problemas complexos e enrolados, que exigem mais que uma resposta burocrática.

Quem tem essa mentalidade de servir pode se tornar um resolvedor, capaz de agir por conta própria, apresentando-se onde há um problema para ser útil. O Player de Impacto tem a compreensão de que, "se eu trabalhar naquilo que é mais importante, serei de máximo valor". Enxerga a si mesmo — e por sua vez é enxergado assim pelos pares e pelos gestores — não como um membro silencioso da equipe, um mero serviçal, mas como um player crucial e um dos beneficiários recíprocos do trabalho.

OS HÁBITOS DE ALTO IMPACTO

Os Players de Impacto se apresentam porque acreditam que podem fazer a diferença. Nesta parte vamos analisar três dos hábitos que mais diferenciam os Players de Impacto de seus colegas, e discutir por que esses hábitos criam valor para suas organizações, e ao mesmo tempo aumentam a influência dos Players de Impacto.

Hábito número 1: Aprender as regras

Para ter o máximo valor dentro da organização — para ser útil —, primeiro precisamos saber aquilo que é valorizado. Precisamos saber que jogo está sendo jogado. Até que ponto você compreende as competências e habilidades mais apreciadas em sua organização? Quais são as maiores prioridades? O que necessita de atenção e cuidado? O que é valorizado pelos seus líderes, clientes e parceiros?

Compreenda as metas

George Martin, o lendário produtor musical por trás dos Beatles, dizia: "A maioria dos artistas, quando grava alguma coisa, não escuta tudo [...] Quando ouvem a canção, só ouvem a própria parte. O produtor tem que parar, analisar tudo com distanciamento e entender."[3] Os Players de Impacto pensam da perspectiva do produtor musical, e não de um músico isolado. Os profissionais mais influentes pensam primeiro e agem depois.

Um técnico de categoria de base de futebol me disse, certa vez, que os melhores jogadores não olham para o chão — estão o tempo todo de olhos abertos, enxergando o que acontece em campo. Quando você trabalha em uma empresa, pode ser que isso o obrigue a compreender o modelo de negócio — o que faz a caixa registradora tilintar. Para uma organização não lucrativa, isso pode significar conhecer os resultados que atraem receita. Quer você trabalhe em uma empresa ou em uma organização pública, quer trabalhe em pesquisa ou em vendas, precisa ter uma visão ampla daquilo que sua organização faz e uma boa compreensão de como ela tem êxito. Para ajudá-lo a enxergar o contexto mais amplo, use as perguntas do Lance de Craque 1.

Quando você identifica os problemas básicos a serem resolvidos, passa a saber como seu trabalho se encaixa e a enxergar oportunidades para contribuir. Passa a saber o que fazer — mas, para fazer bem-feito, precisa conhecer os valores da cultura do lugar onde trabalha.

Conheça as regras

Toda organização tem a própria cultura, um conjunto de normas e valores que comandam o comportamento diário e a tomada de decisões. Porém, assim como qualquer observador atento de uma organização percebe, a cultura que se apregoa raramente é a cultura de verdade. Vários estudos apontaram a incongruência entre aquilo que as empresas alardeiam como valores organizacionais e aquilo que os funcionários percebem como os valores verdadeiros.[4] Essa incongruência sugere que os funcionários precisam decifrar a cultura real se quiserem ser bem-sucedidos. Os Players de Impacto são decodificadores constantes dessa cultura; eles leem o "escrito na parede" *e* observam o comportamento dentro da sala. Prestam menos atenção naquilo que é dito e mais atenção naquilo que de fato é dito — como as risadinhas diante do termo "indefinidos", que guardei do meu primeiro dia na Oracle. Eles observam e perguntam: que tipo de realização é elogiada? Quais os grupos que têm mais poder e por quê? Qual o caminho mais rápido para a demissão? Por prestarem atenção naquilo que é valorizado, eles aprendem a agregar valor. Agregando valor, aumentam o próprio impacto.

A capacidade de decodificar e de adaptar-se à cultura organizacional é ainda mais fundamental do que se poderia pensar. Novos estudos sugerem que a adaptabilidade cultural pode ser a marca registrada dos funcionários mais bem-sucedidos. Pesquisadores da Universidade Stanford concluíram que os funcionários capazes de fazer essa leitura e se adaptar às transformações culturais ao longo do tempo são mais bem-sucedidos que aqueles que inicialmente se encaixavam bem culturalmente.[5] Embora muitas empresas continuem em busca do encaixe perfeito (e por conta disso talvez desperdicem candidatos não convencionais), o fato é que a capacidade de decifrar o código cultural e de fazer a leitura "da sala" pode ser mais importante do que ter o *background* ideal. Em ambientes em rápida transformação, os profissionais mais eficientes são aqueles que podem ser soltos em ambientes novos, decodificando as regras de atuação não ditas e se adaptando à medida que o jogo muda, o que pode lhes valer o direito de mudar as regras.

Empatia com a hierarquia

Além de saber o que é importante para suas organizações, os Players de Impacto sabem o que é importante para seus líderes — e tornam isso importante para si mesmos.

Evan Hong trabalha na Target Corporation, varejista americana que fatura 92 bilhões de dólares, como diretor da equipe de risco da empresa, o grupo que faz previsões e ajuda a minimizar riscos para a companhia. O que torna Evan tão valioso é a capacidade de enxergar as coisas pelos olhos dos outros. Sua gestora, Aileen Guiney, diz: "Ele presta atenção em meu estilo de aprendizado e minhas preferências. Ele faz perguntas à queima-roupa, como: 'Você vem tendo o que precisa?'. Isso me faz refletir em relação àquilo que eu realmente necessito, e se venho obtendo ou não".

Evan não se limita a descobrir em quais demandas sua chefe necessita dele; ele enxerga tudo que está no radar dela. Pergunta a Aileen o que é importante para Matt, o vice-presidente sênior a quem ela responde: quanto tempo ela passa discutindo cada questão com Matt? Como eu posso ajudar nessas questões? "É muito legal ter mais alguém de olho no todo", diz Aileen.

Quando Aileen estava preparando a apresentação anual sobre gestão de riscos para a cúpula da Target, Evan ajudou a treiná-la e forneceu todas as informações de que necessitava. Em seguida, ele fez um pedido importante: será que podia assistir à reunião? Ele disse entender que alguém da sua posição normalmente não seria incluído em uma reunião dos principais líderes da empresa, mas sugeriu que, se ele e Aileen fizessem a apresentação juntos, isso poderia ensejar um debate mais holístico, em que um dos dois se concentraria mais nos aspectos negativos, enquanto o outro abordaria o lado positivo. Ele não forçou a barra, mas sugeriu com antecedência o bastante para dar a ela tempo de levar a sugestão plenamente em conta.

Aileen concluiu que a apresentação conjunta poderia levar a um resultado melhor para a empresa, e ela confiava totalmente na capacidade de Evan de representar bem tanto os dois quanto o trabalho dos dois. Por isso, convidou-o a participar. Ele desempenhou seu papel com perfeição: explicou passo a passo aos executivos as diversas ameaças à empresa, entre elas a possibilidade de uma recessão. Os dois apresentaram várias vulnerabilidades e salvaguardas, tornando mais fácil um debate animado. No que deve ser inédito na história das empresas, integrantes da equipe de executivos disseram que mal podiam esperar pela reunião de gestão de riscos do ano seguinte. O encontro não foi apenas bem-sucedido nas aparências: ocorreu em 2019 e serviu como uma preparação importante para as consequências econômicas da pandemia da Covid-19.

Evan não se limitou a fazer seu trabalho; demonstrou que conhecia o trabalho de sua chefe, o trabalho do chefe de sua chefe e o trabalho fundamental a ser realizado — tudo isso para garantir que a empresa estivesse preparada para os riscos.

Os Players de Impacto aprendem aquilo de que seus líderes necessitam, e são excelentes praticantes do que eu chamo de *empatia com a hierarquia* — a tendência a olhar para os gestores acima e a não apenas enxergar neles chefes que cobram, mas ver os desafios, os limites e as melhores intenções deles. A empatia com a hierarquia representa olhar para além daquilo que o deixa frustrado em seu chefe, e entender o que deixa seu chefe frustrado, principalmente quando quem o deixa frustrado é você. A empatia com a hierarquia pode ser turbinada por meio da *visão em perspectiva* — a capacidade de levar em conta o ponto de vista do outro.[6]

A visão em perspectiva é bem parecida com a empatia, sua prima de primeiro grau, mas é praticada mais com a cabeça do que com o coração. É o exercício conceitual de se levantar da cadeira e ver como a situação se apresenta de outro ponto de vista. Por exemplo, como consultor júnior de uma equipe de projetos, podemos notar uma série de demandas de última hora de nosso chefe. Porém, do ponto de vista do chefe, veríamos um cliente difícil, que muda repentinamente o escopo daquele projeto. Através dos olhos do cliente, podemos perceber a inesperada reorganização interna que gerou uma série de novos usuários e interdependências.

Quando praticamos a visão em perspectiva e a empatia com a hierarquia, adquirimos uma compreensão rica daquilo que nossos líderes e os demais envolvidos enxergam, pensam e sentem. Essa conscientização pode, em seguida, orientar nossas atitudes, como ilustra a tabela a seguir.

Os pesquisadores demonstraram que a visão em perspectiva ocorre naturalmente, quando estamos no ponto mais baixo de uma escala de poder.[7] Quanto menos poder e recursos possuímos, mais sintonizados

ficamos com as pessoas e os acontecimentos à nossa volta. No entanto, quanto mais poder adquirimos, menor a probabilidade de tentarmos entender a perspectiva alheia. Não é como andar de bicicleta; é uma coisa que podemos, sim, esquecer como se faz, o que explica por que altos executivos e políticos pareçam estar tantas vezes fora da realidade. Isso também indica que, à medida que progredimos na carreira, precisamos manter ativamente nossa capacidade de ver as coisas em perspectiva. Quem faz isso é recompensado; ao praticar a empatia com a hierarquia, abrimos um canal pelo qual os líderes mais graduados podem perceber melhor nossas aspirações, criando uma linguagem em comum para debater essas aspirações em termos benéficos para os dois lados.

Perceba a agenda

A visão em perspectiva também nos ajuda a enxergar as agendas invisíveis que estão por trás das ações. A maior parte dos líderes e das organizações tem uma "agenda", uma coletânea de questões ou objetivos de seu interesse. Às vezes essas agendas são tangíveis, sob a forma de declarações de missão, iniciativas estratégicas ou prioridades para um determinado período. No entanto, em ambientes dinâmicos, objetivos táticos exigem correções, na medida em que as condições se transformam e novas informações surgem, o que faz com que a agenda declarada raramente seja a agenda efetiva. O que importa, em qualquer instante, é a agenda efetiva, que define aquilo que é relevante e essencial para o êxito. Mas raramente a agenda efetiva é posta no papel.

No mundo ideal, os líderes deixam clara sua agenda; informam aquilo que é importante e por quê. Em seguida, é seu papel descobrir como realizá-la.[8] Muitas vezes, porém, os líderes estão com tanta pressa que não se dão ao trabalho de desacelerar e explicar as coisas às suas equipes. Ou, por terem a agenda tão clara na cabeça, supõem erroneamente que está clara para os demais. O mundo corporativo me ensinou a não esperar que as instruções sejam dadas de bandeja. A verdade é que os contribuidores, em todos os níveis, precisam descobrir por conta própria a agenda vigente em suas organizações — um padrão de comportamento que se vê nos contribuidores de alto impacto. Os maiores contribuidores que pesquisamos intuem qual é a agenda efetiva, da mesma forma que um bom zagueiro "enxerga" o jogo e antecipa a próxima jogada; sabe onde deve ocorrer o lance, e se posiciona de acordo. Descobre aquilo que chamo de v.i.a. — *Valor Importante Agora*.

Você sabe o que é importante agora? Você compreende as prioridades principais de sua organização? Seus líderes e colegas dizem que você "saca tudo", ou seja, é capaz de discorrer tranquilamente sobre a estratégia? E, o mais importante, você sabe o que é vital nesse instante? Se não souber, preste atenção naquilo em que seus líderes estão gastando o próprio tempo, naquilo que vem sendo discutido, o que vem ganhando impulso e o que é celebrado. Essa é agenda. Essa é a v.i.a.

Hábito número 2: Atuar onde é necessário

Quando você conhece a v.i.a., pode depositar sua energia em realizar o trabalho que precisa ser feito, e atuar onde pode ter o maior impacto. Quando você compreende a verdadeira agenda de sua organização, deixa de ser limitado por restrições artificiais e organogramas que tolhem a maioria das pessoas. Os contribuidores de alto impacto funcionam com mais fluidez que a maioria, transitando facilmente entre papéis táticos e estratégicos e trabalhando sem se preocupar com fronteiras. Especificamente, a tendência a "trabalhar fora do escopo da função oficial para resolver problemas ou concretizar oportunidades" foi uma das três principais diferenças entre os contribuidores comuns e os de alto impacto. Essa prática figura entre os comportamentos exibidos com menos frequência tanto pelos contribuidores médios quanto pelos subcontribuidores. Em outras palavras, é um dos diferenciais entre os Players de Impacto e seus colegas.

Enquanto os Contribuidores jogam em suas posições, os Players de Impacto jogam onde são necessários. Trabalham nos espaços vazios, onde problemas grandes e complicados não se encaixam nas fronteiras de nenhum cargo, iniciativas estratégicas chegam a um impasse e necessidades não atendidas ficam sem resposta e acabam sendo perdidas. Para esses supercontribuidores, as *job descriptions* são apenas pontos de partida — menos fronteiras que tolhem seus movimentos e mais acampamentos-base que lhes permitem reagir com agilidade.

Correndo atrás do problema

Em 2015, a Unilever, multinacional de capital britânico e holandês do setor de bens de consumo, estava preparando o lançamento de um novo desodorante, na linha de produtos Caress (conhecida como Lux fora dos Estados Unidos). A equipe de marketing estava empolgada com as doze horas de proteção do produto, o que era possibilitado por uma tecnologia inovadora do desodorante: microbolinhas que liberavam uma fragrância ao longo do dia.

A produção tinha sido iniciada em várias fábricas espalhadas pela Ásia, e as unidades de negócio regionais elevaram suas previsões de receita. A equipe de marketing estava preparando o lançamento do produto, tendo como alvo vários mercados importantes, como a Indonésia, onde o produto também seria fabricado.

Nove meses antes do lançamento, a equipe de suprimentos ligou o alerta vermelho: haveria atrasos significativos, devido à falta de algumas peças e à complexidade da logística. Ela avisou que o lançamento do produto seria adiado por três a seis meses. Membros da equipe fizeram análises de risco, e os líderes seniores se reuniram para discutir o importante impacto sobre a receita. Embora a liderança quisesse levar a inovação para o mercado, todos reconheceram que o atraso seria inevitável.

Sabine Khairallah, gerente da marca Caress/Lux, enxergou a coisa de outro jeito. Ela conta: "Eu era responsável por coisas como portfólio e estratégia de marca, relações públicas e gestão de *leads*. O que certamente não esperavam de mim era a construção do produto, mas eu não podia levar ao mercado um produto se tal produto não existia". Essa libanesa de um metro e oitenta, ex-jogadora de basquete universitário, foi criada nos Emirados Árabes por uma mãe que a ensinou a ser forte e um pai que lhe incutiu a ideia de que tinha que ser a própria chefe. Sabine levou essa mentalidade para o trabalho, atuando como se não houvesse coisa que não pudesse ou soubesse fazer. Ela compreendeu a importância da inovação desse produto, e por isso correu atrás do problema.

Sabine ligou para o gerente de suprimentos, um player discreto, de bastidores, da Indonésia, apresentou-se, brincando, como sua nova melhor amiga e começou a fazer perguntas. À medida que ele subdividia a cadeia de suprimentos em partes, o primeiro problema ficou claro: as tampas dos frascos eram fabricadas na Tailândia, mas os frascos eram feitos na Indonésia. E as tampas ficaram presas na alfândega da Indonésia, esperando o preenchimento de alguns detalhes da papelada. Sabine e o gerente de suprimentos analisaram item por item das faturas, entrando em contato com os responsáveis pelas informações que faltavam, e em duas semanas conseguiram fazer as tampas passarem pela alfândega e transitarem da Tailândia à Indonésia.

A linha de montagem foi retomada, mas os atrasos continuavam a acontecer. A cada passo, Sabine perguntava: "Agora, o que é que está retendo a cadeia de suprimento?". O produto exigia novos suprimentos, mudança de embalagem e transporte sob temperatura controlada, entre outras coisas. Caso a caso, a lista foi sendo checada, e cada questão sendo resolvida.

Ao fim de três semanas, o atraso de seis meses havia sido reduzido para apenas um, e o produto foi lançado a tempo de realizar quase toda a receita inicialmente prevista (aproximadamente 5 milhões de dólares somente na Indonésia), reforçando a posição da Unilever como líder em produtos inovadores. Seria fácil para Sabine deixar os problemas de suprimento com a equipe de suprimentos, mas ela foi além de seu papel.

Quando um problema urgente se complica, você fica na sua posição, supondo que outra pessoa vai cuidar daquilo? Ou corre atrás do problema? Seu impacto aumenta à medida que você altera sua orientação, de guardador de posição para resolvedor de problemas.

No mundo do trabalho, os Contribuidores são como os jogadores de futebol de mesa — devidamente espaçados, mas presos em suas posições. Podem girar, mas ficam sem ação com facilidade. Em forte contraste, os Players de Impacto atuam como os melhores meio-campistas da vida real, observando os lances que estão acontecendo e subindo ou descendo pelo campo quando são mais necessários. Eles não abandonam o posto; jogam em suas posições, mas ampliam seu alcance.

Vejamos como Theo Ta, consultor pré-vendas da SAP em Vancouver, no Canadá, proporcionou à sua equipe um valor extraordinário. Uma empresa de software corporativo como a SAP tem tantos produtos que os "demos" para clientes em potencial podem, em alguns casos, exigir a intervenção de dezenas de especialistas de produto, o que pode deixar o cliente incomodado. O gerente de Theo, Mike Duddy, conta: "Alguns consultores pré-vendas se sentem à vontade em seus silos de produto particulares, mas Theo aprende o suficiente sobre as outras áreas, de modo a poder introduzir o assunto na conversa inicial com o cliente, trazendo depois outros consultores quando este quer se aprofundar. Ele é como um bom goleiro. Sabe jogar um pouquinho fora da área".

Trabalhe em sintonia com a agenda

A sensação de trabalhar de acordo com a agenda é diferente daquela de meramente fazer seu trabalho, da mesma forma que a sensação de dirigir em uma autoestrada é diferente da sensação de dirigir em uma estradinha de terra. Para começo de conversa, é mais intenso; tudo anda mais rápido, e a pressão por resultados é maior. Mas junto com essa intensidade maior vem uma eficiência maior; você pode ir mais longe, chegar mais rápida e facilmente. Quando você trabalha naquilo que é mais importante, os envolvidos encontram tempo para se reunir com você, e os líderes seniores propiciam os recursos necessários, encontram verbas e retiram obstáculos do caminho. A responsabilidade é maior, mas as barreiras são menores. E talvez a maior recompensa por trabalhar dentro da agenda é que o trabalho é simplesmente mais satisfatório.

Dica Profissional do Player de Impacto
Como regra geral, se você não estiver trabalhando em uma das três prioridades de seu chefe, você não está trabalhando dentro da agenda.

Vejamos a transformação para Josh,[9] gerente de equipes musicais de uma grande igreja, com várias sedes. Depois de um de nossos webinários, ele se deu conta de que, por mais que se empenhasse, não estava dentro da agenda de seu líder. Passou a entender por que seus e-mails semanais para o pastor-chefe não estavam sendo respondidos. Ele reformulou seus e-mails para o pastor-chefe, fazendo-o entender duas coisas: (1) que ele entendia qual era o trabalho mais importante e (2) que agora estava trabalhando alinhado com o que era mais importante. Ele conta: "No passado, meus e-mails pareciam desaparecer em um buraco negro. Pela primeira vez estou recebendo respostas de verdade, reconhecimento e agradecimento. Representa muito!". Imagine, agora, a reação do pastor-chefe ao receber a confirmação de que sua visão para a igreja foi ouvida e introjetada.

VOCÊ ESTÁ TRABALHANDO EM SINTONIA COM A AGENDA?

Sinais de que você está dentro da agenda:

As pessoas têm tempo para você, as agendas se abrem e as reuniões são marcadas rapidamente.

Os recursos aparecem. A verba costuma ir para o trabalho mais importante.

O trabalho fica mais fácil. Como o apoio aumenta, o trabalho evolui com mais rapidez e eficiência.

A pressão aumenta. Por ser um trabalho relevante, espere sentir um peso maior em seus ombros e maior cobrança por resultados.

A visibilidade aumenta. Quando seu olhar recai sobre aquilo que importa, todos os olhos recaem sobre você.

Sinais de que você está fora da agenda:

Falta de tempo. Fica difícil marcar reuniões. Mesmo com pressa, você é obrigado a esperar, porque ninguém tem tempo de se encontrar com você. Reuniões individuais com o chefe são canceladas o tempo todo.

Falta de resposta. Você envia e-mails, mas não recebe retorno.

Falta de feedback. Quando você pede que analisem sua documentação, recebe pouco retorno ou respostas burocráticas, como "Parece OK".

Impasses e atrasos. As iniciativas travam e depois são abandonadas. Ou o avanço é tão lento que exige mudanças antes do término.

Fora da lista do chefe. Seu superior não lhe faz perguntas sobre seu trabalho.

Hábito número 3: Atuar com paixão

Os Players de Impacto trabalham com senso de propósito e convicção, mas atuam a serviço das necessidades não atendidas da organização, e não a serviço de seus interesses pessoais. Raramente os gestores os descreveram como apaixonados por um tema (por exemplo, "Ele é apaixonado por inteligência artificial"), mas os descreveram constantemente como apaixonados pelo trabalho em si (por exemplo, "Ele é apaixonado por resolver problemas"). Eles canalizam a energia para a forma como realizam o trabalho, e não para o tipo de trabalho que realizam. Os Players de Impacto trabalham *com* paixão, e não *pela* paixão pessoal. Vejamos como essa maneira de trabalhar ajudou Mike Maughan a evoluir.

Foi no ano de 2002 que Ryan Smith recebeu o telefonema: seu pai estava com câncer na garganta. Ryan estava na faculdade e estagiava na Hewlett-Packard da Califórnia. Seu pai, Scott Smith, era professor universitário em Utah. Ryan largou o estágio, foi para a casa e trancou a faculdade para ficar com o pai. Eles precisavam de um bom projeto como forma de passar o tempo juntos, mas, em vez de fazer coisas óbvias, como reformar um carro antigo, os dois abriram uma empresa de software. Entre uma e outra sessão de terapia de quimioterapia de Scott, eles criaram uma ferramenta de software para turbinar pesquisas on-line. À medida que a saúde de Scott melhorava, eles fizeram a promessa de ajudar outros a melhorar também: se a companhia um dia desse lucro, derrotar o câncer passaria a ser a causa deles. Esse projeto de pai e filho se transformou na Qualtrics, empresa de gestão de experiências corporativas comprada pela SAP em 2019 por 8 bilhões de dólares e que se tornou autônoma ao abrir o capital em 2021.

Mike Maughan entrou para a empresa em 2013, como gerente de marketing de produtos, e em 2016 já era chefe de crescimento de marca e comunicação global. Àquela altura a Qualtrics já possuía um forte relacionamento com o Huntsman Cancer Institute, a quem fazia doações anuais na casa das centenas de milhares de dólares. Foi na época em que o "desafio do balde de gelo" estava viralizando pelos Estados Unidos, arrecadando fundos para a pesquisa contra a esclerose lateral amiotrófica (ELA). Mile pensou: "Será que a Qualtrics poderia fazer mais do que simplesmente doações para a pesquisa contra o câncer? Será que ela poderia se tornar um catalisador, que envolva milhares de pessoas nessa luta?". Ele enxergou ali uma enorme oportunidade para ajudar a Qualtrics a levar sua luta contra o câncer a um público mais amplo.

Para Mike, o câncer não era uma questão pessoal, nem nunca fora sua causa. Formado na Escola Kennedy de Governo da Universidade Harvard, ele já tinha se envolvido em iniciativas pelo desenvolvimento da África Subsaariana. O desenvolvimento global era sua praia. Mas ele tinha lido um artigo na *Harvard Business Review*, muitos anos antes, dizendo que a melhor forma de ser feliz não era seguir a própria paixão, e sim resolver grandes problemas.[10] Com isso, deu-se conta de que a luta contra o câncer era uma área na qual ele poderia dar uma contribuição mais relevante. Refletindo sobre esse momento decisivo, conta: "Eu podia fazer o que eu quisesse em pequena escala, ou ajudar uma organização inteira a realizar algo verdadeiramente grande. Percebi que minha meta era menos ir atrás da minha própria paixão e mais resolver o maior problema possível". Ele optou por comandar uma luta maior.

Não havia verba nem equipe, mas Mike recorreu ao auxílio da equipe de criação e de outros colegas para elaborar uma campanha intitulada 5 for the Fight ["Cinco na luta"], e conseguiu o apoio de Ryan Smith. Funcionava assim: as pessoas eram convidadas a fazer uma doação eletrônica de 5 dólares para a pesquisa contra o câncer. Em seguida, escreviam na palma da mão o nome de um ente querido atingido pelo câncer, e compartilhavam uma foto nas redes sociais, marcando cinco amigos e convidando-os a fazer o mesmo: cinco dólares, cinco dedos, e mais cinco pessoas na luta. A campanha foi lançada em fevereiro de 2016, na cúpula de gestão X4 Experience, e arrecadou mais de 1 milhão de dólares no primeiro ano.

Um ano depois, a Qualtrics foi procurada pelo time da NBA do estado, o Utah Jazz, para saber se teria interesse em patrocinar a camisa dos jogadores. Mike teve outra ideia: e se, em vez de colocar "Qualtrics" na camisa, a empresa patrocinasse a campanha 5 for the Fight? A NBA ficou surpresa, porém nem de longe tão surpresa quanto Ryan Smith, que sabia que a Qualtrics vivia um momento crítico, em que precisava de reconhecimento da marca para atingir suas metas de crescimento. O montante do patrocínio não era pequeno, e não era fácil tomar essa decisão. Ryan pressionou Mike, perguntando várias vezes: "Tem certeza?". Mike sabia que isso ia não apenas atrair dinheiro para a pesquisa contra o câncer, mas seria bom da marca e o negócio da Qualtrics. Ele também sabia que um valor central da empresa era "entrar com tudo", e que isso tinha um significado pessoal profundo para Ryan. Mike devolveu a pergunta, dizendo: "Na pesquisa contra o câncer, você entra com tudo?". Ryan entrou, e na segunda-feira, 13 de fevereiro de 2017, estava lado a lado com a então dona do Utah Jazz, Gail Miller, para anunciar a parceria e o patrocínio, que era o primeiro, na história do esporte profissional norte-americano, a promover uma causa, e não uma empresa. A publicidade era tão inovadora e inspiradora que mereceu catorze vezes mais espaço na imprensa que qualquer outro patrocínio de camisa na NBA.[11]

Nos últimos três anos, a 5 for the Fight arrecadou mais de 25 milhões de dólares. Hoje tem parcerias com centros de pesquisa de ponta contra o câncer nos Estados Unidos, na Europa, no Oriente Médio, na Ásia e na Austrália, financiando alguns dos trabalhos mais revolucionários da ciência na atualidade.

Mike deu risada quando perguntei se tinha sido um trabalho fora das fronteiras do seu cargo, mas acrescentou imediatamente: "Eu nunca enxerguei fronteiras no cargo — pelo menos não na minha cabeça". Por ter compreendido o que era importante, tanto para a empresa quanto para seu patrão, ele foi capaz de identificar o lance de alto impacto. Ryan Smith disse a respeito: "Uma coisa é estar 'no lugar onde as coisas estão acontecendo', mas o que acontece com o Mike é que ele faz as coisas acontecerem, em qualquer lugar onde esteja". Ninguém pediu a Mike que se arriscasse no mundo da responsabilidade social: ele simplesmente trabalha assim. Nas palavras dele, "eu sempre ando de olhos abertos para coisas que ninguém me pediu para fazer, mas que pode ser necessário fazer".

Mike poderia ter buscado um caminho direto para aquilo que o apaixonava. Em vez disso, entregou-se de coração àquilo que o faria mais útil. Ao jogar com paixão, ele encontrou uma oportunidade maior e obteve um impacto maior.

Os Players de Impacto têm a compreensão de que seu propósito virá a se revelar com o passar do tempo, olhando de dentro para fora, e não num autocentrismo sem fim. Tom Peters, teórico da gestão, afirma: "O propósito raramente surge se ficarmos sentados, contemplando os propósitos. Na maioria das vezes, e no meu caso certamente foi assim, a gente tropeça sem querer no propósito."[12] Ele não se fabrica em laboratório; surge como subproduto natural de um trabalho refletido e observador: olhar hierarquia acima, perceber o que está acontecendo à sua volta e identificar onde você será mais útil. O propósito se apresenta quando buscamos as necessidades mais importantes e trabalhamos a serviço delas com convicção plena.

Os profissionais mais influentes compreendem que, deixando que as circunstâncias orientem seu trabalho, eles conseguem angariar credibilidade e aprofundar o próprio impacto. Também não correm atrás de toda e qualquer necessidade; em vez disso, procuram um casamento entre uma necessidade real e as próprias competências mais arraigadas — conceito que chamo de Genialidade Nativa, que vamos explorar em mais detalhes no Capítulo 6. Quando as pessoas empregam seus pontos mais fortes a serviço de algo maior que elas mesmas, costuma ocorrer aquela faísca a mais de brilho, da qual todos se beneficiam. Estamos trabalhando a serviço de algo importante ou simplesmente cumprindo tabela?

Na próxima seção vamos explorar como planos de carreira ou interesses profissionais bem-intencionados podem nos impedir de obter um impacto autêntico. Vamos abordar duas armadilhas: a primeira é a desvantagem de cumprirmos nosso papel, e a segunda é a miopia de buscarmos apenas nossas paixões.

ARMADILHAS E DISTRAÇÕES

Enquanto os Players de Impacto atuam como resolvedores de problemas, a serviço daquilo em que são necessários, os contribuidores médios que estudamos atuam mais como detentores de cargos, servindo onde são designados. Eles jogam apenas na própria posição, têm bom desempenho e não saem de seus quadrados. Assim como os Players de Impacto, enxergam a si mesmos como parte de uma missão maior, mas têm tendência a uma visão mais estreita do próprio papel, deixando de lado aspectos relevantes para outros, de modo que enxergam e agem apenas naquelas partes que afetam seu próprio mundo. Um gerente da Adobe comentou, a respeito de uma contribuidora média: "Ela é produtiva, mas bitolada".

Os gestores descreveram várias vezes seus Contribuidores médios como dedicados; fazem o trabalho que lhes é atribuído, assim como um estudante revisa todo o programa de uma matéria e faz o dever de casa pedido. Trabalham com senso de dever; têm um emprego, esse emprego tem um propósito, e eles trabalham para cumprir esse propósito. Parece uma lógica sensata, e até nobre. Mas é aí que reside o problema. Vamos conhecer nossa primeira falácia: o chamado do dever.

Honrar o compromisso

Nesse modo, estamos empenhados em cumprir nosso dever; jogamos conforme as regras e atuamos com dedicação. Mas pode ser que estejamos jogando pelas antigas regras hierárquicas, em que o funcionário recebe um posto de comando ou é nomeado para um cargo do organograma. Os contribuidores que vi trabalharem nesse modo podem até agir com senso de propósito e orgulho, e executar um bom trabalho, mas o que leva à sua derrocada é supor que o posto — o cargo que ocupam — é a fonte do valor deles.

Quando a *job description* se torna uma ideia fixa, passamos a enxergar problemas complexos como coisas que tiram nosso foco. Projetos imprevistos e serviços fora do escopo seriam ameaças à produtividade, a serem evitados. Para os líderes seniores, porém, esses "desvios" são, na verdade, o trabalho. Manter-se competitivo em um jogo que se transforma o tempo todo exige agilidade e adaptabilidade. Enquanto os Contribuidores têm a impressão de estarem fazendo seu trabalho, seus líderes estão achando que eles não estão vendo problemas e deixando de reagir a oportunidades.

Os profissionais que atuam com a Mentalidade do Contribuidor correm o risco de deixar passar a agenda efetiva, e de ficar pelo caminho — ou, pior ainda, de continuar fazendo o que sempre fizeram e sumir de vez do radar. Um gestor da Nasa comentou, a respeito de um engenheiro: "Ele cumpria seu papel e entregava o que lhe cabia, mas as entregas dele exigiam muito retrabalho até ficarem prontas para uma missão. Por isso eu só podia dar a ele tarefas elementares". Um vice-presidente da Target disse, a respeito de um de seus analistas mais inteligentes: "Ele fazia o trabalho que estava no quadradinho dele. Extraía dados e elaborava relatórios, mas não pensava de maneira inovadora ou se envolvia com os problemas que eram importantes para a Target. Era como se ele ficasse chutando para o gol errado".

Quando se lida com problemas complicados, o chamado ao dever não é a única fraude que aparece. Existe outra falácia, uma interpretação errada de uma das regras do trabalho atual.

A busca da paixão

Correr atrás da paixão é outra armadilha em que é fácil cair. Quem não ouviu o ditado "Faça o que você ama e nunca trabalhará um dia sequer da sua vida", ou o famoso conselho da aula inaugural de Steve Jobs na Universidade Stanford: "O único jeito de fazer um grande trabalho é amar o que você faz"?[13] Além disso, muitos jovens iniciantes na vida profissional foram educados com esse conselho.[14] A ideia de que seguir a própria paixão rende aulas magnas convincentes, e com certeza é uma estratégia de bom senso ao escolher uma carreira, eleger a empresa certa para trabalhar ou abrir sua própria empresa. Mas, quando se está dentro de uma organização, correr atrás da paixão sem freios pode causar mais dano que benefício. E se seus colegas não compartilharem ou se importarem com sua paixão? Você pode estar se dedicando de corpo e alma, mas pode ficar parecendo sem noção. Pense do ponto de vista do líder. Embora a maioria dos líderes aprecie ajudar as pessoas a ir em busca de suas paixões, é frustrante, e até penoso, ver alguém escolher a dedo o trabalho que lhe interessa e buscar com entusiasmo seus projetos-xodó, e não as prioridades da organização.

A busca do interesse pessoal pode até ter um custo real para o contribuidor. Vejamos o caso de Andrew, que se formou em uma universidade de ponta e conseguiu o primeiro emprego numa empresa de desenvolvimento de lideranças, onde poderia saciar sua paixão por aprendizado e liderança. Formado em Filosofia, ele era profundamente reflexivo e leitor voraz de tudo o que encontrava sobre os programas da empresa. Era capaz de discorrer com inteligência sobre os resultados da aprendizagem e sobre os detalhes de cada programa, mas, quando a questão era vender o produto, bem, essa simplesmente não era sua praia. Seu gestor se sentou com ele, explicou de novo as responsabilidades do cargo e deu uma advertência: ou você enche a sala de aula, ou será demitido. Embora sua paixão fosse a aprendizagem, ele precisou se interessar mais por vendas, ou pelo menos se interessar o bastante para salvar o emprego. Como não queria começar mal a carreira, pegou um bloco de post-its, escreveu "D.G.F." em vários deles e colou por todo o quarto. Não contou aos colegas o que significava, mas sabia que "D.G.F." era a abreviatura de *Don't Get Fired!* ["Não seja demitido!"]. Começou a dar cem telefonemas por dia e se tornou o maior vendedor da equipe. Aprendeu a amar o que precisava fazer, em vez de fazer apenas o que amava — e, felizmente, "Não Foi Demitido". Na verdade, seu desempenho espetacular como vendedor lhe valeu a promoção para um cargo que combinava melhor com seus interesses, levando-o a uma carreira gratificante como desenvolvedor de lideranças. Mas a verdadeira sorte de Andrew foi ter um gestor, logo no início da carreira, que o ajudou a enxergar que correr atrás de sua paixão o estava levando a um beco sem saída.

COMO MULTIPLICAR SEU IMPACTO

Essas falácias criam uma miragem de valor, bem parecida com uma ilusão de ótica, onde o observador está tão focado na silhueta que não consegue reconhecer a imagem que ocupa o restante do espaço. Ficamos tão obcecados por cumprir nosso dever ou buscar nossa paixão que deixamos passar a contribuição mais valiosa, que ocorre nos espaços em branco da organização ou nos vazios entre um cargo e outro. Cegos de dedicação, não compreendemos por que somos passados para trás em oportunidades ou deixados de lado na verdadeira ação.

Enquanto isso, os Players de Impacto adotam uma abordagem bem distinta para o trabalho, gerando uma reação em cadeia que cria valor para seus líderes, para suas organizações e para si próprios, conforme resumido a seguir.

Como os Players de Impacto buscam necessidades não atendidas e trabalham naquilo em que são mais úteis, são vistos pelos interessados como parceiros, e na organização como um todo como players de confiança, o que explica por que são chamados para as maiores oportunidades. Eles não precisam dizer: "Me escala, professor". Eles são os primeiros a serem escalados para o jogo, principalmente quando a coisa aperta.

Permitam que eu me refira de novo à minha experiência na Oracle. Cerca de dez anos se passaram desde que eu decidira seguir o conselho de Bob Shaver e me tornar útil. Agora eu era chefe mundial de desenvolvimento de recursos humanos, e liderava as mais variadas iniciativas estratégicas da empresa. Era um trabalho motivante, atribuído a mim, sobretudo, por eu dizer "sim" a problemas complicados e por saber lidar bem com os executivos seniores.

GERAÇÃO DE VALOR: FAÇA O TRABALHO NECESSÁRIO

Os Players de Impacto trabalham onde são mais necessitados e acabam sendo vistos como players confiáveis

Certa tarde, Jane, uma colega de RH, passou na minha sala e me disse que precisava de ajuda para fazer a diretoria comprar uma iniciativa sob responsabilidade dela. Perguntou se podia me pagar um almoço, o quanto antes melhor. Evidentemente, concordei.

No almoço, Jane me explicou suas metas de recrutamento para a empresa, e me disse que precisava fazer os executivos encamparem aquela meta como prioridade deles mesmos e da empresa; basicamente, ela queria que aquelas metas entrassem na agenda da diretoria. Pediu minha orientação em relação àquilo.

Depois de ouvir, refleti um pouco e então confessei: "Acho que não posso ajudar muito. Na verdade, não sei como fazer isso". Jane ficou aturdida. Ela respondeu: "Claro que sabe. Você é mestra nisso. Conhece bem os executivos e eles escutam você". Expliquei que eu nunca tinha colocado na agenda deles uma coisa que fosse importante para mim. O que eu tinha feito era descobrir o que era importante para eles, e colocado na *minha* agenda. Por ser o "como" para o "o quê" deles, meu trabalho foi valorizado. Expliquei mais: se ela tinha a impressão de que era eu quem determinava a agenda, era só porque eu tinha adquirido o hábito de trabalhar naquilo que era importante para os meus responsáveis; com o passar do tempo, eu passara a ter influência e talvez tivesse ganhado o direito de ajudar a moldar a agenda da empresa.

Não era bem o que Jane queria ouvir, mas era a sacada de que ela precisava para ampliar a visibilidade e o impacto do seu trabalho. Analisamos as prioridades e os problemas dos executivos e, no fim do almoço, fizemos um *brainstorming* sobre como o trabalho dela poderia ser a solução para os problemas deles.

Houve momentos em que me desviei dessa estratégia. Houve momentos em que não percebi que a agenda tinha mudado, ou que fiquei obcecada por um xodó meu. Mas sempre tive mais impacto — e mais prazer — trabalhando naquilo que era mais importante para a organização, tornando-me útil.

Se quiser que seu trabalho tenha impacto, descubra qual é a agenda e atue dentro dela. Se você abrir mão da própria agenda, pode ser chamado para uma agenda maior. Nela, pode criar mais valor e encontrar mais contentamento.

O MANUAL

Este manual é para todos os interessados em aumentar o impacto do próprio trabalho e em implementar as mentalidades e práticas necessárias para FAZER O TRABALHO QUE É NECESSÁRIO. Ele contém Lances de Craque — práticas concretas e exercícios que o ajudam a desenvolver os hábitos dos Players de Impacto. Também inclui Dicas de Segurança que o ajudarão a experimentar esse novo comportamento sem causar dano à sua eficiência, reputação e relações.

Lances de Craque

1. **Encontre a v.i.a. dupla.** Um jeito rápido de entrar na agenda é procurar uma V.I.A. (Valor Importante Agora) dupla — algo importante para a organização que também é importante para seu chefe (ou responsável) imediato.

2. **Entre na v.i.a.** Tendo determinado essa V.I.A. dupla, procure uma oportunidade de contribuir para a interseção entre seus talentos e essa V.I.A. Maximize seu impacto identificando uma V.I.A. que seja uma das três prioridades de seu responsável.

3. **Converse sobre a agenda.** Faça a conexão entre a agenda do seu responsável e o trabalho que você realiza atualmente. Faça chegar a eles a informação de que você é o "como" para o "o quê" deles. Elabore uma declaração curta que capte de que forma seu trabalho vai ajudá-los a realizar as prioridades da agenda deles. Por exemplo, "Estou ciente de que aumentar a retenção de clientes é nossa maior prioridade, e estou criando perfis de diversos tipos de clientes, para compreendermos melhor as exigências". A declaração ideal comunicará duas mensagens: (1) "Captei", ou seja, "Entendo o que é importante para você", e (2) "Vou lhe dar cobertura", ou seja, "Vou fazer isso acontecer". Inicie suas interações, como e-mails, apresentações e reuniões a dois, com uma dessas declarações, de modo que seus responsáveis saibam que aquilo que é importante para eles é importante para você.

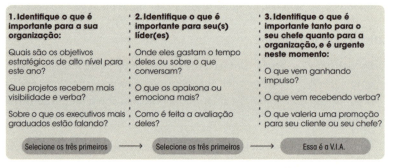

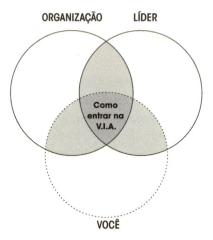

Em qual das três maiores prioridades de seu responsável você pode fazer uma contribuição material?

Em que o seu trabalho ajuda a resolver esse problema ou atingir esse objetivo?

4. **Pratique o "sim ingênuo".** Lidar com problemas complexos exige, muitas vezes, trabalhar fora de nossa zona de conforto e além de nossas competências atuais. Não estar qualificado pode fazê-lo sentir-se intimidado ou sobrecarregado. Por isso é fácil dizer "não" a esse aumento de incerteza e continuar fazendo o trabalho que você já faz. Tente praticar o "sim ingênuo", aceitando um desafio novo antes que seu cérebro entre em ação dizendo que não vai dar, ou, como diz Richard Branson: "Quando alguém lhe oferece uma tremenda oportunidade, mas você não tem certeza de que é capaz, diga sim — e depois descubra como fazer!". Depois de dizer sim, aprenda rapidamente, admitindo aquilo que você desconhece e fazendo perguntas inteligentes e fundamentadas. Projete a imagem do "aprendedor inteligente" — uma pessoa muito autoconfiante, mas com pouca confiança naquele tópico. Isso faz seus responsáveis entenderem que você é um iniciante naquilo, mas capaz de aprender rapidamente.

Dicas de Segurança

1. **Peça um alvará.** Enquanto você estiver se aventurando na solução de problemas complexos, é bom que os outros não se esqueçam de você. Caso alguma coisa dê errado, é bom que saibam onde você está e por que abandonou seu posto. Da mesma forma que um trilheiro entra em contato com as autoridades e avisa para onde vai antes de se arriscar sozinho em uma região perigosa, você precisa ter um alvará. Faça um acordo com seu gestor, para que ele saiba (1) o que você está indo fazer e por quê, e (2) quais aspectos da sua atividade principal você precisa continuar a fazer corretamente.

2. **Não se desconecte, e deixe um rastro.** A agenda dos líderes pode mudar mais rápido que o tempo no litoral. Quando estiver atuando no espaço vazio entre organizações formais, dê informes constantes à sua equipe e a seu chefe. Durante a travessia, vá "deixando um rastro", da mesma forma que um trilheiro com um rastreador via satélite alerta os outros de sua localização atual. Não basta dar um *update* do seu trabalho; preste atenção na mudança de prioridades, para não deixar de estar por dentro da agenda.

3. **Mantenha certo distanciamento.** Sentir empatia por seus líderes e manter-se alinhado com as prioridades da organização são práticas sensatas. Porém, quando levadas ao extremo, podem levar à obediência cega, tornando-se extremamente perigosas. A história está repleta de exemplos

de seguidores fiéis que não questionaram ordens antiéticas e de crimes cometidos pelas vítimas que simpatizaram com seus captores.[15] Enquanto trabalha, procure manter atentamente a distância psicológica e a independência de pensamento necessárias para questionar o bom senso e a ética de qualquer diretriz. Além dos demais critérios éticos, pergunte a si mesmo: "Será que vou lamentar ter feito isso quando não estiver mais trabalhando para essa pessoa ou essa organização?"

Dica de coaching para os gestores: Você poderá encontrar práticas de coaching para ajudar os membros de sua equipe a realizar o trabalho necessário no Manual do Coach, no fim do Capítulo 8.

RESUMO DO CAPÍTULO 2: TORNE-SE ÚTIL

Este capítulo descreve como os Players de Impacto lidam com problemas complexos, e por que eles estão tão aptos a se aventurar longe de seus papéis predefinidos para atacar necessidades reais e prioridades estratégicas.

	MENTALIDADE DO CONTRIBUIDOR	MENTALIDADE DO PLAYER DE IMPACTO
Prática	Fazer seu trabalho	Fazer o trabalho que é necessário
Premissas	Estou aqui para realizar um trabalho específico (dever)	Sou capaz de ser útil e de resolver problemas (serviço)
		Sou capaz de agir de forma independente e de tomar decisões (iniciativa)
		Sou capaz de controlar o desfecho dos acontecimentos na minha vida (locus interno de controle)
Hábitos	Adota uma visão limitada	Aprende as regras
	Joga na própria posição	Joga onde é necessário
		Joga com paixão
Consequências	Fica afastado da ação efetiva. A organização não consegue resolver os problemas complexos à espreita nos espaços vazios entre cargos ou departamentos	Adquire a reputação de player confiável, flexível e disponível para diversos papéis. Aumenta a reatividade da organização e cria uma cultura de agilidade e serviço

Armadilhas a evitar: (1) O chamado do dever, (2) A busca da paixão

Confusão de Papéis
O QUE OS LÍDERES DIZEM SOBRE OS...

CONTRIBUIDORES	PLAYERS DE IMPACTO
"Ele espera que lhe peçam, em vez de saber o que tem que fazer e simplesmente fazer."	"Você não precisa pedir a ele para fazer; ele simplesmente começa a fazer."
"Quando lhe peço para executar um projeto, ele quer saber o que ganha com aquilo."	"Ela dá crédito aos colegas e não precisa faturar [todo] o sucesso."
"O foco dele é não fazer o barco virar e manter o bonde andando. É como se, para ele, o mais importante fosse não ferrar tudo."	"Ela melhora tudo."

Capítulo 3

UM PASSO À FRENTE, UM PASSO ATRÁS

Sempre quis saber por que ninguém nunca fazia nada em relação àquilo. Foi aí que eu me dei conta de que esse "Ninguém" era eu.
LILY TOMLIN

O mundo inteiro chamava de Conflitos da Irlanda do Norte; para os moradores de Belfast, eram simplesmente os *Troubles*. Tensões políticas seculares explodiram numa violenta luta de três décadas entre os unionistas, protestantes, leais ao Reino Unido, e os nacionalistas católicos, que queriam sair do Reino Unido e formar uma Irlanda unida. Esse conflito foi uma guerra de rua de baixa intensidade, com tiroteios e atentados a bomba de paramilitares e forças de segurança do Estado, pegando os civis no meio da linha de tiro. As passeatas e manifestações do fim dos anos 1960 deram lugar aos distúrbios e atentados do começo dos anos 1970; a violência chegou ao auge em 1972, depois que os eventos do *Bloody Sunday*, o Domingo Sangrento, 30 de janeiro, levaram a cerca de 1.300 atentados a bomba que mataram quase quinhentas pessoas, muitas delas civis.[1] No fim dos anos 1970, a guerra havia exaurido os dois lados, e não havia final à vista.

Assim como um enorme número de moradores de Belfast, Betty Williams, 33 anos, mãe de dois filhos, perdeu parentes no conflito. Filha de pai protestante e mãe católica, foi criada com um forte senso de tolerância. Anos antes, aderira a uma campanha antiviolência liderada por um pastor protestante. Sempre falava do conflito em sua casa, principalmente com outras mulheres, mas não tinha coragem de se pronunciar em público.[2] O conflito a inquietava muito, mas ela era apenas uma observadora.

Isso mudou em 10 de agosto de 1976, quando Betty foi arrastada de seu mundo particular para a luta em público pela paz. Ela estava voltando de carro para casa, de seu emprego como recepcionista de um escritório, quando virou a esquina de casa e percebeu um carro desgovernado. O motorista era um membro do Exército Republicano Irlandês Provisório, que estava transportando armas e levou um tiro fatal de um soldado britânico. O carro subiu a calçada em alta velocidade, esmagando três crianças. Horrorizada, Betty parou para ajudar. Duas das crianças, um bebê e uma menina de oito anos, morreram na hora. No dia seguinte a outra criança, de dois anos, morreu no hospital em consequência dos ferimentos.[3] A mãe das crianças, gravemente ferida, viria a se suicidar.[4]

Outras mortes trágicas tinham acontecido, mas aquele acontecimento deixou Betty furiosa. Ela tinha que se pronunciar. Imediatamente fez circular um abaixo-assinado nos bairros protestantes, pedindo o fim da violência sectária. Em seguida, organizou uma marcha de duzentas mulheres no bairro onde as crianças foram mortas. Ali, ela foi apresentada a Mairéad Corrigan, tia das crianças. As duas uniram esforços e, em poucos dias, reuniram seiscentas assinaturas e comandaram uma marcha de cerca de 10 mil mulheres — ambas católicas e protestantes — aos túmulos das crianças. Elas sofreram críticas, mas, nas palavras de Betty, "Seguimos em frente apesar das pedras e das garrafas. Conquistamos uma grande vitória".[5] Aquela marcha, juntamente com a seguinte, de 20 mil pessoas pelas ruas de Belfast, recebeu grande cobertura dos meios de comunicação. As duas mulheres fundaram a Women for Peace ["Mulheres pela Paz"], uma organização popular com o compromisso de obter uma resolução pacífica do Conflito da Irlanda do Norte. O nome mudou depois para Peace People ["Povo de Paz"], quando Ciaran McKeown, jornalista de Belfast, entrou para a liderança da organização. Atribui-se ao movimento liderado por elas uma forte redução da violência nos anos seguintes.[6]

Um ano depois, Betty, que ainda trabalhava como recepcionista de escritório, e Mairéad receberam o Prêmio Nobel da Paz de 1976.

O jornal americano *The New York Times* publicou: "Em um espaço de quatro semanas, semanas em que suas vidas ficaram por um fio, essas duas mulheres de Belfast criaram mais otimismo e esperança do que fazia anos não se via nessa região desafortunada".[7]

Betty se afastou do posto de liderança da Comunidade do Peace People (passando a função a Mairéad), mas continuou pelo resto da vida envolvida com a luta pela paz e pela proteção das crianças. Os *Troubles* ainda durariam mais vinte anos, terminando com o Acordo da Sexta-Feira Santa, em 1998.

Betty Williams era uma cidadã comum: funcionária de escritório, esposa, mãe. Sozinha, não tinha força para acabar com um conflito violento. Mas ela podia melhorar bastante a situação, e estava disposta a tentar. Não ficou esperando que lhe pedissem ou nomeassem; assumiu, simplesmente, a liderança.

Quando você enxerga um jeito melhor, dá um passo à frente ou continua como espectador? Gente de grande impacto dá um passo à frente e lidera.

Neste capítulo, você verá que os profissionais de maior impacto não são meros seguidores leais; são líderes natos — do tipo adaptável, disposto a dar um passo à frente e liderar, mas capaz também de dar um passo atrás e seguir outros. Esse jeito suave de liderar ajuda as organizações a robustecer as iniciativas que mexem com a própria cultura. Enquanto o capítulo anterior falava sobre sair do conforto do próprio cargo, este capítulo fala sobre dar um passo à frente.

Vamos explorar a "arte de começar": como iniciar transformações e libertar-se da eterna força contrária do status quo. Vamos falar sobre como aumentar sua influência e sua força, não para controlar, mas para levar a resultados positivos. Você vai aprender a liderar como um chefe mesmo quando não for o chefe; a ceder a outros a liderança; e a ser convidado para as melhores festas (OK, para as melhores reuniões).

Você vai aprender a reconhecer um vácuo de liderança e a proporcionar liderança de valor quando os próximos passos não estiverem claros. Estará preparado para situações que exigem voluntários, e não espectadores; guias, e não intocáveis.

A ESCOLHA: DEIXAR COMO ESTÁ OU DAR UM PASSO À FRENTE E LIDERAR?

No capítulo anterior, exploramos como os Players de Impacto lidam com problemas grandes e complicados — situações desafiadoras que chamam a atenção, como o sistema de alto-falantes de um supermercado avisando "Serviço de limpeza, favor comparecer ao corredor oito!" Existe outro tipo de problema que pode ser ainda mais incômodo. Dou a eles o nome de "problemas-ambiente". São aqueles problemas de baixa intensidade, que não chamam a atenção, nos quais o status quo não é o ideal, mas é tolerável, como algum processo de trabalho mal ajambrado, do qual todos reclamam, mas que não é defeituoso o bastante para merecer conserto. Alguns desses problemas eternos se manifestam sob a forma de freios organizacionais, uma série de fatores institucionais que interferem na produtividade mas que, por algum motivo, não são atacados, e custam mais de três trilhões de dólares anuais à economia americana,[8] reduzindo a produtividade em 25%.[9]

A maioria das pessoas aprende a conviver com esses problemas, mas os problemas-ambiente vão corroendo a performance com o passar do tempo. Eles são particularmente danosos pelo fato de serem tão facilmente ignoráveis. É a torneira vazando que, você sabe, está desperdiçando água, mas que você nem nota mais, de tanto ter passado por isso, ou a porta rangendo, um pequeno incômodo que você acaba nem escutando mais. Esses problemas geram um "ruído branco" na organização. Sem serem resolvidos, acabam se institucionalizando, já que as pessoas começam a aceitá-los como inevitáveis ou intratáveis, como pequenos distúrbios sectários em uma comunidade, ou coisas tão banais quanto o tempo de resposta longo em solicitações de assistência ao cliente.

Pois bem. É assim até alguém perceber e resolver que a organização pode, e deve, fazer algo melhor.

Porém, quando todo mundo concorda que algo precisa ser feito, é difícil decidir por onde começar. Quando todos estão cientes do problema, mas ninguém é responsável, ocorre um vácuo de liderança — um espaço desprovido de direção ou controle, sugando tempo e produtividade.

A solução dos problemas-ambiente costuma envolver vários players, mas conquistar a colaboração necessária para começar pode ser tão constrangedor quanto chamar um par para dançar no baile da escola. Alguém precisa dar o passo inicial e pôr a coisa para andar, mas quem? Se você olhar para cima na organização, é provável que ache um líder capaz de se encarregar, mas os líderes mais graduados não podem estar onipresentes.

A solução dos problemas-ambiente exige líderes em todos os níveis. Mas assumir a responsabilidade sem ter sido nomeado tem consequências. Quando você se apresenta para liderar, pode pisar no calo alheio; sua iniciativa bem-intencionada pode parecer, aos olhos de outro, uma invasão indevida de território; defender uma mudança pode ferir suscetibilidades. Reconhecer que algo precisa ser feito cria um momento de decisão: o que é melhor, contentar-se com algo apenas bom ou dar um passo à frente e melhorar ainda mais? Deixar como está ou tomar a iniciativa e liderar?

INDÍCIOS DE PROBLEMAS-AMBIENTE

Como identificar aqueles problemas de baixa intensidade que corroem a produtividade:

1. **Ninguém é responsável.** Como um cão de rua, todo mundo conhece, mas ninguém sabe quem é o dono.

2. **Queixas recreativas.** As pessoas desabafam a respeito, sem esperança de solução.

3. **Gambiarras e jeitinhos.** É mais fácil contornar o problema que consertá-lo de vez.

4. **Falta de documentação.** Os jeitinhos são compartilhados, mas nunca são colocados no papel sob a forma de treinamento.

5. **Custos ocultos.** O problema não parece custar caro, até que se calcula o preço das gambiarras isoladas.

6. **Visibilidade seletiva.** O problema é visível para os mais afetados por ele, mas não para aqueles que teriam o poder para resolvê-lo.

O modo como os gestores descreveram a ação dos integrantes médios das equipes em casos assim ilustra como é fácil esperar por ordens quando encontramos falhas no desempenho e vácuos de liderança. Por exemplo:

"Ele não procura proativamente os problemas. Só resolve aqueles que lhe são passados."
"Ela executa bem o trabalho dela, mas, quando peço sugestões ou ideias, não há pensamento criativo ou identificação de coisas que poderiam ser aprimoradas. Não há iniciativa."
"Ela faz o que eu quero, e não o que ela acha que devemos fazer. Ela diz a nossos vendedores: 'Isso é o que meu chefe quer.' É como se ela só transmitisse meus desejos."

Quando os papéis não são claros, as pessoas que operam com a Mentalidade do Contribuidor ficam esperando instruções de seus líderes. São seguidores fiéis e apoiadores, que executam pedidos dos gestores e colaboram com os colegas. Embora propiciem a seus chefes certo grau de conforto, não geram repercussão nem trazem transformações necessárias. Quando identificam problemas, ficam preocupados, mas, sem uma diretriz clara vinda de cima, não agem.

Em compensação, os Players de Impacto assumem as situações que carecem de liderança. Quando enxergam uma oportunidade de melhoria, não ficam esperando autorização para agir. Dão um passo à frente, oferecendo-se para liderar muito antes que os mandachuvas da organização lhes peçam isso. São disruptores do status quo, que optam por liderar em vez de deixar as coisas como estão. Fazem uma oferta de alto valor: em vez de simplesmente executar as instruções do chefe, também são capazes de arregimentar outras pessoas.

Na busca de exemplos desse tipo de liderança — líderes colaborativos, que surgem da multidão —, encontramos diversos casos na Target, gigante do varejo americano, que, em 2015, deu início a uma transformação em grande escala. O objetivo: criar uma experiência de compras *integrada* para o cliente em todos os canais — nas lojas, on-line e no celular. A execução bem-sucedida dessa transformação exigiria transformações radicais nas práticas corporativas da empresa, e para levar essas transformações a cabo foram montadas equipes em cada setor. Em 2019, as ações da Target haviam se valorizado 75%,[10] e a empresa foi classificada em décimo lugar na lista anual da revista *Fast Company*, das cinquenta empresas mais inovadoras do mundo.[11] Neste capítulo, vamos fazer um mergulho profundo no estilo de liderança emergente e colaborativo que verificamos na Target. Principiaremos por Paul Forgey, um ex-oficial da inteligência militar que se transformou em diretor de suprimentos.

Paul liderava uma das equipes de transformação, dentro do setor de suprimentos. Ele era o diretor mais graduado responsável pela Operação Logística Reversa, processo em que a Target movimenta produtos para fora da empresa — por exemplo, devolvendo-os aos fornecedores ou entregando-os para reciclagem ou destruição. Paul é um veterano com dezenove anos de empresa, período em que exerceu vários cargos operacionais e logísticos. Também é veterano do exército americano — formou-se na academia militar de West Point e serviu como oficial de inteligência. Tem boa cabeça para detalhes operacionais, interesse por aprimorar as coisas e vontade de vencer. Sua gestora, Irene Quarshie, vice-presidente mundial de logística e suprimentos, descreve-o como alguém que faz a diferença. Diz ela: "Ele não pede permissão. Simplesmente toma a iniciativa e sabe como navegar pela organização".

Foi atribuída a Paul e sua equipe a missão de analisar o processo de devolução de mercadorias, identificar e documentar os problemas e recomendar soluções. Com sua atenção característica aos detalhes, ele e seu time identificaram uma série de pontos de atrito para o cliente, entre eles o tempo para realizar a devolução. Devolver um item na loja era fácil, mas o processo de devolução de uma compra on-line por e-mail era complicado e demorado, levando clientes a esperarem até dez dias para receber o dinheiro de volta. Para piorar as coisas, a responsabilidade pelo processo de devolução estava dividida entre cinco diferentes grupos funcionais: suprimento, operação de loja, produtos digitais, operação digital e atendimento ao cliente. Conforme solicitado, a equipe de Paul destrinchou os problemas e propôs uma solução.

Essa equipe não era responsável pela implementação. Teria sido fácil entregar o relatório e dar o assunto por encerrado, mas Paul sentiu a obrigação de fazer mais. Aprimorar o processo não seria simples; ele teria que conseguir alinhar cinco setores separados em relação ao problema, para atuarem juntos numa solução. Complicando ainda mais as coisas, cada setor já estava trabalhando em sua própria solução, e fazê-los abandonar o esforço em andamento em favor de uma abordagem coletiva seria complicado. Para coroar tudo isso, Paul não tinha autoridade formal.

Paul decidiu convocar uma reunião de quinze gestores, de vários níveis diferentes, dos cinco departamentos. Só para marcar a reunião, levou um mês. Essa equipe improvisada reuniu-se em uma das torres de escritórios da Target no centro de Minneapolis, e Paul abriu o encontro com um exercício visual usado por diversas organizações inovadoras: ele distribuiu um comunicado de imprensa fictício e pediu que cada um o lesse. Começava assim: "Nesta data, a Target anuncia amplas mudanças nas devoluções de clientes, focando em proporcionar uma experiência simples, flexível e interativa que permite ao cliente decidir como, onde e quando devolver ou trocar mercadorias." O comunicado descrevia detalhadamente o problema e expunha a nova e transformadora solução, oferecendo aos clientes mais opções e trocas sem dificuldades, indo à loja ou não. O texto terminava com frases de consumidores satisfeitos e executivos da Target orgulhosos.

Até ali, o comunicado à imprensa era apenas ficção, mas a visão era ousada e atraente e captou a atenção das pessoas. Também lançou luz sobre a desagradável realidade da situação vigente. De início, houve certa hesitação; alguns dos presentes não sabiam se o setor de suprimentos estava à frente da iniciativa, e outros talvez tenham sentido como quem acaba de ouvir que seu bebê é feio. Um participante perguntou: "Por que o setor de suprimentos está preocupado com isso?". Paul compreendia que a experiência do cliente, de fato, não era da alçada da equipe de suprimentos, mas respondeu calmamente: "E por que não? Eu trabalho para a Target, você trabalha para a Target, e este é um ponto de atrito para nossos clientes". Seguiu-se um debate, concluído por um acordo para trabalharem em conjunto, formando uma equipe interdisciplinar de diretores para definir integralmente o problema e propor uma solução integrada.

O grupo trabalhou em conjunto e, dois meses depois, apresentou uma visão unificada do problema. Com a questão totalmente iluminada, as soluções ficaram mais claras e passaram a parecer exequíveis. Em seis meses, a tempo para o pico da estação seguinte, a equipe desenvolvera uma solução tecnológica que reduziu o tempo de processamento de dez dias para apenas um. Para 98,5% das devoluções postais, o cliente passou a receber o dinheiro de volta em até 24 horas — um triunfo para todos os cinco setores e para todos os integrantes da equipe interdisciplinar. Orgulhosa, mas ainda não de todo satisfeita, a equipe continuou trabalhando até atingir 99,5%. Àquela altura, o falso comunicado à imprensa já deixara de ser necessário como objetivo — consumidores de carne e osso estavam dizendo: "O processo todo levou menos de um minuto e é, de longe, a melhor experiência de devolução que eu já tive, ponto-final", e "Antes eu tinha medo de devoluções pelo correio, mas a Target tornou tudo muito fácil. Estou chocado!" O coo da Target, John Mulligan, deu destaque ao novo processo na reunião seguinte com os acionistas, e disse aos analistas de Wall Street que havia sido constatado um aumento significativo nos níveis de satisfação do consumidor, na comparação com o ano anterior.

Paul fez a seguinte reflexão: "Quando os papéis não ficam claros, é preciso tomar uma decisão. A minha é liderar". Certamente não é um direcionamento surpreendente para alguém com um passado militar em West Point. Mas Paul foi além de simplesmente assumir o comando e liderar gritando mais alto. Ele reuniu as mentes necessárias, unificou suas vozes, e assim criou muitos heróis.

Os Players de mais Impacto assumem o comando mesmo quando não estão no comando. Eles mostram iniciativa e assumem responsabilidades. E, quando lideram, lideram de forma colaborativa, de modo que outros queiram jogar na equipe deles.

O JOGO DA MENTE

Todo gestor gosta de passar a bola — aquela sensação de delegar uma tarefa a alguém que vai levá-la adiante e cumprir a missão. Ammar Maraqa, diretor de estratégia da Splunk, descreveu da seguinte forma um Player de Impacto: "Ele é aquele tipo de pessoa que nem preciso olhar para passar a bola. Posso jogar para ele, sabendo não apenas que ele vai pegá-la mas que vai correr com ela e marcar para a equipe." O jogador a quem confiam a bola é aquele que não apenas está bem-posicionado como sabe o que vai fazer com ela — como avançar e fazer a jogada. São profissionais que se apresentam e fazem as coisas sem que lhes peçam. Ammar descreveu assim outro membro da equipe, poderoso na parte operacional, mas que ficava esperando ser chamado para agir: "Ele não conseguia trabalhar de forma autônoma, então eu não podia confiar nele para pegar a bola e carregá-la".

Quando o gestor tem uma pessoa que precisa conduzir pela mão e outra pronta para receber a bola, quem ele escolhe? Quem recebe a missão de prestígio? Em geral, o gestor não escolhe aquele que fica esperando lhe dizerem o que fazer (frustração que ficou em segundo lugar entre os gestores pesquisados, como exposto na tabela a seguir). Sob muitos aspectos, os gestores entregam o trabalho importante não simplesmente ao mais capaz, e sim ao mais disposto. Do mesmo jeito que na sala de aula, em geral quem levanta mão é que é chamado.

Como ganhar credibilidade junto a líderes e responsáveis

DESTRUIDOR DE CREDIBILIDADE	Esperar que o gestor lhe diga o que fazer
GERADORES DE CREDIBILIDADE	Fazer as coisas sem que precisem pedir Resolver por conta própria Deixar seus líderes e sua equipe bem na foto

Veja o ranking completo no Apêndice A.

Joya Lewis foi criada em Muncie, Indiana, em um bairro violento, numa família pobre e com pouco apoio. Desde a infância ela preparava o próprio café da manhã, arrumava-se para a escola e fazia o dever de casa sozinha. Aos quinze anos ela conseguiu o primeiro emprego, lavando pratos em uma lanchonete. Era um trabalho pesado, e ela corria de um lado para o outro. Mas havia momentos em que ela não estava tão ocupada, e percebia que os colegas tinham dificuldade para dar conta de outras funções. Por isso ela começou a tirar as mesas e lavar o chão, enquanto a pilha de pratos não crescia. O gerente notou que ela tinha iniciativa e lhe deu um aumento. Ela ficou feliz, mas surpresa, e disse: "Puxa, eu só estou fazendo o que é devido e tentando ajudar". Aos quinze anos, ela tinha aprendido uma de várias lições importantes: quando você assume responsabilidades maiores, ganha mais tempo.

Joya queria uma vida melhor. Por isso, começou a se propor a assumir tarefas pesadas, assumindo as responsabilidades que lhe confiavam. Na faculdade, teve vários empregos simultâneos, e mesmo assim se oferecia para fazer horas extras quando ninguém mais queria. Na época em que era funcionária da Target no expediente noturno do departamento de estoque, os colegas demonstravam alívio quando o carregamento era menor, dizendo: "Esse caminhão é pequeno. Hoje a noite vai ser tranquila". Joya descarregava o caminhão e se oferecia para fazer outra coisa. Sua iniciativa levou a promoções, e em pouco tempo se tornou uma filosofia: "Se eu levantar a mão, serei recompensada".

Joya trabalha até hoje na Target, atualmente como diretora de uma loja de alta rentabilidade, em St. Louis, no estado do Missouri. Hoje ela tem segurança financeira, mas ainda assume a responsabilidade por tarefas árduas e usa sua influência para retribuir à sua comunidade.

Os Players de Impacto que estudamos têm uma mentalidade de condutores. Têm um desejo sincero de melhorar as coisas — tanto para si quanto para os outros — e se dispõem a assumir a responsabilidade por fazer as coisas acontecerem. São pessoas como Betty Williams e Paul Forgey, que se comprometeram a melhorar seu pedaço do mundo, agindo sem esperar ordens. Muitas pessoas querem mudanças; o que as distingue é que elas acreditam ter a força pessoal para dar início a essas mudanças. A crença fundamental que as orienta é "Eu posso melhorar essa situação". Uma vez mais, percebemos um forte senso de iniciativa pessoal e a existência de um *locus* interno de controle, como impulsionadores. Essa tendência a consertar o que é percebido como defeituoso, alterar o status quo e tomar a iniciativa de resolver problemas, em vez de aceitar passivamente a situação existente, é aquilo que os psicólogos chamam de personalidade proativa.[12] Os Players de Impacto são, nas palavras de Stephen Covey, produto de suas decisões, e não produto das circunstâncias.

Eles não se limitam a acreditar que as coisas poderiam ou deveriam ser melhores; eles atuam para melhorá-las. Tomam conta de times, comandam os outros, instigam a ação coletiva. Na expressão rude de Tony Robbins, "qualquer idiota pode apontar um problema [...] O líder é quem está disposto a fazer algo a respeito!".[13] A partir de nossas entrevistas com gestores, ficou claro que os Players de Impacto se enxergam como capazes de liderar, de produzir impacto e de contribuir para objetivos maiores. Nossa pesquisa confirmou essas conclusões. Especificamente, 96% dos contribuidores de alto impacto sempre ou quase sempre assumem o comando sem esperar por ordens, em comparação com 20% entre os contribuidores médios. Noventa e nove por cento dos Players de Impacto são sempre ou quase sempre vistos como bons líderes; em comparação, 14% dos contribuidores médios são vistos dessa mesma forma.

Isso nos leva a outra premissa central da Mentalidade do Player de Impacto: "Eu não preciso de autoridade formal para assumir a responsabilidade". Enquanto os outros ficam presos a formas de liderança hierárquicas, sob ordens, os Players de Impacto praticam a liderança sob demanda. O líder sob ordens espera ser indicado pela hierarquia, e costuma ter dificuldade em abrir mão do controle quando a tarefa está terminada. O líder sob demanda se apresenta quando a situação exige. Ele assume a responsabilidade, mas pensa e age mais como um cuidador temporário do que como um proprietário permanente. Dispõe-se a assumir o comando, mas não se apega ao poder além do tempo necessário para resolver um problema.

A fim de compreender o papel e o impacto desses profissionais fora de série sobre seus colegas, basta olharmos para os craques do futebol.

O craque dá passes importantes, coloca a si mesmo e os companheiros em posição de marcar e ganhar. Controla o fluxo do jogo ofensivo da equipe e usa sua visão, criatividade e domínio de bola para criar passes decisivos.[14] Esses atletas fundamentais podem atuar a partir de diversos lugares do campo. Marta, a artilheira da seleção brasileira, famosa pela rapidez com os pés e pela capacidade de entrosamento com as companheiras de equipe, é atacante. O meio-campista David Beckham sabia aproveitar as arrancadas dos companheiros, lançando a bola com sua marca registrada, os passes matadores em curva. Assim como Marta e Beckham, os craques muitas vezes são os capitães de suas equipes. Mas em qualquer posição eles fazem as jogadas acontecerem, dão prazer de assistir e alegria de jogar junto.

Tanto no campo quanto no trabalho, os craques lideram de supetão. Acionados por uma oportunidade de melhoria, movidos pela crença de que podem fazer a diferença, tomam conta do campo e realizam as jogadas decisivas.

É essa crença interior que os leva a assumir a responsabilidade. A Mentalidade do Player de Impacto é o caminho da liderança. Afinal de contas, não é mesmo essa a essência da liderança — o desejo de tornar algo melhor e a disposição de agir para que isso aconteça?

OS HÁBITOS DE ALTO IMPACTO

Os Players de Impacto que estudamos dão um passo à frente quando não fica claro quem está no comando. Alguns, como Betty Williams, percebem uma necessidade e são impelidos a fazer a diferença; oferecem-se para liderar, movidos pelas circunstâncias. Alguns são "voluntariados", convocados pelos gestores, que identificam um vácuo de liderança e recorrem a eles, por confiarem na capacidade e na adequação para preenchê-lo. Alguns surgem da multidão; um chefe graduado aponta um problema, e o indivíduo oferece sua liderança sem que lhe peçam. Qualquer que seja o motor que os impele, os Players de Impacto seguem um padrão característico quando dão o passo à frente e lideram, trazem consigo os demais e, no momento certo, dão um passo atrás.

Dica Profissional do Player de Impacto

Aumenta a chance de seus pares aderirem à sua iniciativa de liderar quando eles sabem que é temporário. Deixe claro a eles que você recuará assim que o trabalho estiver terminado, e eles estarão dispostos a segui-lo quando você liderar.

Hábito número 1: Apresentar-se

Esse foi o caso de Joya Lewis, que na época estava em seu sétimo ano na Target. Ela trabalhava como assistente de recursos humanos, cuidando de treze lojas de um bairro na região metropolitana de St. Louis. Uma das lojas de maior movimento na cidade estava operando sem um gerente (porque o anterior havia sido transferido) e vinha tendo dificuldade para manter as prateleiras abastecidas. Os produtos chegavam à noite, mas a equipe não conseguia desempacotá-los, o que fazia os fregueses se depararem com prateleiras vazias, sendo que havia mercadorias no depósito da loja. Jamaal Edwards, que na época era o chefe da equipe, estava compreensivelmente preocupado.

Joya mantinha contato constante com Jamaal e tinha ciência da situação. Ela sabia que levar o estoque do caminhão para a prateleira era a base da operação de qualquer loja, e que a equipe precisava encontrar um jeito de completar a cada noite o descarregamento dos caminhões. Ela também havia criado um bom relacionamento com os gerentes setoriais, que confiavam nela. Jamaal nunca pediu para Joya cuidar do caso, mas ela sabia que era preciso resolvê-lo, e por isso propôs: "Deixe-me fazer uma visita para ver como posso ajudar".

Joya chegou cedo no dia seguinte, reuniu os gerentes de departamentos e explicou: "A loja não está andando bem. Estamos numa sinuca, e precisamos resolver isso. O problema não são só as vendas, tem também a questão da segurança". Ela pediu que cada um saísse do seu quadrado departamental e enxergasse a operação da loja como um todo. Explicou: "Temos que dar conta desses caminhões, e preciso da ajuda de vocês para voltarmos aos trilhos". Ela dividiu os gerentes em grupos, pedindo a cada um que cobrisse áreas novas. Ao ficar claro que não havia pessoal suficiente para dar conta dos caminhões toda noite, ela convocou membros da equipe e gerentes de outras lojas para ajudar. Ia até lá todo dia, reunia-se com a equipe e analisava os avanços. Voltava para casa à noite para fazer o seu trabalho de RH.

Em duas semanas, o atraso tinha sido recuperado, as mercadorias estavam indo do caminhão para a loja e os fregueses voltaram a encontrar as prateleiras plenamente abastecidas. Quando a nova gerente de loja assumiu e tomou pé, Joya fez um relatório da situação, ressaltando o brilhante trabalho realizado pela equipe, e afastou-se.

Joya não ficou esperando um convite formal para dar sua contribuição. Ela sabia que podia ter um impacto valioso — impacto que seria reconhecido pelo chefe e pelos funcionários da loja. Por isso, ela se apresentou e entrou na sala onde era preciso fazer a coisa acontecer. Por isso, ninguém ficou surpreso quando Jamaal, precisando de uma pessoa para ciceronear o CEO da Target em uma visita à loja, recorreu a Joya.

Convide-se

Quando vir uma oportunidade de se apresentar, o primeiro passo é entrar na sala. Muitas vezes você não receberá um convite. Há momentos em que se convidar é apropriado.

Alguns anos atrás, quando eu estava na Oracle, cuidei de um programa chamado Fórum de Líderes da Oracle, que reunia os líderes mais graduados da empresa no mundo inteiro para se certificar de que eles compreendiam e conseguiam implementar a estratégia corporativa em seus países. Era uma função de alta visibilidade. Por isso, três dos mais altos executivos da empresa (o presidente, o diretor financeiro e o diretor de tecnologia) estavam ativamente envolvidos no desenvolvimento do programa e nas aulas. Eu era, evidentemente, a mais júnior das quatro pessoas nessa equipe de líderes, e me sentia uma felizarda por poder trabalhar junto com aqueles executivos.

Enquanto realizávamos o programa, ficou visível que a estratégia era complexa demais para ser compartilhada em nível global; o que acreditávamos ser um problema de treinamento revelou-se um problema estratégico. O presidente, o diretor financeiro, o diretor de tecnologia e eu nos reunimos, concluímos que a estratégia da empresa precisava de uma arrumação de grandes proporções e decidimos suspender o programa Fórum de Líderes até conseguirmos rearquitetar a mensagem estratégica e criar uma apresentação nova. Foi marcada uma reunião com os chefes de cada divisão de produtos, para revisar as estratégias e simplificar nossa mensagem. Eu não tinha sido incluída nessa reunião, mas, como gestora do programa de treinamento no qual essa estratégia seria inaugurada, fiquei aliviada por saber que os executivos estavam trabalhando nela.

A reunião estava marcada para a semana seguinte. Anotei na minha agenda, não como um PSC ("Para seu conhecimento"), e sim porque minha ideia era participar dela. Sejamos claros, eu não tinha sido convidada. Não era minha função, e estava acima de meu nível gerencial. Além disso, provavelmente haveria um debate acalorado na reunião, e por isso os executivos não iam necessariamente gostar de ter plateia. Mas eu tinha uma boa compreensão do problema, sabia o que precisava ser feito e concluí que poderia ajudar. Confiava que a alta cúpula (que bancava o projeto) ia gostar da minha presença ali, e por isso não pedi permissão; simplesmente cheguei cedo e ocupei um assento. À medida que os executivos das divisões de produtos iam chegando, um por um, vários me cumprimentaram efusivamente. Mas quando Jerry, que cuidava da maior e mais importante divisão de produto, entrou e me viu, disse, em um tom mais de menosprezo que de curiosidade: "O que você está fazendo aqui? Você cuida de treinamento, e não de estratégia de produtos". Jerry tinha uma personalidade forte e era um dos executivos mais influentes da empresa. Por isso, suas boas-vindas nem um pouco calorosas foram percebidas pelos demais na sala.

"Neste momento a estratégia não está clara o bastante para que possamos comunicá-las aos nossos líderes", expliquei. "Este grupo precisa destrinchar várias ideias e slides de PowerPoint até destilar a essência dessa estratégia." Eu me empertiguei e falei diretamente a Jerry: "Eu sou bastante boa nesse tipo de trabalho, e acho que posso ajudar".

Ele não deu muito a impressão de ter comprado a ideia, mas não se opôs tampouco. O presidente replicou: "Ei, a Liz sabe do que está falando, e podemos contar com a ajuda dela", e a reunião seguiu adiante.

Eu escutava atentamente, tomava nota das ideias e temas centrais, e no fim repetia aquilo que eu tinha ouvido. Os demais assentiram. Depois de algum tempo, alguns executivos começaram a pedir meus comentários. Logo eu estava comandando o processo, marcando as reuniões e organizando o trabalho, inclusive contratando c. k. Prahalad, o renomado professor de estratégia, como nosso consultor.

Depois de revisar o material existente, decidimos passar tudo a limpo e reescrever a estratégia com um novo enquadramento. c. k. afirmou que uma boa estratégia tem muitos pensadores, mas apenas um autor. Considerando nossa experiência recente, conseguíamos entender a lógica. Mas, antes que pudéssemos discutir qual dos executivos da cúpula seria o autor do documento final, c. k. sugeriu que eu fosse a autora principal. Fiquei pasma. Eu não era a mais experiente e, certamente, não teria sido escalada para aquela função se alguém tivesse feito um processo real de busca de talentos. Mas eu me dispusera a assumir o comando, e os executivos deram apoio à ideia. Juntos, elaboramos uma estratégia ao mesmo tempo convincente e direta.

No Fórum de Líderes seguinte, os participantes receberam uma estratégia clara, articulada de forma brilhante pelos três principais executivos. Aquele trabalho específico é um dos pontos altos da minha carreira, do qual voltarei a falar nos próximos capítulos, aprofundando-me nas ações que me possibilitaram dar uma contribuição relevante.

Por meio daquele trabalho, aprendi que não é preciso ser chefe para ser líder, e que nem sempre é preciso receber um convite para jogar com os craques. Às vezes é preciso se convidar para a mesa (mas, se o fizer, faça-o com bom senso, garantindo que sua presença agregue valor e seja bem-vinda).

Que oportunidades você está desperdiçando por ficar esperando que alguém o descubra ou o convide? Se você tem valor a agregar, talvez precise se convidar para a festa. É uma tendência que vimos várias vezes nos Players de Impacto que estudamos: eles não esperaram ser chamados. Sabiam a hora adequada de se convidarem, impondo a própria capacidade de contribuir e liderar, apesar da falta de cacife, obtendo a permissão para contribuir onde consideravam poder ser mais úteis.

Assuma o controle

Uma vez no lugar certo, os Players de Impacto que estudamos não se satisfizeram com uma participação passiva. Quando surgia uma oportunidade para contribuírem, eles se apresentavam como líderes capacitados e assumiam o controle. Eis algumas das descrições usadas pelos gestores: *proativo sem pedir perdão; assume o controle; pega a bola e corre com ela; segura de si, assume o controle da sala.* Além disso, 74% dos gestores pesquisados disseram que os contribuidores de alto impacto sempre ou quase sempre agem de maneira ousada e tomam decisões difíceis, fazendo desse um dos dez comportamentos mais sistematicamente encontrados em nossa amostra. Eles assumem um papel ativo de liderança, exercitando a musculatura gerencial e se apresentando com confiança. É um estilo de liderança poderoso, porém fluido, que constatamos uma vez mais na Target, desta vez numa jovem e brilhante gerente de produtos na área de tecnologia.

A função de Ellie Vondenkamp é garantir a tecnologia necessária para que as novas lojas estejam operacionais antes da inauguração. Isso inclui sistemas como acesso à internet, servidores internos, segurança, telefonia e, é claro, operações de registro de caixa e sistemas de pagamento eletrônico para as cerca de trinta lojas que a Target abre a cada ano. São grandes obras, com prazos rígidos e pouca margem de erro.

Ellie, uma jovem extrovertida e alegre que ainda não completou trinta anos, gosta de lidar com pessoas e organiza missões de sua igreja nas horas vagas. Mas também sabe ser durona, o que vem a calhar ao liderar projetos de tecnologia em novas construções, onde ela precisa assumir a responsabilidade e tem que lidar com um grande número de homens.

Ela passa boa parte do tempo no local da obra, inspecionando o avanço e orientando o trabalho dos comercializadores de tecnologias e de parte da equipe de encarregados. Ellie chega de capacete, chamando o mestre de obras, apresenta-se e logo encontra uma oportunidade de demonstrar que não é inútil. Quando reúne as diversas equipes da obra, assume controle total do ambiente (no caso, uma enorme carcaça de edifício). Embora nunca tenha trabalhado como pedreira, sabe mostrar aos operários que fez seu dever de casa e sabe do que está falando.

Ela dá orientações como: "Entendo por que vocês acham que seria um desperdício de tubulação armar a laje ali, mas precisamos passar os fios para cumprir o projeto de implantar aqui a área de serviço ao cliente". Ela sabe usar todo o jargão do mundo da construção, reconhecendo as limitações para quem trabalha no canteiro, mas explicando o que é preciso mudar.

Numa dessas conversas com dois colegas da Target e cinco membros da equipe de operários, um dos mestres de obras virou-se para voltar a trabalhar antes que ela terminasse de falar. Ellie chamou-lhe a atenção: "Volte aqui, ainda não terminei. Me ouça". Em seguida, ela explicou o planejamento da obra, os motivos por trás de seu raciocínio, usando a terminologia da construção e se dirigindo diretamente ao mestre de obras. Ela foi ouvida, e a tarefa foi cumprida do jeito certo.

Ellie não dá sopa para o azar; assume controle de tudo, e sob sua liderança nunca a tecnologia foi responsável pelo atraso de uma inauguração. A gestora de Ellie, Mary Ball, diz: "A qualidade que eu mais valorizo nos membros de qualquer equipe é a iniciativa; Ellie é sempre um exemplo disso. Não precisa esperar minhas instruções para ir atrás das coisas — vê um problema e se atira em cima dele, sempre me mantendo informada ou trazendo a necessidade de apoio".

Nenhum dos Players de Impacto que pesquisamos se comportava como um elefante em loja de louça, deixando uma confusão para os chefes limparem depois; foram descritos como colaboradores com quem é fácil trabalhar, conceito que vamos explorar em profundidade no Capítulo 6. Proporcionam uma liderança confiante e contagiante, sem serem agressivos demais. É um jeito de liderar leve, mas poderoso, que a ex-juíza da Suprema Corte americana Sandra Day O'Connor resumiu bem ao dizer: "O bom cavaleiro é aquele que faz o cavalo saber de imediato quem manda, mas o guia com rédea solta e raramente usa as esporas". Ele assume o controle por meio da escuta e da forma de reagir, convidando o outro a se unir a ele.

Obtenha permissão

A vice-presidente dos Estados Unidos, Kamala Harris, escreveu: "Nunca peça a ninguém permissão para liderar. Simplesmente lidere".[15] Os indivíduos que estudamos fizeram exatamente isso. Tiveram estofo para dar um passo à frente e propor um jeito melhor de fazer. No entanto, o simples fato de alguém dar um passo à frente não significa que os outros virão atrás. Aqueles que assumem o comando sem uma nomeação formal precisam da aprovação tácita de seus apoiadores em potencial. Essencialmente, ele precisa ter o voto de seus pares e colegas para exercer o mandato.

Um bom exemplo é um discurso típico de campanha política. Nesse tipo de discurso, o candidato apresenta seus argumentos por um mundo melhor e mostra por que ele tem as qualidades específicas para levar à terra prometida. O discurso vai ganhando corpo, chegando ao ponto culminante — o grande pedido —, quando o candidato, tendo exposto sua argumentação, pede ao público que vote nele. Os redatores de discursos presidenciais Barton Swaim e Jeff Nussbaum criaram um discurso-padrão básico, que flui da seguinte forma: "Nós sabemos que podemos seguir adiante. Mas, para fazermos alguma coisa, preciso que você faça uma coisa. Preciso que você vote [...] Estou pedindo para você estar do meu lado. Venha comigo. E juntos vamos construir o país que sabemos que podemos ser".[16] Ao solicitar o voto dos eleitores, o candidato pediu permissão para ser o líder deles.

Quando um líder exerce influência, em vez de poder formal, ele é seguido por opção, e não por obrigação. O líder precisa que o povo seja voluntário. Pense nisso como uma espécie de contrato, em que o candidato a líder oferece a liderança e o progresso, e em troca seus colegas fornecem permissão e apoio. Essa busca de permissão pode exigir obter a aprovação explícita de um gestor para iniciar um projeto novo, mas pode ser mais sutil, mais parecido com um aluno levantando a mão, e recebendo um sinal de aprovação com a cabeça antes de começar a falar. Esse candidato a líder levanta a mão para avisar ao grupo: eu enxergo um jeito melhor, estou disposto a liderar. Vocês me dão seu apoio?

Um erro frequente que os líderes informais cometem é pedir o apoio dos colegas antes de construir relacionamentos ou adquirir confiança.

Quando Paul Forgey refletiu sobre sua experiência liderando a equipe que transformou a devolução de mercadorias dos clientes, ele se deu conta de que deveria ter investido mais tempo com quinze pessoas-chave, solidificando relacionamentos e confiança antes de precisar delas. No início ele era visto apenas como aquele cara novo da área de suprimentos que chegou para dizer a eles que estavam fazendo tudo errado. Paul disse: "É preciso ter muitos relacionamentos para fazermos coisas importantes juntos". Keith Ferrazzi escreveu, no livro *Leading Without Authority* ["Como liderar sem autoridade"]: "É por meio das conexões humanas reais que adquirimos permissão para comandar nossas equipes, atingir nossos objetivos e, nesse processo, fazer progredir a nossos colegas — e a nós mesmos".[17]

Líderes voluntários precisam ter a iniciativa de dar um passo à frente e assumir o controle, mas também precisam demonstrar humildade para buscar permissão e somar apoios. Quando conseguem fazer as duas coisas, os outros decidem seguir pela própria vontade.

Hábito número 2: Atrair os outros

Ellie Vondenkamp não tem talento apenas para assumir o comando; ela também lidera equipes do problema à solução com notável facilidade. Para ela, é uma atitude padrão, repetida o tempo todo, que não surpreende ninguém e resulta em triunfos constantes para todo mundo.

O começo é sempre frustrante, quando ela percebe um problema persistente e pensa: "Como é que ninguém fez nada em relação a isso?". Em geral, a sua conclusão é: "Bom, se não for eu, quem então?". Ela subdivide o problema em partes, identifica os responsáveis, convoca uma reunião, desnuda as questões, chega à raiz delas e pede a cada um que cuide da solução. Ela faz anotações e acompanhamento, pedindo à chefia auxílio extra quando necessário. É uma fórmula geradora de ação e responsabilidade. Foi assim que aconteceu quando Ellie descobriu que havia linhas cruzadas, ao pedir a troca do sistema de telefonia.

Durante anos, o sistema de alarme da Target, que avisava os bombeiros em caso de incêndio, funcionava com linhas de telefonia fixas. Com o surgimento dos cabos de fibra óptica de alta velocidade, porém, as linhas antigas deixaram de ser necessárias — pelo menos na maioria das lojas. Decidir se ainda havia necessidade das linhas antiquadas exigia uma árvore decisional. A complexidade desse novo processo, porém, fazia com que continuassem a encomendar telefones antigos por inércia, e as novas lojas recebiam os dois tipos de linhas. O gasto duplicado não representava um desembolso enorme para uma empresa de 92 bilhões de dólares, mas tampouco era uma bagatela. Muita gente conhecia o problema e falava a respeito, mas para o departamento de finanças isso ainda não era uma questão. Por isso, empurrava-se com a barriga. Havia tantos setores envolvidos no processo que não ficava claro quem deveria resolvê-lo. A própria Ellie não tinha nenhuma responsabilidade pela área de telecomunicações, mas sentiu que era preciso fazer alguma coisa quanto àquele desperdício evitável.

Ellie reuniu informações e organizou uma videoconferência, enviando antecipadamente as informações indispensáveis. Quando todos se conectaram na videochamada, ela expôs o problema, explicou — sem fazer juízo de valor — como obtivera a informação, e em seguida apresentou a todos a árvore decisional que determinaria se as linhas telefônicas eram de fato ou não necessárias nas lojas. Depois de alguns comentários e esclarecimentos, ela perguntou se havia responsáveis capazes de implementar soluções. Houve um silêncio constrangedor. Porém, agora que o problema era visível, aos poucos as pessoas certas se apresentaram. A videoconferência durou só meia hora. De maneira transparente, um problema que se arrastara por meses foi resolvido em trinta minutos. Depois daquela chamada, a coisa demorou de início a avançar, mas, com uma persistência serena, o processo foi consertado.

Ellie liderou iluminando o problema. Ela trazia as pessoas para si, dando a elas a oportunidade de assumir responsabilidades. Seu gestor descreveu essa superestrela como um sol, que brilha todos os dias, e comentou: "Ela atrai as pessoas." Você consegue criar a visibilidade de que as pessoas precisam para enxergar os problemas e tomar atitudes? Você traz à luz as questões corretas? Caso queira encontrar uma solução, convide as pessoas e ilumine o problema.

O Player de Impacto é capaz de liderar sem ter a autoridade para isso, porque adquiriu o poder de congregar. Usando de forma eficiente, produtiva e positiva o tempo de seus colegas, angaria a reputação de alguém que não apenas faz as coisas acontecer, mas que também respeita os demais nesse processo. Quando convocam uma reunião, as pessoas se prontificam a participar e contribuir.

Ouvindo Ellie Vondenkamp explicar seu método para resolver problemas em grupo, chamou minha atenção como essas reuniões curtas e simples levam rapidamente a soluções. Problemas interdisciplinares eram resolvidos em questão de minutos, em vez de meses. O segredo era não apenas identificar um problema genuíno, mas abordar esse problema com transparência total, concentrando o esforço em revelar o problema, e não em prescrever a solução. Ela esclarecia qual era o problema, não com explicações excessivas, mas com uma abordagem totalmente transparente, da mesma forma que um chef clarifica a manteiga aquecendo-a e tirando os componentes desnecessários, deixando apenas a gordura pura. Com plena visibilidade do problema em sua essência, o grupo pode formar com facilidade uma visão em comum tanto do problema em si quanto das possíveis soluções. Como parte do processo, problemas complexos são subdivididos em pedaços, habilidade que os Players de Impacto demonstram ter em proporção quase duas vezes maior que seus colegas.[18]

Tendo essa visão em comum do problema, o grupo passa a poder estabelecer uma meta coletiva e um plano de jogo. O líder continua a orientar o trabalho nascente, certificando-se de que a equipe tome atitudes, obtenha triunfos parciais e crie o impulso necessário para sustentar o esforço. Porém, a partir do momento em que outros deram um passo à frente, o líder emergente já desempenhou seu papel de maior valor e está livre para recuar e deixar que outros liderem.

Hábito número 3: Recuar

Os Players de Impacto que estudamos mostraram-se capazes de se retirar com a mesma elegância com que se apresentaram e assumiram o comando. São players versáteis, capazes de liderar e de seguir, que passam a bola e compartilham os louros. Esse método flexível de liderança é, uma vez mais, semelhante ao papel de um craque em uma equipe esportiva, cujo talento e disposição para passar a bola ao/à companheiro/a, para que possa atacar, é tão importante quanto o talento para dominar a bola.[19] Essa disposição para dividir e revezar o papel principal cria uma liderança fluida, sob demanda, que permite às organizações reagir com rapidez, adaptar-se e manter o comprometimento a longo prazo.

Vamos analisar dois modelos de liderança extremamente distintos, do mundo animal: uma revoada de gansos e uma alcateia de leões. Uma revoada de gansos migratórios voa numa formação em V característica, que, estimam os cientistas, permite aos gansos atingir uma distância 71% maior do que voando sozinhos pelo mesmo período.[20] Nesse tipo de formação, o pássaro que lidera a revoada "rompe" o ar, reduzindo o arrasto para os que voam atrás. Em determinado momento o pássaro-líder se cansa, retorna à formação, e outro pássaro assume a liderança. Mas o benefício da formação em V funciona nos dois sentidos: ao voar atrás e ao lado, as aves geram uma força ascensional com suas asas, dando impulso ao pássaro-líder. Compare esse método energeticamente eficiente com o modelo de liderança numa alcateia de leões: o rei da alcateia reina vitaliciamente. No entanto, a vida do líder alfa, em geral, é precocemente interrompida pela insurreição de um líder rival. É um modelo de liderança que pode funcionar na savana, mas que está em extinção no ambiente de trabalho onde imperam a agilidade e a resistência.

Crie heróis

Embora Paul Fogey tenha sido fundamental no profundo aprimoramento do processo de devoluções da Target, ele não foi a única estrela do show. Quando o grupo inicial de quinze pessoas nomeou uma equipe interdisciplinar de gestores seniores, Paul passou o bastão a Dave, um de seus subordinados diretos. Ele explicou a Dave: "Havendo vácuo de liderança, quero que você assuma. Mas, se aparecer outra pessoa pronta para assumir o controle, dê apoio a ela". No início, Dave tocou o trabalho, mas outras três gerentes seniores — Kelli, Caitlin e Melissa — também desempenharam papéis-chave durante a iniciativa. Elas se tornaram modelos de gente disposta a agir de um jeito diferente e a fazer as coisas acontecer. Juntas, seu trabalho se tornou dentro da empresa uma das primeiras demonstrações do poder da formação de equipes interdisciplinares.

Paul reconheceu: "A equipe transdisciplinar mereceu o crédito. Pensaram de maneira criativa e no fim das contas trouxeram as soluções." A gestora de Paul, Irene, afirmou: "Ele tira o melhor das pessoas, alavancando a expertise de todo mundo na equipe." Segundo ela, todos gostam de trabalhar com Paul, porque ele é o "Senhor Sem Drama" — nada de politicagem, nada de joguinhos. Ele não põe a culpa nos outros quando as coisas dão errado, nem fica procurando muitos elogios. Quando trabalham com ele, as pessoas sabem que terão a oportunidade de contribuir e receberão sua parcela de crédito.

Os Players de Impacto não são apenas heróis; também são fazedores de heróis. Trazem os demais para os holofotes e lideram a equipe de maneira a criar vários vencedores e líderes em potencial. E, quando a equipe inteira fica bem na foto, o chefe também fica.

Transfira a liderança
Mary Parker Follett, pensadora da gestão do início do século xx, afirmou certa vez: "A liderança não se define pelo exercício do poder, mas pela capacidade de aumentar a sensação de poder entre os liderados. A tarefa mais essencial do líder é criar mais líderes".[21] Quando você empregou sua influência no lançamento de uma iniciativa e o foguete atingiu a velocidade de escape da atmosfera, é hora de deixar outra pessoa comandar. Mas como se retirar com a mesma confiança com que se assumiu o comando? Paul Forgey, da Target, admitiu que, depois de colocar nos eixos o processo de devolução de mercadorias, tendo se dedicado tanto, foi difícil devolver o bebê. Saber que a iniciativa estava em boas mãos ajudou, além do fato de que ele nunca teve a intenção de se eternizar. Ele afirmou, irônico: "Já tenho muito para fazer e responsabilidades o bastante".

Minha pesquisa ao longo da última década mostrou que as pessoas realizam seu melhor trabalho quando são responsáveis por ele, quando lhes são atribuídas responsabilidades reais, com a cobrança que as acompanha. O bom líder é aquele que delega aos outros, transferindo-lhes responsabilidade. Essa transferência tem que ser explicitada, da mesma forma que o título de propriedade de uma casa é transferido de um dono para outro na venda. O novo proprietário não pode se apossar da propriedade enquanto o proprietário anterior não tiver renunciado a qualquer direito em relação àquele título. Imagine tentar se mudar para uma casa nova com o dono anterior lhe dizendo onde colocar seus móveis.

Às vezes você se apega a alguma coisa que precisaria passar para um novo líder. Em que áreas você pode já ter dado sua contribuição valiosa como líder? Onde você faria bem em recuar e deixar outra pessoa liderar?

Siga outros

Os melhores líderes se propõem a liderar, mas são líderes fluidos, que vão e vêm como a situação exige. É uma mentalidade radicalmente diferente em relação à do líder perpétuo — o gestor carreirista que age como se, uma vez tendo virado chefe e sido nomeado para um cargo de liderança, aquele fosse seu papel vitalício. Não admira que as pessoas tenham resistência a trabalhar com gestores assim e que as organizações repletas dessa mentalidade se tornem hierarquias pesadas e ineficientes.

É preciso, porém, tomar cuidado com o extremo oposto; ficar parado como um seguidor perpétuo leva para o mesmo caminho. Na próxima parte, vamos analisar duas armadilhas que podem nos impedir de contribuir com todo o nosso potencial.

ARMADILHAS E DISTRAÇÕES

Enquanto o Player de Impacto dá início às iniciativas e orienta a contribuição dos demais, aqueles que trabalham com a Mentalidade do Contribuidor ficam aguardando instruções. Na maioria das vezes, os gestores descreveram esses integrantes de suas equipes como inteligentes e competentes, porém passivos, como espectadores que esperam a situação desanuviar ou que alguém assuma o comando. "É só me dizer o que você quer e eu farei" é como muitos gestores descreveram esse estilo. É um método de trabalho orientado pelo respeito à autoridade e pela premissa de que *outra pessoa está no comando* — uma mentalidade de observador. No sul dos Estados Unidos existe uma frase que resume bem essa mentalidade: "Não é problema meu", um eufemismo para "Eles não estão fazendo direito". É um ponto de vista conveniente, porque, quando "não está com você", não é você que tem que resolver o problema.

Em seu aspecto mais inofensivo, a Mentalidade do Contribuidor deixa bons profissionais do lado de fora, assistindo e aguardando que alguém os convide a se envolver ou tomar conta de uma situação. Essa mentalidade de observador costuma gerar passividade, e com o passar do tempo solapa a iniciativa e cria uma cultura de mediocridade. A tendência a esperar e a subserviência à autoridade nos faz cair em uma armadilha que leva muitos aspirantes a líder se perderem.

Apenas para convidados

Com excessiva frequência vemos pessoas desperdiçando oportunidades de agir de maneira grandiosa, por ficarem esperando o reconhecimento alheio. Talvez sejam pessoas que foram ensinadas a respeitar a autoridade, ou a não ir a uma festa para a qual não foram convidadas. Ou talvez não queiram parecer autoritárias. Contudo, enquanto ficamos timidamente esperando um convite, acabamos perdendo a festa e a oportunidade de contribuir e liderar. Também mantemos nossas organizações presas a sistemas de avaliação baseados em rankings. Mesmo que mantenhamos uma imagem de bons seguidores, o mais provável é que sejamos ignorados para as funções de liderança.

Vejamos o caso de Donna,[22] uma gerente de projetos de baixa manutenção com excelente performance, dedicação ao trabalho e uma sólida rede de relações construída com o tempo. Em várias ocasiões ela avisou seu gestor de que deseja receber mais responsabilidades, ser reconhecida e promovida. Mas continua esperando que o gestor lhe atribua algo. Ele disse: "Eu planto a semente e digo a ela que uma melhoria no processo seria bem-vinda, mas ela não corre atrás". É como se Donna estivesse esperando que o chefe informasse quais os objetivos para ela no trimestre, ou que fizesse um anúncio à equipe. O gestor frustrado acrescentou: "Eu abro as portas para ela, mas ela precisa entrar". Mesmo que o chefe tivesse tempo de incentivá-la, Donna iria se deparar com o mesmo problema no patamar seguinte. Embora uma promoção traga consigo um cargo de maior peso, para concretizar mudanças ela ainda precisaria negociar sua entrada em lugares para onde não foi convidada.

Equipes igualitárias

Enquanto alguns profissionais ficam presos a um paradigma de liderança ultrapassado, outros adotam com rapidez excessiva abordagens novas e experimentais, que partem da premissa de que a inovação e a agilidade são subprodutos de uma colaboração livre — uma meia verdade enganosa. Insistir em um time no qual todos são iguais é outra armadilha, provocada por um uso excessivo da carta da colaboração.

Equipes autônomas e interdisciplinares, que funcionam na base da parceria e do consenso, têm se tornado um método cada vez mais popular de fomentar a agilidade e a inovação. Embora essa maneira de formar equipes possa, sem dúvida alguma, aumentar a criatividade e a comunicação, o que acontece quando a colaboração entre pares se torna, na prática, o método de trabalho, sobretudo quando é adotada de maneira informal, sem regras claras para cada um? O que pode dar errado quando todos no grupo são responsáveis? Equipes igualitárias funcionam bem na hora de sentar-se à mesa de reunião, mas podem desmoronar facilmente entre uma e outra reunião, quando não fica claro quem está encarregado de marcar a próxima ou de entrar em contato com outro setor.

A liderança difusa pode diluir o poder da colaboração. Quando a responsabilidade é assumida conjuntamente, pode resultar em confusão, da mesma forma que acontece quando os dois tenistas de uma dupla gritam "Minha!" para a bola que está vindo, mas nenhum dos dois a rebate, cada um supondo que o parceiro vai golpeá-la. Embora em geral se pense que uma situação sem líderes cria anarquia (algo parecido com uma cena do filme *O Senhor das moscas*), é mais provável que crie inação. A verdade é que, quando todo mundo é responsável, ninguém é realmente responsável. Ou, como costumo dizer em casa, quando todo mundo é responsável por dar comida aos gatos, os gatos ficam com fome.

Colaboração e liderança clara não são incompatíveis. Não é apenas realista ter ambos; é recomendável. Cuidado com equipes em que todo mundo está encarregado. Estruture, em vez disso, um sistema colaborativo em que todos contribuam e tenham oportunidade de liderar uma parte do trabalho, ou algum momento dele, mas em que haja apenas um líder de cada vez.

COMO MULTIPLICAR SEU IMPACTO

Quando os papéis não ficam claros, ocorre um impasse. A organização fica presa ao status quo, com todo mundo esperando que os céus se abram e revelem os desígnios dos mandachuvas. Porém, quando apenas uma pessoa está disposta a dar um passo à frente e liderar, os papéis deixam de ser importantes; na verdade, passam a parecer totalmente desnecessários. Quando um indivíduo é voluntário para se apresentar e liderar, as coisas progridem, mesmo quando não há clareza de quem está no comando e do que precisa ser feito. A cada triunfo, a cultura da organização vai adquirindo coragem, e as pessoas vão aprendendo a tomar a iniciativa e a perder o medo de liderar. Quando a organização conta com craques, precisa de menos gestores formais.

GERAÇÃO DE VALOR: UM PASSO À FRENTE, UM PASSO ATRÁS

Os Players de Impacto lideram ou seguem com a mesma facilidade, e passam a ser vistos como líderes influentes e companheiros de equipe confiáveis

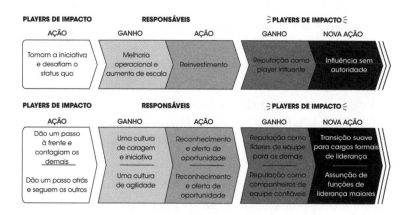

A decisão que Betty Williams tomou em 10 de agosto de 1976 alterou o curso da história e ajudou a acabar com a violência em uma região. Sua disposição de assumir o comando colocou-a em uma rota de liderança e militância pelas três décadas seguintes. Em junho de 2008, Betty fez a seguinte reflexão: "Trinta anos em campo me convenceram de uma coisa: a constatação óbvia de que não existem respostas de cima para baixo. Os governos não têm as respostas. Na verdade, é exatamente o contrário. Muitas vezes não só eles não têm a resposta como eles mesmos são os problemas. Se estivermos comprometidos em ajudar as crianças deste nosso mundo, precisamos começar a criar as soluções de baixo para cima".[23] Ela decidiu trabalhar pelo mundo como deveria ser, em vez de se contentar com o mundo como ele é.

A contribuição de Betty Williams foi, de fato, extraordinária, mas será que todos nós também não encontramos problemas que alguém precisa consertar, pequenas injustiças que é preciso remediar, inércia que é preciso superar? Em situações assim, nós nos contentamos com o status quo ou buscamos um caminho melhor?

Os Players de Impacto não se conformam, e não esperam. Eles não vão necessariamente consertar tudo que encontram de errado, mas buscam caminhos para tornar as coisas melhores do que as encontraram, sem que tenham sido obrigados ou sequer convidados a fazer isso. Enquanto os outros estão dando desculpas, os Players de Impacto estão fazendo as coisas acontecerem e fazendo a diferença. Quem encarna essa mentalidade não precisa esperar até chegar a um cargo de liderança para liderar. O general americano George Patton disse certa vez: "Lidere-me, siga-me, ou saia da minha frente". Quando os papéis não estão claros, você lidera ou segue? Quem é capaz de fazer as duas coisas tem mais chance de se tornar o líder do futuro; aqueles que não fazem nem uma coisa nem outra são afastados do caminho.

Todo grande líder consegue se lembrar de um momento decisivo, em que resolveu que "bom o bastante" simplesmente não era bom o bastante, e tomou a decisão de liderar. O mesmo se aplica aos grandes contribuidores, de todos os níveis. Caso você queira maximizar seu valor, procure aqueles problemas silenciosos e persistentes, e tome a iniciativa de resolvê-los. Busque vácuos de liderança e preencha-os. Ao dar um passo à frente, você vai angariar respeito, influência e oportunidades maiores para liderar. Por isso, dê início a alguma coisa.

O MANUAL

Este manual contém dicas para aspirantes a líder a exercitar e fortalecer as premissas e hábitos necessários para DAR UM PASSO À FRENTE E DEPOIS UM PASSO ATRÁS.

Lances de Craque

1. **Preste atenção no "ruído branco".** Fique de ouvidos atentos para os problemas-ambiente — aqueles problemas de baixa intensidade e persistentes, em que a organização pode conseguir melhorias relevantes com apenas um pouco de liderança e foco. Do que todo mundo está reclamando, sem fazer nada a respeito? Onde haveria pequenas ineficiências repetidas e que, acumuladas, resultam em um enorme desperdício com o passar do tempo? Para quais problemas o pessoal ficou anestesiado, e que poderiam ser gritantemente óbvios para um cliente novo ou um funcionário novo? Faça os cálculos, crie transparência, monte uma equipe improvisada, capaz de resolver o problema de uma vez por todas, e desfrute dos benefícios a longo prazo.

2. **Preencha o vácuo.** Busque situações com falta de liderança clara. Não espere um momento transformador ou uma oportunidade de alterar o curso da história; proporcione liderança em momentos do dia a dia, como estes dois vácuos de liderança mais que comuns:

    - **Reuniões sem foco.** Calcula-se que 63% das reuniões não tenham uma agenda preestabelecida.[24] Você pode trazer a tão necessária clareza, sugerindo que o grupo chegue a um acordo em relação ao resultado esperado para a reunião. Isso pode ser conseguido perguntando: "O que é mais importante realizarmos nesta reunião?".

- **Heróis anônimos.** A maioria dos funcionários expressa a necessidade de reconhecimento por parte de chefes, colegas e clientes; porém, segundo uma pesquisa da Glassdoor, apenas dois terços dos funcionários relata receber o devido reconhecimento de seus chefes.[25] Você pode preencher esse vazio de liderança se pronunciando para reconhecer as contribuições de seus colegas ou colaboradores, sobretudo aqueles que trabalham nos bastidores. Louvar a contribuição alheia é uma forma de dar o crédito que ela merece e cria a confiança necessária para liderar sem autoridade.

3. **Convide-se para a festa.** Para dar um passo à frente e assumir a liderança, às vezes é preciso se convidar para a sala onde as coisas estão acontecendo. Mas não fique parecendo um penetra biruta que aparece sem avisar, puxa uma cadeira sem contribuir ou sequestra a agenda. Em vez disso, faça o organizador da reunião saber que você gostaria de ser incluído e mostre que valor você teria a oferecer. Uma vez lá dentro, faça uma contribuição relevante para a agenda do momento e se comporte de modo a garantir um convite para a próxima. Por fim, se você planeja chegar sem convite, certifique-se de ter pelo menos um apoiador forte e com credibilidade na sala.

4. **Comporte-se de acordo com o papel.** Um dos passos mais fáceis para se tornar um líder é começar a se comportar como tal desde já. Como escreveu Amy Gallo na revista *Harvard Business Review*, "se você quer se tornar um líder, não espere por um cargo pomposo ou pela sala com vista. Você pode começar a agir, pensar e comunicar como um líder muito antes daquela promoção".[26] Quando você se comporta de acordo com o papel, demonstrando as características e atitudes necessárias para comandar, aumentam as chances de um dia você vir a ser escalado para o papel. Imite as qualidades de liderança que você vê outros líderes, um e dois níveis acima do seu, demonstrarem. Comece escolhendo uma característica de liderança de qualquer uma destas fontes e comece a ensaiá-las: (1) uma das melhores qualidades de liderança de seu chefe (por exemplo, fazer perguntas pertinentes), (2) uma característica positiva de alguém que acaba de ser promovido/a para um cargo de gestão (por exemplo, pensamento inovador), e (3) um dos valores que a cultura de sua organização declaradamente aprecia (por exemplo, a colaboração).

5. **Passe o bastão.** Para construir credibilidade como líder, mostre a seus colegas que você é capaz de seguir tanto quanto de liderar. Talvez você esteja se dedicando por tempo demais a uma função de liderança, e

pode ser bom passar o bastão para um novo líder. Existe algum projeto e iniciativa que você liderou com êxito, que se beneficiaria de "um novo fôlego" ou de "um novo olhar"? Existe algum colega ou membro da equipe capaz de assumir e liderar esse trabalho em sua próxima fase? Ao fazer a passagem, não se limite a transferir o trabalho: transfira a autoridade. Vá mais além, comunicando ao resto da equipe que aquela pessoa, e não você, está no comando agora. Por fim, encontre o mais rápido possível uma oportunidade de demonstrar de forma visível seu apoio à nova liderança.

Dicas de Segurança

1. **Compartilhe três coisas.** Para evitar pisar no calo alheio, comunique a seus pares e colegas que, embora você esteja se apresentando para liderar, está chegando em missão de paz. Conquiste confiança compartilhando três coisas essenciais: (1) sua intenção: informe o que você está tentando realizar e como isso será vantajoso para os demais; (2) o poder: crie oportunidades para que os demais comandem partes do trabalho, ou avise que o papel de liderança será revezado; e (3) os louros: transforme seus liderados em heróis. Quando os outros também triunfarem, vão segui-lo.

2. **Garanta cobertura.** Embora não seja indispensável ter a aprovação de cima antes de assumir o comando de uma situação, é desejável manter seus gestores informados. Antes de se lançar a um projeto específico, certifique-se de que seu chefe sabe que você está bem coberto em sua atividade central. Entre em contato constantemente para explicar o que você está fazendo e como as coisas andam. Por fim, "convidar-se" não significa que você deva surpreender o responsável pela reunião com a sua presença; pelo contrário, fale antes com eles e explique como você acha que sua presença pode ajudar no resultado.

3. **Compre as brigas certas.** Ao dar um passo à frente para liderar, evite fazer promessas demais. Assim como acontece no voluntariado comunitário, o excesso de zelo pode diluir o impacto pessoal, levando a burnout e decepção. Assuma o comando de forma seletiva, economizando energia para as brigas em que os ventos e o apoio da organização estejam a seu favor. Quando você escolhe suas causas com bom senso, é visto como um líder, e não como um criador de caso.

Dica de coaching para os gestores: Você poderá encontrar práticas de coaching para ajudar os membros de sua equipe a "dar um passo à frente e dar um passo atrás" no Manual do Coach, no fim do Capítulo 8.

RESUMO DO CAPÍTULO 3: UM PASSO À FRENTE, UM PASSO ATRÁS		
	Este capítulo explica como os Players de Impacto lidam com papéis que não são claros e por que conseguem entrar e sair com tanta facilidade de funções de liderança, compartilhando o poder e criando um modelo de liderança "sob demanda".		
	MENTALIDADE DO CONTRIBUIDOR	**MENTALIDADE DO PLAYER DE IMPACTO**
Prática	Aguardar instruções	Dar um passo à frente, depois dar um passo atrás
Premissas	Outras pessoas são responsáveis (*observador*)	Não preciso de autoridade formal para tomar conta (*orientador*) Posso melhorar esta situação (*proatividade*) Não preciso ser o responsável para ser responsável (*informalidade*)
Hábitos	Subserviência aos líderes Obediência às instruções Colaboração na medida da necessidade	Passo à frente Cooptação de outros Passo atrás
Consequências	Oportunidade perdida para resolver problemas cruciais, devido à espera de instruções superiores. A organização fica presa ao status quo	Surgimento de craques que percebem oportunidades e se colocam, e os outros, em posição para marcar. A disposição para liderar sem autoridade formal cria uma cultura de coragem, iniciativa e agilidade

Obstáculos Imprevistos
O QUE OS LÍDERES DIZEM A RESPEITO DOS...

CONTRIBUIDORES	PLAYERS DE IMPACTO
"Ele até que se esforça bastante, mas o trabalho pode não ficar pronto se eu não cobrar."	"Você não precisa pedir a ele para fazer. É mais comum ele me lembrar de um prazo do que eu ter que lembrar a ele; ele simplesmente começa a fazer."
"Quando ocorre um debate ou um problema, ela não faz a coisa andar. Acaba chegando a mim, e eu tenho que intervir para levar até o fim."	"Ela reconhece os problemas e questões antes que fiquem grandes, e resolve. Não confia em outras pessoas para resolver os problemas dela."
"Ele quer que tudo transcorra suavemente e fica frustrado quando isso não acontece."	"Quando ele topa com um obstáculo, encontra um jeito de contorná-lo e seguir em frente, em vez de desanimar e desacelerar."
"Ela diz a coisa certa nas reuniões, mas fica a dever na execução."	"Ela acompanha tudo até o fim, mesmo que não leve o crédito."

Capítulo 4

ACELERE NA RETA FINAL

Aprendi que o caminho do progresso não é rápido nem fácil.
MARIE CURIE

Na minha cidade, ele é conhecido como o *Big Game* — a partida anual de futebol americano entre as universidades Stanford e da Califórnia em Berkeley, escolas rivais nas margens opostas da baía de São Francisco. É uma rivalidade de 129 anos, em que o ganhador se apodera do Machado de Stanford, um cobiçado troféu. Vencer é questão de honra.

O 85º *Big Game* aconteceu em 20 de novembro de 1982, no estádio California Memorial, em Berkeley Hills. Os Golden Bears da Universidade da Califórnia venciam por 19 a 17 no fim do último quarto. Faltando oito segundos para o jogo acabar, Stanford marcou um *field goal* (três pontos), assumindo a liderança por apenas um ponto.

Agora faltavam apenas quatro segundos no cronômetro. Stanford deu o pontapé de reinício com um chute curto e baixo, recuperado por Kevin Moen, da Califórnia, perto da linha de 45 jardas. Para vencer, ele precisaria conseguir uma corrida de 55 jardas numa única jogada. Moen começou a correr com dificuldade, mas foi parado pela defesa de Stanford. Moen passou a bola para trás para um companheiro de equipe, Richard Rodgers, que avançou uma jarda, foi bloqueado e passou, por sua vez, a um terceiro jogador, Dwight Garner. Garner conseguiu progredir algumas jardas, mas logo sofreu um *tackle* de uma massa de defensores de Stanford.

A torcida de Stanford explodiu em comemoração. A banda universitária de Stanford, famigerada pelo barulho, invadiu o campo pela linha de fundo, para comemorar a vitória no *Big Game*. Certamente o jogo tinha acabado; pelo menos era a impressão de quem estava na arquibancada. Mas antes de cair no chão, Garner conseguiu fazer o passe lateral para Rodgers, que pegou a bola na corrida, correu vinte jardas, sofreu o *tackle*, mas, enquanto caía, lançou a bola para Moen na linha de trinta jardas. Moen continuou correndo. Esses cinco passes laterais improvisados enganaram a defesa de Stanford, mas agora Moen se deparava com adversários improváveis — uma legião de músicos da banda, líderes de torcida e a comissão técnica de Stanford, que haviam entrado em campo para comemorar a vitória. Moen disparou driblando os músicos, que não entenderam nada, cruzou a linha de gol e marcou o *touchdown* da vitória, atropelando um assustado trombonista que estava parado na *end zone*.[1] O jogo terminou 25 a 20, e a Universidade da Califórnia levou o Machado de Stanford.

Os momentos finais do jogo se tornaram lendários, conhecidos como "A Jogada", um dos finais mais incríveis da história do esporte. Até hoje Stanford reclama que um jogador da Califórnia tocou com o joelho no chão antes de passar a bola (o que invalidaria o lance). Evidentemente, os adversários discordam. O vídeo do jogo não permite afirmar. Mas uma coisa é certa: quando a banda entrou correndo no campo nos segundos finais, o jogo ainda não tinha acabado. O time da Califórnia continuou jogando e ganhou.

São muitos os profissionais que jogam bem. Agem e trabalham arduamente, mas muitas vezes param antes de completar o serviço. O que acontece quando paramos pouco antes da linha do gol, ou comemoramos cedo demais, apenas para descobrir que algo que achávamos estar terminado não estava? Os profissionais mais influentes — assim como equipes inteiras — produzem um impacto maior, porque aceleram na reta final e completam o serviço.

Este capítulo trata de como os players de maior impacto lidam com a adversidade e os obstáculos imprevistos, realizando o trabalho na hora em que as coisas ficam difíceis. No último capítulo, analisamos como assumir o comando e dar início às coisas; este capítulo vai investigar como assumir a responsabilidade e levar o trabalho até a linha de chegada.

Vamos examinar o primeiro elemento da "garantia de performance" do Player de Impacto: como os maiores contribuidores entregam tanto previsibilidade quanto surpresas positivas, e por que se confiam a eles os projetos de alta visibilidade, em que há muita coisa em jogo.

Este capítulo não prega um excesso de envolvimento, nem o trabalho até a exaustão; ele fala de um modo de trabalhar que permite terminar bem uma tarefa, com seu bem-estar intacto. À medida que você se aprofundar, vai saber como pedir reforços sem abrir mão da sua responsabilidade; como mudar de rumo, em vez de entrar em pânico; e como negociar, em vez de persistir teimosamente. Quer você esteja cruzando a linha do gol ou simplesmente riscando mais uma coisa da sua lista de tarefas, vai aprender a acelerar na reta final — mais calejado, e não desgastado, pelos desafios inesperados superados ao longo do caminho.

A ESCOLHA: SOAR O ALARME OU RESOLVER?

Toda empresa se depara com obstáculos, e toda organização lida com reveses; faz parte do trabalho e da vida. Existem os desafios conhecidos, como os terremotos na Califórnia e os tornados no Meio-Oeste americano, para os quais você pode se preparar e com os quais você pode lidar. E existem os problemas quase impossíveis de antever, aqueles que você não percebe se aproximando, aqueles que não aparecem no radar ou que surgem do nada. São desafios sem precedentes, como a pandemia da Covid-19 de 2020/2021, que levou ao fechamento de empresas e escolas no mundo inteiro. Essas são as "incógnitas", para usar a expressão do ex-secretário de Defesa dos Estados Unidos, Donald Rumsfeld. São, evidentemente, as mais difíceis de administrar, por não serem fáceis de prever.

Obstáculos incógnitos de todo tipo estiveram onipresentes no programa espacial Apollo, da Nasa. Os engenheiros da agência espacial americana desconheciam as condições do solo lunar, mas sabiam que as desconheciam — tornando essa uma incógnita conhecida. Por reconhecerem aquilo que desconheciam, puderam construir um módulo de alunissagem capaz de se adaptar a todas as possibilidades.² Mas também havia incógnitas, como quando a nave Apollo 12 foi atingida por um raio — acontecimento que não havia sido cogitado antes.³ Nas palavras de um oficial da Nasa: "Seria difícil esperar que um gerente de programa previsse que sua nave espacial seria atingida por um raio. Por outro lado, não acho de todo absurdo esperar dos gerentes de programas que eles saibam que, em algum momento, em qualquer grande programa de desenvolvimento, você vai ser atingido por um raio, no sentido figurado".⁴

Embora as "incógnitas" não possam ser previstas de maneira específica ou confiável, em termos gerais é possível antecipá-las e lidar com elas de maneira responsável. Mesmo que todos tenham que lidar com questões que fogem a seu controle, alguns assumem a responsabilidade de resolver os problemas, enquanto outros preferem levá-las hierarquia acima, para alguém aparentemente mais poderoso. Eis um exemplo, do ponto de vista de um gestor da Nasa.

Um gerente de engenharia da Nasa contou o caso de "Thomas", pseudônimo apropriado para um engenheiro de sua equipe que era comparado ao trenzinho do desenho Thomas e Seus Amigos. Segundo esse gerente, Thomas chegava, fazia o trabalho dele, obedecia ao que lhe pediam e fazia relatórios com todo o prazer quando lhe solicitavam.

Em geral, Thomas entregava seu trabalho no prazo, e bem-feito, mas, quando os colegas iam revisá-lo, sempre ficava evidente a necessidade de um complemento. Como ocorre em qualquer projeto complexo, quase sempre havia questões inesperadas de integração ou erros a serem corrigidos. Quando lhe pediam esse trabalho extra, Thomas avisava aos colegas que já estava em outro projeto. A mensagem, basicamente, era: "Preciso ir. Tenho outro serviço. Boa sorte. Até mais tarde". A equipe era obrigada a consertar o problema e a completar a entrega dele, pois do contrário a missão como um todo ficaria comprometida.

Thomas trabalhava arduamente e parecia comprometido, mas, quando a missão se complicava, ele transferia os problemas para o chefe resolver, muitas vezes dizendo: "Não sou pago para isso". Ele era como aquele jogador de tênis em dupla que devolve as bolas fáceis, mas que grita "É sua!" quando vêm as mais difíceis.

Quando Thomas colaborava com outros engenheiros em projetos de equipe, dizia coisas como "Você está fazendo coisa demais. Não precisa ficar perfeito. Termine e siga em frente", como se o velho ditado "dá para o gasto" se aplicasse de alguma forma a viagens espaciais tripuladas. Que fique bem claro, Thomas sempre terminava o que tinha que fazer e dentro das exigências da missão. Mas nunca era ele que levava o projeto até a linha de chegada.

Ouvimos histórias parecidas de outros contribuidores: "Ela saía dos trilhos com muito mais facilidade que o resto da equipe", ou "Ele tem tendência a empacar e a ficar sem saber como continuar sem um redirecionamento". São descrições que me fizeram lembrar de meus filhos, quando começaram a aprender a ajudar nas tarefas domésticas: eles tomavam a iniciativa e se esforçavam, mas, assim que algo dava errado, diziam-me que não dava para terminar. Ou se livravam daquilo para fazer alguma coisa mais fácil.

Os profissionais que operam com a Mentalidade do Contribuidor são atuantes, mas, quando as coisas se complicam, levam o problema para cima, em vez de assumir a responsabilidade, ou, pior ainda, perdem o foco e a motivação, travando completamente. Aprendem a evitar os projetos complicados, deixando-os para quem está mais acima.

Em compensação, os Players de Impacto garantem que o trabalho seja completado, apesar de obstáculos e complicações imprevistos.

Quando era aluno da Universidade Cornell, Steve Squyres entrou em uma sala cheia de fotografias de Marte. O ano era 1977, e as imagens eram recém-chegadas das naves Viking, da Nasa, que orbitaram o planeta. Eram poucos os que tinham visto aquelas fotos, e menor ainda era o número de pessoas capazes de entendê-las; Squyres, com certeza, não entendia. Mesmo assim, as imagens o deixaram sem fôlego. Ele escreveu: "Saí daquela sala sabendo exatamente o que eu queria fazer pelo resto da minha vida".[5]

Vinte anos depois, Squyres era professor de astronomia em Cornell, o programa da Nasa para explorar Marte progredira de fotografias básicas para uma exploração geológica em profundidade e a Nasa havia lançado junto à comunidade científica um concurso de propostas de planos de missões. Squyres reuniu uma equipe de cientistas e engenheiros de ponta para projetar um veículo marciano. Depois de uma década de redação de propostas malsucedidas, o projeto finalmente foi aprovado. Eles ficaram eufóricos, mas a empolgação rapidamente deu lugar ao pânico, quando começaram a se deparar com uma série de desafios aterradores.

O projeto já nasceu em meio a dificuldades. Para começar, eles teriam que construir dois veículos, na esperança de que pelo menos um sobrevivesse à viagem até Marte e funcionasse. Os veículos teriam que continuar operacionais por noventa dias marcianos (93 dias terrestres). O plano previa pelo menos 48 meses para fabricar os dois veículos, mas, devido à demora na aceitação da proposta, eles teriam apenas 34. O pior de tudo é que o universo também lhes impunha restrições de tempo: o lançamento teria que ocorrer numa janela de tempo específica, em que o alinhamento da Terra com Marte era favorável. E essas eram só as dificuldades que eles conheciam.

A vida útil de cada veículo dependeria de seu número de painéis solares. Esses painéis estavam conectados em grupos chamados de "séries", que tinham que caber no veículo, que por sua vez tinha que caber no módulo de pouso.

A primeira descoberta incômoda ocorreu quando Squyres recebeu um e-mail do cientista responsável pelo projeto, com o assunto "Má notícia". Fortes limitações significavam que só seria possível fazer caber 27 séries no veículo, e eram necessárias pelo menos trinta para garantir uma vida útil de noventa dias marcianos. "Foi um momento de desespero", escreveu Squyres, "mas então caiu minha ficha de que essa 'má notícia' poderia, na verdade, ser a melhor notícia que eu tinha recebido em meses".[6] Sem poder usar as trinta séries, eles foram obrigados a redesenhar o módulo de pouso. Esse redesenho representava ainda mais trabalho em um cronograma já apertado, mas significava que eles não precisariam mais sacrificar a funcionalidade e o desempenho exploratório apenas para manter o projeto anterior do módulo. Ao contrário, permitiria construir o módulo certo para o veículo — o que lhes possibilitaria construir um veículo melhor. A equipe trabalhou rápido para projetar o novo módulo de pouso, enquanto os líderes se viravam para conseguir a verba.

A equipe foi resolvendo quebra-cabeça atrás de quebra-cabeça para completar os veículos gêmeos, que acabariam recebendo os nomes de Opportunity e Spirit. Jennifer Trosper, vice gerente de projeto, arregimentada para cuidar da engenharia de sistemas, lembra aquele esforço como uma experiência de dedicação integral: "O hardware e o software eram testados em turnos de oito horas, 24 horas por dia, sete dias por semana".[7]

O lançamento do Spirit foi um sucesso, mas, no lançamento do Opportunity, "tudo que podia dar errado deu", brincou o gerente de lançamento da Nasa, Omar Baez. A data de lançamento sofreu dois atrasos, e se a janela se fechasse seria preciso esperar quatro anos. Faltando sete segundos na contagem regressiva, a equipe de lançamento interrompeu o procedimento. Foi detectado pela equipe que monitorava a nave um problema em uma válvula. A equipe de lançamento poderia simplesmente ter desistido e dito que a nave não estava pronta. Em vez disso, a válvula foi consertada rapidamente e a contagem regressiva voltou para quatro minutos. O lançamento foi bem-sucedido.[8]

Desde o dia em que o Opportunity pousou, uma equipe de engenheiros de missão, pilotos do veículo e cientistas colaborou para superar os problemas e levar o veículo de um sítio geológico de Marte para outro.[9] Ao longo dos anos seguintes, o Opportunity quase ficou sem energia, devido a um aquecedor defeituoso; sobreviveu a uma tempestade de poeira de dois meses; e perdeu o uso da memória flash de 256 megabytes, entre outros problemas. A cada obstáculo, a equipe do Opportunity encontrou e implementou uma solução que permitiu ao veículo recobrar-se.[10]

Durante os catorze anos seguintes, os dois veículos enviaram à Terra centenas de milhares de imagens coloridas espetaculares de alta resolução do solo marciano, assim como detalhadas imagens microscópicas de pedras e do solo.[11] Por fim, uma enorme tempestade de poeira paralisou os resistentes veículos. Projetados para durar apenas noventa dias marcianos e viajar mil metros, o Spirit e o Opportunity superaram de longe todas as expectativas em relação à durabilidade, ao valor científico e à longevidade. A revista *National Geographic* definiu a missão como "ganhar na loteria científica".[12] Além de exceder sua expectativa de vida cinquenta vezes, o Opportunity viajou mais de 55 quilômetros até chegar a seu pouso final em Marte, um lugar cujo nome não podia ser mais apropriado: o Vale da Perseverança.

Os veículos resistiram em Marte porque Squyers e sua equipe fizeram a mesma coisa na Terra: adaptaram-se a um terreno pouco conhecido e foram superando cada obstáculo novo. Trosper refletiu a respeito: "Trabalhamos arduamente, fizemos o projeto correto, realizamos a *due diligence* e a engenharia, e eles duraram um tempão".[13]

O JOGO DA MENTE

Um agente em uma missão: esse é o tema de muitos *thrillers* de ação no cinema. Seja James Bond (007) ou a Viúva Negra (dos Vingadores), o agente supera obstáculos perigosos e vilões ameaçadores com inteligência e elegância. Esses agentes têm foco na missão, são mentalmente fortes e resilientes; no fim, sempre terminam o trabalho.

Os Players de Impacto que estudamos têm no sangue um quê de agentes especiais — como Mary, na Nasa, apelidada "Mary, a Caçadora de Missões" pelos colegas, por sua motivação incessante para superar problemas que atrapalhavam a missão de sua equipe. É gente comum que desenvolveu uma impressionante capacidade mental de suportar contrariedades e sobreviver ao rosário de problemas diários e desafios do cotidiano. Eles realizam a tarefa — com dificuldades, vilões e tudo o mais. Como nos filmes, cumprem a missão sem ordens constantes, mas recorrendo à ajuda do quartel-general quando necessário.

Essa tendência a realizar o serviço completo, terminando aquilo que começou, é o que apelidei de "gene da terminação". É uma tenacidade teimosa, um *ethos* de vamos-fazer, que possuem aquelas pessoas que assumem a responsabilidade e vão até o fim sem precisar de lembretes. Questões não resolvidas e objetivos não cumpridos incomodam essas pessoas. Enquanto a superação de obstáculos pode parecer difícil para outros, as pessoas com o gene da terminação acham doloroso não terminar. Por isso eles sempre terminam o serviço.

O gosto pela terminação exige ao mesmo tempo resiliência (a capacidade de se recuperar rapidamente de dificuldades) e garra (a persistência constante na busca de realizações).

Não é fácil desanimar as pessoas resilientes; elas dão a volta por cima depois de um revés. Com a crença fundamental de que "Eu consigo superar a adversidade", os desafios são encarados como uma resistência necessária para aumentar a própria força e como uma oportunidade para provar seu valor. Nesse modelo mental, derrotas são vistas como reveses temporários, e não como o resultado final. Em um artigo publicado em 2013 na revista *Harvard Business Review*, Rosabeth Moss Kanter escreveu: "A diferença entre vencedores e perdedores é como eles lidam com a derrota [...] ninguém consegue evitar totalmente dificuldades, e existem armadilhas em potencial por toda parte; por isso, o verdadeiro talento é saber sair do buraco e recuperar-se". Ela conclui: "Em um mundo onde a surpresa se tornou o novo normal, a resiliência é a nova competência".[14]

A resiliência é o que nos faz reagir, catar os cacos e ficar mais fortes, graças ao crescimento proporcionado pela superação de obstáculos. A garra é o que nos faz seguir em frente apesar das derrotas, mesmo sem falsas recompensas ao longo do caminho. Ela surge da crença simples, porém poderosa, de que "Eu consigo fazer." A professora Angela Duckworth, da Universidade da Pensilvânia, considerada a maior autoridade em resiliência, afirma: "Os estudantes com mais garra têm maior probabilidade de obter o diploma; os professores com mais garra são mais eficientes em sala de aula. Os soldados com mais garra têm maior probabilidade de completar o treinamento, e os vendedores com mais garra têm maior probabilidade de conservar seus empregos. Quanto mais desafiadora a área, mais a garra parece importar".[15]

Fiona Su, gerente de planejamento no Media Lab do Google, encarna essa tenacidade corajosa. Ela é do tipo que assume a responsabilidade, sabe como fazer as coisas acontecerem e tem a produtividade de pelo menos duas pessoas, segundo seu gestor, John Tuchtenhagen, chefe de mídia da empresa para a América do Norte. John explicou por que Fiona sempre consegue adesões e mantém os projetos andando quando outros empacam: "Fiona parte da premissa de que todo problema pode ser resolvido; é só uma questão de continuar fuçando, continuar tentando." Para Fiona, "não" é uma palavra maleável, que permite muita margem de manobra. Ela explicou: "Quando alguém me diz 'não', minha reação não é retaliar. Pergunto por que disseram 'não'. Então, eu parto desse 'não' e encontro um caminho para avançar".

Quando combinamos a capacidade de dar a volta por cima com coragem para perseverar, adquirimos a crença de que "Eu dou conta disso". Essa crença leva a assumir a responsabilidade pessoal, em vez de levar os problemas que surgem para o andar de cima. Com isso, os outros têm mais espaço para lidar com esses problemas de maneiras não ortodoxas.

OS HÁBITOS DE ALTO IMPACTO

Por que esses contribuidores resilientes e cheios de garra se tornam tão valiosos para as equipes? Para começo de conversa, quando perguntamos a 170 gestores o que mais os frustrava, três das dez respostas mais frequentes envolviam a incapacidade de terminar. A mais frequente frustração expressada pelos gestores era gente que lhes trazia problemas sem antes ter tentado encontrar soluções, como o caso de um funcionário que, "em vez de fazer uma tentativa, agia como um gato que deixa um rato morto na porta de casa". A frustração número três era ter que correr atrás dos funcionários para lembrar-lhes de fazer as coisas que eles se propuseram a fazer, o que transforma o gestor em uma babá ou um microgestor. Também existem aquelas famigeradas surpresas, o funcionário que traz uma má notícia de uma hora para outra, na última hora, quando já não se pode fazer muita coisa. Esse tipo de surpresinha acaba deixando o gestor mal na foto, mais ou menos como se o gato deixasse o rato na porta de casa bem na hora em que as visitas estão chegando para sua festa.

Em forte contraste, a proposta dos Players de Impacto tem baixo custo de manutenção e alto grau de cobrança: eles assumem a responsabilidade, antecipam e enfrentam os problemas e fazem o necessário para terminar por completo a tarefa. Eles podem acelerar na reta final porque antecipam os problemas e elaboram um planejamento (segundo colocado no ranking de "geradores de credibilidade", como mostra a tabela a seguir).

Como gerar credibilidade junto a líderes e responsáveis

DESTRUIDORES DE CREDIBILIDADE	Levar os problemas para cima sem propor soluções Obrigar seu gestor a ir atrás de você para cobrar Surpreender o gestor com más notícias
GERADORES DE CREDIBILIDADE	Antecipar-se aos problemas e ter um plano Fazer um pouco a mais Encontrar soluções por conta própria Completar o serviço sem ter que ser lembrado Ir direto ao assunto e falar sem enrolação

Veja o ranking completo no Apêndice A.

Hábito número 1: Completar o serviço

Parth Vaishnav é engenheiro-chefe de software na Salesforce, gigante da área de gestão de relacionamento com o consumidor, empresa notória pela dedicação à satisfação do cliente. Parth é conhecido por ser um programador brilhante, com uma curiosidade natural pelo funcionamento das coisas e pela falta de medo ao lidar com problemas técnicos. Ele é alguém que mergulha de cabeça e traz uma solução.

Era o fim de um ciclo de lançamento de quatro meses. Equipes de toda a empresa haviam desenvolvido as últimas versões de seus produtos, com todas as novas funcionalidades e melhorias de desempenho. Esses *upgrades* foram colocados num único pacote e disponibilizados de uma só vez para todos os 150 mil clientes da Salesforce no mundo inteiro. Mas alguma coisa não estava certa. Parth recebeu uma ligação urgente de um colega: o lançamento estava caminhando, mas, por algum motivo estranho, os clientes não conseguiam ver as novas características dos produtos. A equipe estava perplexa e pediu ajuda a Parth. Ele respondeu: "Estou nessa".

Parth começou sua investigação e descobriu o problema: uma das customizações do produto no lançamento havia corrompido uma parte do enquadramento (um pedaço antigo de programação de processos que não pertencia a nenhuma área, mas era usada por todos os setores) do qual dependia toda a série de produtos. Por conta disso, cada funcionalidade ou melhoria nova, de todos os produtos — resultado de mais de 100 mil dias/pessoa de engenharia —, estava suspensa. É fácil imaginar como a frustração interna só aumentava.

Parth aprofundou sua investigação, identificou a raiz do problema e elaborou uma solução — mas não parou por aí. Anos antes, Parth havia recebido um feedback desagradável, quando um trabalho isolado executado por ele quase provocou a queda de um sistema. Por isso, ele não cometeria a imprudência de implementar a solução por conta própria. Ele precisava ter certeza de ter entendido corretamente o contexto geral, e de ter o apoio das diversas áreas de produtos que seriam afetadas pela solução. Ele convocou uma rápida reunião dos arquitetos de software, explicou o problema e obteve um consenso para sua solução.

As funcionalidades que estavam bloqueadas foram liberadas, mas Parth não parou por aí. Continuou trabalhando por mais uma semana, checando todas as possíveis interdependências, para se assegurar de que não havia danos colaterais. Também continuou colaborando com as demais áreas de produtos, na definição de um processo de trabalho aprimorado. Por fim, formou um grupo para se responsabilizar pelo enquadramento dali para a frente. Problema resolvido, de forma permanente.

Uma vez mais, vemos um Player de Impacto que não se contentou em fazer seu trabalho, mas fez o trabalho que precisava ser feito, atuando nos espaços vazios e nos interstícios de uma organização complexa. Além disso, vemos alguém que fez mais do que simplesmente um bom trabalho; ele fez o trabalho completo, cruzando a linha de chegada e ainda correndo mais cem metros, só para ter certeza de que a corrida estava ganha e a missão, cumprida. O caminho todo e mais um pouquinho.

Tô nessa!
Os players de maior impacto tendem a cuidar dos problemas por mais tempo. Uma gestora da Adobe descreveu assim uma integrante de sua equipe: "Ela é altamente persistente. Quanto mais difícil o problema,

mais ela vai persistir. O desafio intelectual é o que a move". Outro gestor disse: "Ele não procura o caminho mais fácil, nem aceita um 'não' como resposta. Ele encontra um jeito de driblar os obstáculos e resolver os problemas de maneira criativa". Como esses players persistem por mais tempo, eles conseguem progredir em meio às dúvidas (o oitavo comportamento diferenciador mais citado entre Players de Impacto e Contribuidores). Eles não buscam atalhos, mesmo quando ninguém está olhando.

Sandra Deane, especialista em patologias de linguagem e deglutição, ex-integrante do hospital Stanford Health Care, sabia que o prognóstico dos pacientes melhora quando era realizado um exame de deglutição (Avaliação Endoscópica Flexível da Deglutição, ou FEES na sigla em inglês) antes de eles terem alta ou começarem uma dieta. Isso provocou uma transformação importante na prática dos especialistas na fala, médicos e profissionais de enfermagem. Sandra certificou-se de que todos os especialistas em patologias de linguagem de sua equipe fossem treinados para realizar o teste. Foi coorganizadora de um curso de dois dias sobre a FEES, que incluiu o uso do laboratório de simulação da Faculdade de Medicina de Stanford, para que se pudesse praticar em um ambiente de "vida real". Para garantir que os pacientes tivessem o atendimento adequado, ela se ofereceu para treinar os profissionais de enfermagem. Houve certa resistência inicial, mas, quando se ofereceu para participar dos encontros dos enfermeiros, assistir às suas palestras e trabalhar com cada um deles individualmente, todos aderiram. Quando os médicos mostraram relutância em pedir os exames, ela explicou a melhora nos prognósticos, convencendo-os também. Em consequência de sua visão e tenacidade, Stanford deu continuidade ao programa, e agora participa de ensaios clínicos relacionados ao procedimento da FEES. O gestor de Sandra disse: "Ela insiste, ganha as pessoas. Todo mundo a admira de verdade".

Considere feito!
Os melhores contribuidores são conhecidos pela perfeição na finalização. Mas o que realmente os distingue é que não exigem lembretes; administram e monitoram por conta própria. Como disse um gestor do LinkedIn:

"Com Tara, eu nunca preciso checar o status". Na Nasa, alguns gestores dão a isso o nome de "disparar e esquecer": o gestor pode disparar uma demanda e então esquecer-se dela; uma vez na mão da pessoa certa, é como se estivesse feito. Os gestores que pesquisamos apontaram que, em 98% das vezes, os contribuidores de alto valor sempre ou quase sempre realizam a tarefa sem necessidade de cobrança — em comparação com 48% para os contribuidores médios e 12% para os subcontribuidores.[16]

Conte com isso!

Os gestores acabam criando dependência da previsibilidade com que os Players de Impacto completam o serviço sem cobrança. Essa terminação é parte de uma garantia de performance mais ampla, que esses indivíduos proporcionam a seus responsáveis. Em nossa análise da frequência de comportamentos entre profissionais, percebemos que havia certas coisas que os contribuidores de alto valor sempre (ou quase sempre) faziam. Elas eram cinco, em especial: (1) assumir a responsabilidade e realizar a tarefa sem necessidade de cobrança, (2) agir com integridade e fazer as coisas certas, (3) ser fácil de lidar, simpático, acessível e positivo, (4) aprender com rapidez e (5) aplicar seus pontos fortes no trabalho em questão. O contribuidor médio também faz tudo isso com frequência, mas nem sempre.

Eis o ponto crucial: esses comportamentos são importantes, mas o verdadeiro valor provém do fator "sempre". Quando alguém sempre tem bom desempenho, seu líder pode encarregá-lo plenamente com responsabilidades, sem se preocupar. Quando alguém entrega resultados apenas na maior parte do tempo, o gestor continua permanentemente preocupado. O Player de Impacto entrega com tamanha constância que isso cria uma verdadeira garantia, com a qual os colegas podem contar. É por isso que recebem as oportunidades de maior visibilidade, como um jogador recebe um passe sem hesitação. Demos a isso o nome de *garantia de performance* dos Players de Impacto.

> **A GARANTIA DE PERFORMANCE**
>
> Pode-se contar com o Player de Impacto para:
>
> 1. Assumir a responsabilidade e completar o serviço sem necessidade de cobrança
> 2. Agir com integridade e fazer as coisas certas
> 3. Ser fácil de lidar, simpático, acessível e positivo
> 4. Aprender com rapidez
> 5. Aplicar seus pontos fortes à tarefa em questão

100% feito e um pouco mais

E não é só isso: os Players de Impacto são reconhecidos por fazerem um pouquinho a mais. Nos dados de nossa pesquisa, o segundo maior diferenciador entre os Players de Impacto e os Contribuidores é que os Players de Impacto "superam as expectativas de maneiras surpreendentemente agradáveis". Além de prepararem um relatório detalhado, eles podem acrescentar um sumário executivo, ressaltando os pontos-chave; além de fechar um negócio importante, podem obter um depoimento do cliente para o site da empresa. Enquanto os colegas subcontribuidores trazem surpresas desagradáveis, os Players de Impacto entregam o serviço completo com um bônus-surpresa. Proporcionam tanto previsibilidade quanto benefícios, o que os torna confiáveis e agradáveis de trabalhar.

Hábito número 2: Não largar a responsabilidade

Não surpreende que os Players de Impacto assumam plena responsabilidade. O que é notável é que eles não a largam, mesmo diante de reveses e obstáculos fora de controle. Eles não a devolvem quando as coisas se complicam.

A maioria de nós já sentiu a necessidade de desistir de um desafio. Todo pai ou mãe honesto vai confessar que isso já passou pela cabeça deles uma ou duas vezes — provavelmente diante de um recém-nascido que não para de chorar ou de um adolescente mal-humorado. Se não chegam a querer pedir uma devolução, tampouco ficariam tristes se pudessem deixar a responsabilidade com outras pessoas nas horas mais desafiadoras. Quando as pessoas levam os problemas hierarquia acima, geralmente fica implícita uma transferência de responsabilidade. Um gestor do hospital Stanford Health Care definiu assim uma funcionária: "Ela envia e-mails dizendo, basicamente: 'Oi, isto aqui é um problema. Tchau'. Ela não dá a impressão de analisar os problemas, só os leva para alguém consertar mais acima".

Chame reforços

Embora os Players de Impacto que analisamos sejam terminadores persistentes, eles não seguem em frente isolados, nem ficam sofrendo em silêncio. Fazem sua parte, mas sabem o momento de recorrer aos líderes e aos colegas em busca de reforços.

A maioria de nós sabe quando precisa de ajuda, mas poucos gostam de pedi-la. Na verdade, para a maioria essa é uma experiência dolorosa. Heidi Grant escreveu na *Harvard Business Review*: "Como mostram as pesquisas em neurociência e psicologia, as ameaças sociais que isso envolve — a incerteza, o risco de rejeição, o potencial de perda de status e a renúncia inerente à autonomia — ativam as mesmas regiões do cérebro que a dor física. E no local de trabalho, onde em geral desejamos demonstrar a máxima expertise, competência e confiança possível, fazer esse tipo de pedido pode provocar uma reação particularmente desconfortável".[17] Mas, como aponta Grant, o ser humano foi neurologicamente programado para querer ajudar e apoiar o outro. Quando fazemos um pedido de ajuda que é razoável, isso extrai o melhor das duas partes.

Os profissionais de maior influência são capazes de levar uma questão para seus superiores e pedir ajuda, sem abrir mão da responsabilidade pela solução. Fiona Su, do Google, consegue fazer as duas coisas. É conhecida pela tenacidade, independência e habilidade no trato com vários responsáveis internos. Porém, quando se vê em dificuldade, não se constrange em avisar seu gestor, John, de que alguma coisa vai além de seu limite e de que ela precisa de ajuda. Ela o envolve, porém mais como um consultor do que como um novo responsável. John afirma: "Ela sabe como me trazer a bordo". O gestor não fica apenas disposto a ajudar, mas ansioso, porque consegue contribuir sem assumir de volta a responsabilidade.

Existem motivos legítimos para levar um problema hierarquia acima. Como no exemplo anterior, podemos querer envolver um líder mais graduado na solução de um problema. Pode-se querer simplesmente manter as pessoas informadas. Como John também comentou: "Fiona nunca me deixa no escuro". Isso também ajuda a dissipar frustrações inevitáveis, geradas por obstáculos inesperados, e nos ajuda a sair de impasses. Ou, nas palavras de um diretor de engenharia da Salesforce: "Ele não se deixa abater por impasses. Quando se sente frustrado, desabafa e segue em frente".

Quando os Players de Impacto pedem reforços, não é para tirar o corpo fora preguiçosamente; eles não descarregam os problemas nos ombros dos colegas ou se apresentam indefesos a seus líderes. A mensagem é clara: "Preciso de sua orientação ou ação, para tocar em frente". Assim como Fiona, eles buscam ajuda sem nunca renunciar à responsabilidade, o que assegura tanto aos colegas quanto aos responsáveis que um pouco de ajuda será de grande valia.

Negocie o necessário

Gostaria de tocar novamente na minha já mencionada experiência com o Fórum de Líderes da Oracle. Depois de realizar o primeiro programa, constatamos que havia sido um sucesso (tirando a parte do feedback em relação à falta de clareza da estratégia). Na semana seguinte, nos reunimos para analisar o feedback mais detalhadamente e acertar os passos seguintes. Foi uma reunião bem-humorada, em que comemoramos aquele triunfo inicial.

Como a participante menos graduada, senti-me felizarda por ter um assento à mesa com aqueles executivos que eu admirava tanto. Eles tinham feito sua parte, apareceram nas reuniões e trabalharam bem em conjunto. Mas eu também sabia que começar uma iniciativa é fácil; terminá-la é bem mais difícil. Além de Larry Ellison, nosso CEO brilhante e imprevisível, estavam presentes os três executivos mais importantes e ocupados da empresa. Fiquei com medo que eles optassem por outros projetos, a começar pelo presidente, Ray Lane, responsável por uma receita anual de 25 bilhões de dólares.

No finzinho da reunião, quando os três executivos estavam prestes a se levantar, decidi me pronunciar. Sabia que, se eu não fizesse nada naquele instante, depois seria bem mais difícil. Eu disse: "Ray, você sabe o quanto eu e minha equipe trabalhamos nisso. E você me conhece; para que este programa seja um sucesso eu sou capaz de qualquer coisa". Ele assentiu com a cabeça. Tinha testemunhado meu grau de compromisso e obsessão. Prossegui: "Vou me matar de trabalhar, mas, no dia em que você não tiver mais tempo para isso, eu paro de cuidar". Reformulei, para deixar bem claro: "Portanto, se você parar, eu paro".

Não sei de onde tirei a coragem para dizer aquilo. Desconfio que veio mais da necessidade que da coragem. Eu sabia que o programa ia fracassar se os executivos não mantivessem o envolvimento pessoal. E eu não estava a fim de fracassar. Estava, isto sim, disposta a negociar o que fosse necessário. Nunca vou me esquecer da cara que Ray Lane fez. Ele parou e olhou para mim durante um segundo, refletindo sobre minha declaração firme, mas respeitosa. Gosto de pensar que ele estava apreciando minha motivação, e não minha audácia. Então, ele disse, resoluto: "Negócio fechado".

Na mesma hora ele se levantou, foi até o escritório de sua assistente executiva e disse: "Terry, o ano que vem inteiro, Liz tem o tempo que precisar na minha agenda". A expressão de espanto no rosto de Terry também foi inesquecível. Ao longo do ano seguinte, enquanto o programa continuava a acontecer, Ray não descumpriu uma vez sequer seu compromisso. Participou de todas as sessões e todas as reuniões que eu marquei. Nunca parou, e por isso eu também não. Houve, é claro, obstáculos ao longo do caminho, mas tivemos o apoio necessário para superá-los.

Foi um momento em que não apenas eu fiz meu melhor trabalho, mas aqueles três executivos também estavam na melhor forma. Contudo, o comprometimento deles não foi apenas questão de boa sorte ou de alguma mágica. Obtive o apoio necessário porque negociei o que era necessário.

Você tem clareza em relação àquilo que necessita dos outros para que as coisas deem certo? Se tem, pediu? Caso queira cruzar a linha de chegada, não deixe de negociar o necessário.

Quando você assume o comando de um serviço importante, certifique-se de se posicionar, e aos demais, para o êxito, negociando aquilo de que necessita. Em geral, supomos que aquilo de que precisamos é uma verba extra ou mais gente; na verdade, porém, nossos recursos mais essenciais são menos tangíveis. O Wiseman Group fez uma pesquisa com 120 profissionais de vários setores, perguntando que recursos eles mais necessitavam para ter êxito em seu trabalho. Os seis fatores seguintes foram avaliados como possuindo a mesma importância (com variações baseadas em cargo, setor ou preferência pessoal): (1) acesso à informação; (2) atitude dos líderes; (3) feedback e coaching; (4) acesso a reuniões e pessoas-chave; (5) tempo; e (6) ajuda para angariar credibilidade. No entanto, quaisquer que fossem o setor, o país ou as características do grupo, houve uma constante: orçamento e pessoal foram avaliados em sétimo e oitavo lugares — os fatores menos importantes, de longe. Por mais que não concordemos em relação ao que mais necessitamos, o consenso geral é o que não é mais dinheiro nem mais pessoal. O que precisamos é menos de recursos e mais de condições para o êxito, de saber que nossos líderes vão estar ao nosso lado até o fim. Na verdade, quando negociamos aquilo que é necessário, temos melhores condições de navegar pelas incertezas e prosperar em meio às dúvidas.

Lembre-se: *timing* é tudo. Não espere até aparecer um problema; negocie desde o início aquilo de que você precisa — antes de se comprometer com o trabalho, e enquanto seu cacife está alto. Quando não conseguimos garantir a ajuda de que necessitaremos mais adiante, precisamos atacar os problemas sozinhos, ou ceder a responsabilidade aos superiores quando se esgotar nosso poder pessoal. Negociar aquilo de que precisamos não apenas ajuda a chegar a um resultado positivo, mas aumenta nossa influência.

A determinação para negociar o necessário desde o início advém de uma compreensão mais profunda compartilhada por tantos players do mais alto impacto: a premissa de que os problemas são inevitáveis. Embora muitos dos profissionais mais comuns tentem evitar os problemas mais enrolados, os players de maior impacto se planejam para eles.

Hábito número 3: Antecipar-se aos problemas

A cena foi tão triste, tão terrível, que é difícil imaginar que tenha acontecido. Em 1º de outubro de 2017, um atirador abriu fogo contra uma multidão que assistia a um festival de música country ao ar livre na Strip, a avenida principal de Las Vegas, no estado americano de Nevada. Cinquenta e nove vidas foram perdidas, inclusive a do atirador, cujas razões até hoje os investigadores desconhecem. Ao todo, 851 pessoas ficaram feridas, 422 por armas de fogo. Foi o pior caso de atentado a tiros da história americana.[18]

Imagine o cenário na emergência do hospital mais próximo, o Sunrise, para onde a maioria das vítimas feridas a bala foi levada. Pior ainda, imagine ser o médico-chefe de plantão naquela noite. Como você conseguiria tratar 250 pacientes com ferimentos graves de uma só vez? Era um desafio sem precedentes, quase inimaginável para o corpo médico e administrativo. Felizmente, o doutor Kevin Menes, médico encarregado do departamento de emergência naquela noite, tinha imaginado uma cena como aquela, muitas vezes até. Menes não apenas tinha treinamento em medicina de emergência como também trabalhara como médico em ações táticas com a equipe da SWAT da polícia de Las Vegas.[19] Consciente de que Las Vegas poderia ser um alvo fácil, ele tinha pensado na possibilidade de um episódio de assassinatos em massa, e como ele e sua equipe responderiam e se prepariam mentalmente para um dia (ou noite) que ele esperava que nunca viesse a acontecer.

Eram dez horas da noite quando o doutor Menes ouviu pela primeira vez o alerta. Ele sabia que o número de pacientes chegando com ferimentos a bala seria inédito, mas ele já tinha bolado um plano. Ele fez uma descrição dos acontecimentos daquela noite para a revista *Emergency Physicians Monthly*, em artigo coescrito com os doutores Judith Tintinalli e Logan Plaster.[20] Escreveu assim:

Pode parecer estranho, mas eu tinha pensado nesses problemas com grande antecedência, devido à minha maneira de tratar ressuscitações desde sempre: 1. Planeje-se, 2. Faça perguntas incômodas, 3. Encontre soluções, 4. Ensaie planos mentais de modo que, quando o problema acontecer, você não precise superar uma barreira mental, já que a solução já foi pensada.[21]

Invocando seu plano hipotético, Menes instruiu o corpo administrativo a convocar as equipes médicas que estavam de folga; esvaziar todas as salas de cirurgia, salas de tratamento e corredores; e trazer todas as camas e cadeiras de rodas disponíveis. Todos os que eram capazes de empurrar uma maca tinham que se apresentar ao estacionamento das ambulâncias para receber os pacientes que chegassem.

Enquanto esses recursos eram mobilizados, Menes fez uma rápida reconfiguração do fluxo de trabalho do departamento de emergência. Não haveria tempo de taguear cada paciente com a gravidade de seu estado (do código vermelho até o verde); por isso, ele tagueou os quartos. As primeiras 150 vítimas chegaram nos primeiros quarenta minutos.[22] À medida que os pacientes chegavam, Menes anunciava em voz alta a cor correspondente a seu estado, e a equipe os levava de imediato para os quartos apropriados. Isso permitia que os pacientes fossem colocados imediatamente diante da equipe médica, com os aparelhos e a medicação adequados, possibilitando que os médicos monitorassem e fizessem a reclassificação de cada paciente rapidamente ao longo do processo. Enquanto Menes fazia a triagem, outros médicos da emergência faziam a ressuscitação dos pacientes com código vermelho, enquanto cirurgiões e anestesistas chegavam.

Enquanto isso, profissionais de enfermagem foram encarregados de monitorar pacientes cujo estado se deteriorasse rapidamente nos quartos laranja e amarelos, e de inserir um cateter intravenoso em cada paciente enquanto ainda era possível localizar uma veia. Enquanto os vermelhos eram transferidos para a cirurgia, a equipe de emergência tratava os pacientes laranja que se aproximavam do fim da chamada *golden hour*, a "hora de ouro", em que a intervenção pode evitar a morte. Quando foi possível, Menes passou a triagem para um profissional de enfermagem sênior, e começou a estabilizar pacientes para transferi-los à sala de cirurgia. À medida que mais médicos chegavam à emergência, ele os brifava sobre a nova configuração dos quartos e instruía: "Achem os pacientes agonizantes e salvem-nos".

A cada novo obstáculo, Menes lembrava uma solução ou tinha a presença de espírito para assegurar que cada paciente recebesse tratamento. Eis alguns exemplos de como seu raciocínio rápido resolveu problemas: quando não estava conseguindo passar rapidamente de um paciente necessitando estabilização para outro, ele se deslocou para o meio do salão e pediu que as camas dos pacientes fossem trazidas até ele. Menes lembra: "Eu estava na cabeceira de várias camas, que me circundavam como pétalas de flores em torno do miolo. Todos recebiam medicação, transfusão, intubação, drenagem pleural, e depois eram levados para a Estação 1".[23] Quando começaram a faltar respiradores, a equipe começou a adotar uma solução de último recurso: colocar dois pacientes de mesmo tamanho em um só respirador, usando uma mangueira em forma de Y e duplicando a vazão do ventilador. Quando a demanda por raios X começou a aumentar demais, Menes levou o radiologista para a sala de raios X, onde podia ler os resultados diretamente da tela do monitor.

Ao alvorecer, apenas sete horas depois, todos os 215 pacientes tinham saído da emergência e sido transferidos para o ambulatório, e 137 tinham recebido alta. Foi um feito sem precedentes. O departamento de emergência tratou, em média, trinta pacientes com ferimento a bala por hora. A equipe de cirurgia realizou 67 operações em 24 horas, sendo que 28 foram nas primeiras seis horas. Nenhuma delas era uma emergência menor, já que estas haviam sido transferidas para outros hospitais. Essa resposta heroica não foi apenas resultado de presença de espírito no apuro do momento, mas de previsão, visualização proativa e ensaio mental para o pior cenário possível.

Será que você consegue se planejar melhor para obstáculos imprevistos, pelo simples fato de antevê-los e de se preparar mentalmente para eles? A maneira mais garantida de superar obstáculos é esperar por eles desde o começo. Antecipando-nos aos problemas, podemos fortalecer nossa terminação, mesmo nas piores circunstâncias.

À espreita na curva

Quando antecipamos e até normalizamos a possibilidade de um problema, paramos de perder tempo lamentando questões inesperadas; em vez disso, canalizamos 100% de nossas faculdades mentais na busca de uma solução rápida e eficaz. Uma gestora do hospital Stanford Health Care descreveu assim uma player altamente influente de sua equipe: "Ela está constantemente de olho em possíveis armadilhas, e vai adotando medidas para evitá-las. Ela lida com os problemas antes que eles aconteçam". Os Players de Impacto não possuem o superpoder de enxergar através das paredes ou de antever o futuro; sua força reside na compreensão de que os problemas estão o tempo todo à espreita na curva. Eles esperam surpresas desagradáveis e aceitam os desafios como normais. O psicanalista Theodore Rubin resumiu esse jeito de pensar ao dizer: "O problema não é existirem problemas. O problema é esperar o contrário e achar que ter problemas é um problema". Com essa mentalidade, os obstáculos não nos desestabilizam, nem sequer nos distraem. As barreiras se transformam em tijolos para o crescimento, proporcionando a resistência necessária para nos tornar mais fortes e inteligentes e para provar nossa fibra.

Pensar com os pés no chão

Sem se deixar abater pelos problemas que surgem, os Players de Impacto se tornam mestres da improvisação e da mudança de rota. Eles encontram maneiras pouco convencionais de realizar o serviço ou de levar um projeto até o fim, da mesma forma que o condutor de trenós norueguês Thomas Waerner, vencedor da Iditarod 2020, que, depois de terminar a corrida, descobriu que estava começando outro desafio de resistência, só que muito mais longo.

Dica Profissional do Player de Impacto

Aumente seu campo de visão pedindo aos colegas que sejam seus navegadores. Peça a eles para monitorar seus pontos fracos e ajudá-lo a enxergar os problemas no horizonte. Faça o mesmo por eles.

A Iditarod é uma corrida de trenós puxados por cães, de 1.700 quilômetros, de Anchorage a Nome, no Alasca, em que condutores e suas equipes de cães correm em meio a tempestades, nevascas e temperaturas abaixo de zero, por nove dias ou mais. Os atletas são os cães que puxam os trenós. Geralmente uma mistura de husky e malamute, eles têm uma capacidade singular de resistência, que lhes permite correr em altas velocidades por longas distâncias sem se cansar.[24] De maneira notável, esses cães terminam a corrida com os mesmos indicadores vitais com que começaram.[25] Na verdade, as equipes caninas que se saem melhor em uma ultramaratona são aquelas que acabaram de terminar outra corrida.[26]

Quando Warner cruzou a linha de chegada em março de 2020, atrás de sua equipe de dez cães, percebeu que o público estava anormalmente diminuto. Durante a corrida, a pandemia da Covid-19 ganhara dimensão, e as viagens aéreas foram interrompidas. A maioria dos espectadores já tinha deixado o Alasca, inclusive sua esposa, Guro, que estava em casa sozinha com os cinco filhos, trabalhando como veterinária e cuidando dos 35 cães de seu canil (o que faz qualquer problema de home office ser nada, na comparação).[27] Waerner ia precisar ser criativo; voltar para casa não ia ser complicado, mas seus dezesseis companheiros caninos não iam poder pegar um voo comercial.

Depois de três meses, Waerner encontrou sua carona: uma aeronave DC-6B dos anos 1960, que não havia sido usada desde os anos 1970. Era, com certeza, pouco convencional. O avião sem uso comercial estava sendo reformado para voar, destinado a um museu na Noruega, e parecia que daria para Waerner e sua equipe pedirem uma carona. No entanto, quando o vírus começou a desestabilizar a economia e a moeda norueguesa, o trato foi se complicando. Depois de negociações com o museu, auxílio de patrocinadores e uma viagem de trinta horas com várias paradas para reabastecimento e reparos mecânicos imprevistos, Waerner e sua equipe campeã de trenó cruzaram a verdadeira linha de chegada, regressando enfim ao lar. Waerner disse ao *The New York Times*: "Foi uma grande chegada para a corrida".[28]

No trabalho, a linha de chegada também pode mudar de lugar. Bem na hora em que achamos que acabou, alguma coisa dá errado, como conseguir o sinal verde daquele responsável importante e só então descobrir que serão necessários novos documentos e aprovações. Quando as coisas ficam difíceis, a maioria dos profissionais empaca antes da linha de chegada. Os profissionais de maior impacto, porém, usam a criatividade, improvisam e percorrem aquele quilômetro a mais que não estava nos planos.

Como terminar bem
Em uma chegada com aceleração, não apenas o trabalho é bem-feito, mas os envolvidos se sentem bem ao terminar — física, mental e emocionalmente. À diferença de um estudante procrastinador que termina as provas de fim de ano totalmente esgotado, capota e dorme durante uma semana, os Players de Impacto dão tudo o que têm, mas, depois de um breve repouso, começam o próximo jogo com a mesma força do anterior. Por quê? Porque, como eles se anteciparam e se planejaram para os problemas imprevistos, não perdem o equilíbrio quando eles surgem. Eles sabem como pedir reforços, por isso conseguem continuar assumindo a responsabilidade sem desabar. Como negociam os recursos e o apoio de que necessitam, conseguem cruzar a linha de chegada sem exaustão.

Ao fim e ao cabo, os verdadeiros Players de Impacto não ficam nem exauridos nem esgotados. Assim como os cães husky-malamutes, terminam a corrida com os mesmos indicadores com que começaram. É mais do que um "gene da terminação"; é um gene da resistência. E os dois são necessários para chegar acelerando. Quando acrescenta a essa mistura um ritmo forte, você possui a energia e a presença de espírito para aprender com os reveses ao longo do caminho, o que lhe permite não apenas acelerar na reta final, mas acelerar *mais*.

AS ARMADILHAS E DISTRAÇÕES

Enquanto os Players de Impacto trabalham com uma premissa de força, que faz com que não desistam dos problemas, os profissionais comuns que estudamos têm uma tendência ao evitamento, ou seja, quando as coisas se complicam, levam os problemas para cima, em vez de assumir a responsabilidade. Agem de maneira responsável, mas não assumem a responsabilidade pelo êxito da missão. Em um filme de ação, seriam aqueles que lutam como podem, mas, quando o inimigo foge, entram em contato com o quartel-general para avisar que a ameaça continua.

Essa tendência a evitar os problemas complicados se baseia na crença de que a adversidade é um incômodo do qual se deve fugir. Nessa visão de mundo, os problemas inesperados são vistos como inconvenientes e ameaças ao plano. Para serem bem-sucedidos, esses profissionais precisam de um ambiente estável — algo que não se costuma ver nos filmes de espionagem ou na maioria dos ambientes profissionais. Lutam corajosamente, mas desistem antes do fim do trabalho.

Enquanto alguns cometem o erro de terminar cedo demais, outros persistem de maneira estúpida. Terminar a Qualquer Preço é a primeira de duas armadilhas que nos impede de acelerar na reta final.

Terminar a qualquer preço

Ao se deparar com um revés, é tentador (e até nobre) persistir e seguir em frente. Assim como os grandes filósofos do Estoicismo, abraçamos o obstáculo e resistimos pacientemente; supomos que o sofrimento silencioso reforça o caráter. Essa falácia não é apenas um apego indevido às regras antigas do mundo do trabalho, mas também uma aplicação errada da sabedoria da Antiguidade. Terminar por terminar pode resultar em uma vitória de Pirro — que tem esse nome por causa do rei grego que derrotou o incipiente Império Romano, mas sofreu perdas tão pesadas nas batalhas que depois foi obrigado a bater rapidamente em retirada. Nessas vitórias custosas, o sucesso inflige perdas tão grandes aos vencedores (e suas equipes) que não dá para distinguir a vitória da derrota. O serviço pode até ter sido feito, mas o chão vai estar coberto de sangue. Na esteira dessas batalhas restam colegas exaustos e desanimados, que acabam ficando relutantes a se alistar para a próxima campanha. Da mesma forma, também ficamos exaustos e nos tornamos presas do burnout.

Uma determinação férrea de terminar aquilo que começamos pode levar a um desperdício de energia e de recursos. Um de meus amigos comentou certa vez, meio de brincadeira, que resolveu parar de namorar uma mulher quando se deu conta que estava passando todo o seu tempo com a futura esposa de outra pessoa. Da mesma forma, quando não nos desfazemos de projetos improdutivos antes do final, podemos estar roubando de nossa organização o tempo e os recursos necessários para a busca de oportunidades de maior valor. Além disso, corremos o risco de acabarmos nós mesmos exaustos e esgotados. Em vez de terminar a qualquer preço, talvez você precise minimizar suas perdas e abrir mão de alguns projetos. Podemos evitar vitórias de Pirro se tomarmos decisões calculadas e inclusivas, deixando de levar em conta o custo irrecuperável das ações anteriores e levando em conta os danos colaterais e os custos de oportunidade de persistir.

Alarmes falsos

Quando enxergamos os problemas como ameaças, soamos imediatamente o alarme. Porém, quando soamos esse alarme cedo demais e com frequência demais, acabamos diluindo nossa influência e credibilidade. Podemos acabar criando a fama de alguém que exagera na comunicação de problemas e que raramente entrega soluções. Um gestor da Adobe descreveu assim uma integrante de sua equipe: "Ela se lamenta sobre qualquer coisa que não funcione". Quando enxergamos ameaças com mais frequência do que enxergamos oportunidades, podemos recair no hábito da reclamação recreativa, nos lamuriando por qualquer agrura que venha a interferir em nossa vida confortável no trabalho, ou prejudicar nossa carreira. Com o tempo, os outros acabam deixando de nos escutar, como na fábula do menino que gritou "Lobo!".

Mas até mesmo os alarmistas úteis podem criar o caos. Eles avisam seus superiores dos perigos em potencial, mas o fazem com frequência excessiva. Quando alguém soa o alarme sem propor a respectiva solução, o gestor reage intempestivamente, imiscuindo-se onde sua ajuda não é necessária. No início de minha carreira como gestora, tive uma contribuidora assim na equipe. Em determinada reunião a dois, ela passou pelo menos vinte minutos me explicando a infinidade de dificuldades técnicas que comprometiam um programa de treinamento crucial para uma missão, marcado para a semana seguinte. Preocupada, peguei o telefone na mesma hora para pedir ajuda à central de dados da empresa, mas senti que ela ficou surpresa com minha atitude. Ela esclareceu que não precisava da minha intervenção. Garantiu que resolveria os problemas; que só queria que eu soubesse dos problemas que ela estava enfrentando. Fiquei pasma, porque o desabafo dela parecia genuinamente um grito de socorro.

COMO MULTIPLICAR SEU IMPACTO

Quando o trabalho se torna particularmente difícil, a tentação é levar o problema para cima. Quando o líder morde a isca e livra o subordinado do problema cedo demais, nega a ele o aprendizado que nasce das atribulações. A fibra e a resiliência são fortalecidas nas funções de liderança, e não nos degraus mais baixos, formadores da cultura de equipe.

Aos Players de Impacto, por sua vez, são confiados os projetos mais importantes. Como afirmou um diretor técnico da Splunk: "Eu lhe atribuo os projetos mais difíceis porque sei que ele vai conseguir e completá-los da forma mais eficiente". Além disso, como o Player de

GERAÇÃO DE VALOR: ACELERE NA RETA FINAL

Os Players de Impacto assumem a responsabilidade, completam o serviço e passam a serem vistos como players confiáveis

Impacto realiza o serviço integralmente, proporciona a tranquilidade que permite a seus colaboradores e líderes dormirem tranquilos em meio à tempestade. Assim, podem trabalhar com autonomia, sem supervisão indevida ou microgestão. Podem empregar 100% da própria energia onde ela é mais necessária: na antecipação e resolução das "incógnitas".

Os profissionais mais influentes abraçam uma ideia da concepção ao encerramento, concretizando plenamente sua promessa e seu impacto. Assim como os melhores corredores, largam com velocidade e aceleram na reta final. Como vimos no Capítulo 3, assumem o comando e são rápidos para dar início, mas terminam aquilo que iniciaram. Possuem o "gene da terminação", o impulso interior que os mantém avançando até terminarem o trabalho — fazendo o caminho inteiro, sem supervisão constante ou cobranças. É a garantia de performance embutida nesses players e a razão pela qual lhes são atribuídas as missões que importam.

São aqueles jogadores que, nas palavras do lendário jogador de basquete Kobe Bryant, "descansam no fim, e não no intervalo".[29]

Quando surgirem os obstáculos e os problemas persistirem, o que você fará? Vai soar o alarme e entregar o problema a outro? Ou vai acelerar na reta final? A recompensa para aqueles que terminam bem não é apenas a missão bem-feita; é, também, o orgulho pela travessia. É a certeza que Paulo de Tarso expressou ao fim de sua missão apostólica, registrada no livro de Timóteo: "Combati o bom combate, terminei a corrida, guardei a fé".[30] A verdadeira recompensa não é o que realizamos ao terminar, mas o que nos tornamos ao persistir e o que se torna possível, por estarmos fortalecidos.

A Nasa divulgou que o veículo marciano Opportunity superou todas as expectativas ao completar sua missão, operando por um período cinquenta vezes maior que o inicialmente planejado, proporcionando informações científicas revolucionárias e inspirando toda uma geração.[31] Seu êxito preparou o terreno para novas explorações de Marte, incluindo veículos posteriores, como o Curiosity e o Perseverance. Jim Bridenstine, diretor da Nasa, comentou: "É por conta de missões pioneiras como a Opportunity que chegará o dia em que nossos bravos astronautas caminharão na superfície de Marte". Ele prosseguiu: "E, quando esse dia chegar, um pedaço daquela primeira pegada será mérito dos homens e mulheres do Opportunity, e de um pequeno veículo que desafiou todas as probabilidades e fez tanto pela exploração."[32] Quando uma missão acaba, começa outra.

O MANUAL

Este manual contém dicas para aspirantes a líder exercitarem e fortalecerem as premissas e hábitos necessários para ACELERAR NA RETA FINAL.

Lances de Craque

1. **Redija um Compromisso de Trabalho.** É mais fácil terminar um serviço bem e de maneira completa quando você começou com uma definição clara. Mas você não precisa esperar que seu chefe ou seu cliente lhe dê uma orientação clara; você pode definir por conta própria seu Compromisso de Trabalho. Crie uma visão compartilhada do trabalho, documentando: (1) o *padrão de performance*: como deve ser o trabalho ideal; (2) a *linha de chegada*: como deve ser o trabalho completo; e (3) *os limites*: o que não é parte da missão. Comece incluindo aquilo que você já ouviu; em seguida, use seu julgamento para preencher o que falta. Por fim, revise o texto com os responsáveis, para acrescentar aquilo que, segundo eles, estiver faltando, e para ratificar as expectativas mútuas. Você pode dizer: "Eis aquilo que eu considero a definição de sucesso. Onde posso ter me enganado?". Obtido o consenso, você dispõe de um Compromisso de Trabalho claro e pode assumir a responsabilidade por sua execução bem-sucedida.

2. **Negocie o que for necessário.** Seja claro em relação àquilo de que você precisa para ser bem-sucedido, como informações, tempo, acesso, orientação e recursos. Certifique-se de negociar esse apoio ao começar o trabalho, antes de precisar dele. Não há necessidade de negociação formal, apenas de compreensão mútua. Tente uma frase simples, do tipo

"se/então", como: "Se eu quiser fazer [a coisa que você precisa de mim], então vou precisar que você faça [a coisa que eu preciso para que dê certo]". Usando a lógica se/então, você atinge dois importantes objetivos: (1) lembra ao seu responsável que está pronto para entregar resultados e (2) faz com que ele saiba do que você necessita para uma entrega bem-sucedida.

3. **Reenquadre os obstáculos como desafios.** Nossa forma de caracterizar uma situação altera nossa forma de reagir a ela. Quando enxergamos obstáculos inesperados como problemas, não encontramos as soluções. Afinal de contas, por definição, um problema é algo que não teve solução. Quando reenquadramos os obstáculos como desafios, recorremos a nossas faculdades mentais e ficamos energizados para o combate. Para reenquadrar um obstáculo como desafio, parta da premissa de que todo dia de trabalho, ou projeto (ou chefe!), trará seus obstáculos; assim, você não será surpreendido quando eles aparecerem. E, quando isso ocorrer, reenquadre-os como (1) um desafio intelectual que exige uma solução, (2) um teste do seu caráter, que demanda paciência ou humildade, ou (3) um desafio físico que exige resistência e dosagem do ritmo.

4. **Inclua uma surpresinha.** Ao completar um projeto ou qualquer tipo de trabalho, faça um pequeno algo a mais, acima e além da missão ou pedido original. Realizar algo a mais não precisa exigir um esforço hercúleo. Pode ser um detalhe simples, como indicar com marca-texto os pontos-chave ao entregar um relatório a seu gestor. As melhores surpresas serão (1) algo inesperado, (2) algo que auxilia a agenda do gestor (veja o Capítulo 2) e (3) algo que não tire seu foco de outras tarefas cruciais para a missão. Pergunte a você mesmo: o que seria um pequeno algo a mais que não é esperado, mas que traria satisfação?

Dicas de Segurança

1. **Saiba a hora de parar.** Caso suspeite estar trabalhando em prioridades obsoletas, ou envolvido em uma batalha impossível de ganhar, ou caminhando para uma vitória de Pirro, pergunte a si mesmo: (1) Isto ainda é relevante, considerando o que mudou no ambiente ou no mercado como um todo? (2) Isto ainda é importante para a organização e para minha liderança? Ainda está dentro da agenda (veja o Capítulo 2)? (3) Isto é algo em que podemos ter êxito, mesmo acelerando na reta final? Se as respostas forem "não", talvez seja a hora de abrir mão. Mas não abandone

o trabalho sem obter o aval de seu(s) líder(es) ou responsáveis, e não deixe de informá-los sobre aquilo que passará a fazer para ficar dentro da agenda — ou peça a eles orientação na passagem para algum projeto mais prioritário.

2. **Desabafe sempre.** É totalmente aceitável querer compartilhar suas frustrações com seu gestor. E é saudável que o gestor reconheça os desafios encarados pelos membros de sua equipe. Mas existe um jeito certo de se queixar e se lamuriar: fazê-lo de forma parcimoniosa, breve e focada. Caso precise liberar um pouco as frustrações, desabafe um pouco, mas não abandone sua responsabilidade. Informe seus líderes das ações que já está adotando, e deixe claro se o que você busca é empatia ou soluções.

Dica de coaching para os gestores: Você poderá encontrar práticas de coaching para ajudar os membros de sua equipe a finalizar com impacto no Manual do Coach, no fim do Capítulo 8.

RESUMO DO CAPÍTULO 4: ACELERE NA RETA FINAL

Este capítulo descreve como os Players de Impacto lidam com obstáculos imprevistos e como completam o serviço em meio à adversidade, entregando tanto previsibilidade quanto surpresas agradáveis.

	MENTALIDADE DO CONTRIBUIDOR	MENTALIDADE DO PLAYER DE IMPACTO
Prática	Levar os problemas para cima	Finalizar com impacto
Premissas	A adversidade é danosa e deve ser evitada (evitamento)	Consigo dar conta (força) Consigo superar a adversidade (resiliência) Consigo perseverar e realizar a tarefa (garra)
Hábitos	Tomar atitudes Levar os problemas para cima Evitar os problemas mais difíceis	Completar o serviço Manter a responsabilidade Antecipar-se aos problemas
Consequências	O indivíduo desperdiça o aprendizado que vem da luta. Com isso, a responsabilidade é transferida para os superiores	O indivíduo adquire a reputação de player decisivo, que atua bem nas situações críticas. Isso reforça uma cultura de responsabilização

Armadilhas a evitar: (1) Terminar a qualquer preço, (2) Alarmes falsos

Alvos Móveis
O QUE OS LÍDERES DIZEM SOBRE OS...

CONTRIBUIDORES	PLAYERS DE IMPACTO
"Ele pressupõe que costuma ter razão na maioria das vezes, e que só precisa convencer a organização."	"Ele vai em busca de novas informações sem que lhe peçam."
"Ela tem tendência a exagerar na reação, é negativa e emotiva."	"Ela encara o feedback como algo positivo."
"Em geral, ele aceita receber feedback, mas leva um tempão até se ver alguma melhoria."	"Ela aprende rapidamente com os erros."
"Ele não reage ao feedback. Era um cara legal, mas não parecia forte o bastante para mudar."	"Quando dou feedback, ela aceita e faz algo a respeito. Não se deixa abater, considera uma oportunidade de evoluir."

Capítulo 5

PERGUNTE E CORRIJA

A inteligência é a capacidade de se adaptar à mudança.
STEPHEN HAWKING

O cineasta testa a câmera em Jason Robards Jr., o mítico ator de teatro. É um plano fechado, que busca expor o conflito interior do personagem e os detalhes de suas emoções. Depois de várias tomadas, o diretor sabe que a cena não está boa, por isso grita: "Corta!". Tempos depois, o cineasta relembraria: "Achei que ele não estava introjetando. Eu não sentia o sofrimento". Pois bem, o diretor de 34 anos teria que achar um jeito de corrigir o trabalho de um intérprete de renome, com quase o dobro da idade dele e vários Oscars e Tonys.[1]

O jovem de quem estamos falando é Ron Howard, ex-ator mirim e prolífico diretor, conhecido por filmes como *Apollo 13*, *O Código Da Vinci* e *Uma mente brilhante*. O filme, neste caso, era o engraçado e comovente *O tiro que não saiu pela culatra*. Na cena em questão, o personagem de Robards, um vovô ranzinza, tem que lidar com um dos vários dilemas de ser pai, enfrentando os próprios defeitos. Era um daqueles momentos silenciosos, em que uma simples expressão facial de um grande ator pode substituir páginas e páginas de explicações escritas, ou resumir uma vida inteira de sofrimento e decepções.

Howard se aproxima de Robards e começa a falar confusamente, tentando não ofendê-lo, mas provocar um desempenho diferente. Robards estica o braço, toca a mão de Ron e pergunta, apenas: "Ron, você quer uma cara mais triste?". Howard fica aliviado. Mas também tem certeza de que a pergunta do veterano ator é sarcástica, e que Robards pode fazer uma cara ridiculamente deprimida na tomada seguinte, só para zoar com ele. Howard decide fazer só mais uma tomada e fazer ajustes a partir dali.

Porém, quando as câmeras recomeçam a rodar, Robards reinventa sua interpretação, realizando ajustes mínimos, bem sutis, e fazendo a cena perfeita. Howard diria tempos depois: "Foi a representação mais honesta, orgânica e autêntica daquele momento que eu poderia sonhar". É a tomada que entrou no filme. Howard refletiu: "A lição aprendida é essa. Atores podem melhorar continuamente".[2]

Os players de maior valor nunca param de evoluir. Estão o tempo todo se adaptando, ajustando-se para acertar no alvo. De que ajuste pequeno no seu método você precisa para atingir uma performance superior?

Momentos assim são gratificantes não apenas para diretores de cinema, mas para líderes de qualquer setor que precisem dar orientação para ajudar os outros a recalibrar o próprio desempenho, ou simplesmente evoluir com o passar do tempo. Embora os Players de Impacto finalizem com força, sempre há algo mais a fazer num bom trabalho, e os melhores contribuidores estão sempre inacabados — são uma obra em andamento.

Ao longo deste capítulo, vamos nos concentrar no conceito de "correção" — não aquele monte de anotações em vermelho que um professor arrogante pode nos dar, e sim aquela informação crucial que permite a alguém corrigir a rota quando se distanciou do alvo. Vamos examinar por que os maiores contribuidores e os aspirantes a líderes almejam essas correções e como respondem aos convites para a mudança, de uma maneira que os ajuda a se adaptar e aprender com mais rapidez que seus pares.

Embora este capítulo trate de uma mudança, não se trata de fazer transformações radicais e disruptivas, e sim de compreender o poder e a importância de realizar micromudanças, aqueles pequenos ajustes necessários para se manter na rota. É uma questão de sintonia fina, e não de transformação. Neste capítulo, você vai aprender a se manter sintonizado com as necessidades de seus responsáveis, e mais especificamente a pedir uma orientação corretiva, que lhe permita receber algo além do que seria de esperar, e reagir de modo a tornar as pessoas mais dispostas a investirem em você. E, como todos nós deixamos de enxergar sinais de alerta, vamos explorar formas de se recuperar rapidamente quando se cometem grandes erros.

Vamos começar analisando por que a orientação corretiva é necessária para todo mundo, especialmente nos dias de hoje, em que muitas de nossas metas de desempenho são dinâmicas.

A ESCOLHA: VALER-SE DOS PONTOS FORTES OU APRENDER UM JOGO NOVO?

Para muitos profissionais, o trabalho antigamente era como uma partida de dardos: um jogo de habilidade no qual há uma meta clara e um sistema de pontuação que evidencia claramente o quanto você está se saindo bem. Podemos treinar para esse jogo, dominar a técnica e, ensaiando o bastante, até acertar na mosca com os olhos vendados. Mas, como as necessidades das empresas mudam continuamente, as metas também passaram a estar em movimento. Aquela jogada que você aperfeiçoou tanto já não assegura que você vai acertar o alvo. É necessária uma recalibragem constante.

O novo jogo do trabalho

Esse embaralhar constante cria o que chamamos de "problemas perversos" — problemas que se modificam mais rapidamente que nossa capacidade de resolvê-los. Bem na hora em que você entende o jogo, ele muda. Você precisa aprender regras novas, jogar contra adversários novos e desenvolver novas habilidades e estratégias. Para quem é confiante e ávido por aprender, essa adaptação e revisão soa divertida; para os perfeccionistas, ou estrelas de alto desempenho, acostumadas a sempre acertar tudo, parece-se mais com uma dor de dente. O que fazer quando aquilo que você sempre fez já não funciona? Apoiar-se no feedback obtido na avaliação anual de desempenho não vai bastar. Quando os alvos não param de se mexer, é necessário ter feedback, orientação e correções continuamente, de modo a ajustar a mira.

Viciando o jogo

Ajustar a mira o tempo todo dá trabalho; não seria mais fácil se pudéssemos, em vez disso, ajustar o alvo? Foi exatamente o que fez Mark Rober, inventor e ex-engenheiro do Laboratório de Propulsão a Jato da Nasa. Mark, que hoje é uma celebridade do YouTube, usou seu talento de engenheiro para construir aparelhos incrivelmente divertidos e altamente sofisticados. Brilhante engenheiro, mas medíocre como lançador de dardos, ele se uniu a um ex-colega do laboratório da Nasa para elaborar um alvo que resolvesse seu problema. Depois de três anos de trabalho, eles criaram o "Alvo de Dardos Mosca Automática". É um alvo que calcula a trajetória do dardo, usando câmeras infravermelhas de detecção direcional, e ajusta a própria posição usando motores multidirecionais, tudo isso em menos de meio segundo, fazendo todos os lançamentos acertarem na mosca![3] Desde que o lançamento tenha sido na direção certa, todo arremesso fora do alvo se autocorrige, literalmente, em pleno voo.

Esse alvo sem igual é um impressionante feito de engenharia, mas no mundo do trabalho há um número excessivo de profissionais que adotam a mesma abordagem: quando estão sentindo que há mudanças no horizonte, em vez de se prepararem para ela, ficam na esperança de que o novo mundo do trabalho dará valor a seus velhos talentos. Eles tratam os ventos da mudança como uma tempestade que eles conseguem superar se abaixando e esperando que a vida volte ao normal, quando na verdade o novo normal são os ventos da mudança.

Apegar-se ao que já se conhece

Uma gerente de marketing de uma empresa de tecnologia foi descrita pelo chefe como "inteligente", "capacitada" e "bastante confiante". Essa confiança, porém, se baseava na avaliação de que ela estava fazendo um excelente trabalho — e não em sua capacidade de adaptação ou de aprendizado (aquilo que a psicóloga Carol Dweck define como "mentalidade de crescimento"). O chefe dela explicou: "Ela busca o tempo todo validação e confirmação. Ela não está interessada em feedback. Na verdade, toda vez que se vê diante de um desafio, ele é encarado como uma ameaça pessoal e direta, como se sua competência e êxito estivessem sendo questionados". À medida que sua percepção de si foi se afastando cada vez mais da sociedade, sua carreira parou de evoluir. O gestor lamentou: "Queria ter descoberto um jeito de ajudá-la a receber feedback e com isso passar para um nível superior".

Outros gestores expressaram preocupações semelhantes, ao descrever como membros normais de suas equipes reagiam ao feedback ou a correções de rumo:

> "Quando um paciente reclamava, ela ficava na defensiva e explicava por que aquilo tinha que ser feito daquele jeito."
>
> "Ela se apresentava como alguém treinável e aberta ao feedback, mas no fim das contas não tinha nada que a fizesse sair do lugar."

Aprendendo um jogo novo

Os Players de Impacto encaram a mudança das condições e os alvos móveis como oportunidades de aprendizado, adaptação e crescimento. Podem até gostar de se afirmar e de receber feedback positivo, mas buscam de forma mais ativa o feedback corretivo e as opiniões contrárias, usando-as para recalibrar e redirecionar seu esforço. Nesse processo, vão adquirindo novas competências para si e para suas organizações.

Quando Zack Kaplan começou no Google, como gerente de marketing de marca na divisão de produtos para o consumidor, ele tinha seis anos de experiência na agência de publicidade Wieden+Kennedy, mas era novato no setor de tecnologia. Com apenas duas semanas de emprego, seu gestor, Tyler Bahl, na época chefe de marketing de marca para os aplicativos do Google voltados para o consumidor, incumbiu-o de um projeto publicitário de alta visibilidade. Até então, a abordagem da área em relação à publicidade tivera resultados irregulares, com cada grupo de produtos desenvolvendo as próprias campanhas publicitárias. A equipe de líderes estabeleceu um novo alvo: substituir os anúncios díspares por uma única campanha guarda-chuva, que passaria uma mensagem coerente ao consumidor. Internamente, o projeto era chamado de "campanha multiapp".

Os problemas seriam os mesmos de sempre: prazo apertado, equipe multidisciplinar (tanto de dentro quanto de fora do Google) e uma enorme lista de pessoas a quem pedir aprovação. O papel de Zack na equipe tampouco estava claro — como gerente de marketing de marca, sua tarefa era simplesmente bolar a mensagem da marca, ou ele também teria que supervisionar a criação dos anúncios? Tyler brifou Zack sobre o projeto, e em seguida lhe deu liberdade para tocá-lo. Zack estava prestes a aprender por que a capacidade de render bem em meio a incertezas é um dos principais critérios de contratação no Google.

Lá pela metade do projeto, a equipe ficou sabendo que a gerência de marketing queria uma mensagem nova e diferente na campanha publicitária. Zack começou a fazer perguntas — não que estivesse questionando a nova direção, mas sim tentando entender como se adaptar melhor. Ele marcou uma hora com Tyler para perguntar: o que isso significa em relação à nossa mensagem geral? O que é preciso mudar na história? Quais ajustes serão preciso fazer no conteúdo? Depois que elaboraram uma nova abordagem, Zach entrou em contato com cada um dos envolvidos e com a agência de publicidade, para colocá-los a par.

Bem no momento em que Zack e as equipes criativas tinham chegado a um bom ritmo, outro alvo crucial mudou de lugar: era preciso mudar o público. Eles reviram a data de lançamento e fizeram mais algumas alterações. Zack e Tyler deram um jeito de realizar os ajustes necessários para os novos alvos. Mas o verdadeiro desafio era que, mesmo depois de feitos esses ajustes, a abordagem não acertava a mosca. O plano era um anúncio único que apresentasse todos os principais produtos do Google para o consumidor. Mas a coisa ainda não estava com a cara boa. Eles tentaram editar um pouco mais o anúncio, mas ele era difícil de entender e carecia de impacto emocional. Por fim, Zack foi até Tyler e disse: "Não está dando certo. Não está cravando".

Tyler e Zach ficaram no escritório até tarde da noite, refletindo e buscando uma solução. Perguntaram: por que não está dando certo? Estariam forçando coisas demais em um único anúncio? O que daria para fazer de outro jeito? Ao questionarem a própria abordagem, ficou claro que eles estavam tentando fazer coisas demais. Tyler disse: "Vamos simplificar; vamos começar só pelo produto de busca". Resolveram fazer quatro anúncios diferentes, em vez de um: esporte, carreira, família e conexão. O resultado ficaria muito melhor, mas não era uma mudança pequena. Iam precisar contar quatro histórias separadas, ampliar o escopo nas agências de publicidade, lidar com o impacto sobre os custos e envolver mais pessoas. Fizeram, mesmo assim. Zack relembra: "No Google, nos dizem para estarmos preparados para alvos móveis. Àquela altura, a teimosia seria nossa pior inimiga — continuar com o plano inicial. Mas esse plano não nos levara a lugar algum". Com a nova abordagem, eles voltaram aos trilhos.

Zack refez todo o caminho, apresentando o trabalho em andamento, ouvindo, reunindo o feedback — não o feedback do tipo falso, que cria consenso e complacência, mas o feedback autêntico, que enseja a mudança e exige retrabalho. Depois de uma reunião difícil, Zack manteve o pensamento positivo, em busca de aprendizados que fortalecessem a ideia e de direcionamentos que fizessem o projeto continuar a avançar. Tyler relembra: "Zack saía de reuniões nas quais suas ideias só eram detonadas, e, em vez de desanimar, tinha um sorriso no rosto e estava pronto para persistir no projeto".

Depois de dezenas de rodadas de edição, o anúncio chamado "Dê o Primeiro Passo" estava pronto para exibição no horário nobre. Estreou durante o mata-mata da NBA, e recebeu críticas extremamente positivas. Os três anúncios seguintes ficaram prontos com bem menos edição e foram ao ar nos dois meses seguintes. A campanha de anúncios "multiapp" não apenas atingiu as principais metas de desempenho, mas quase triplicou a expectativa de retorno sobre o investimento.

Zack não tentou exagerar ao vender suas ideias, nem se apegou ao plano original. Ele e sua equipe defenderam o próprio trabalho, mas não deixaram de pedir feedback e fizeram ajustes até atingir o alvo.

Você se apega àquilo que conhece ou muda seu jogo? Caso queira ter impacto diante de alvos que se movem, busque orientação e ajuste a mira.

O JOGO DA MENTE

Ser reativo costuma ser considerado um traço negativo, mas na verdade os Players de Impacto são reativos — reagem a mudanças no ambiente e ao feedback que recebem. Como são reativos (mas não reacionários), adaptam-se a um ambiente em transformação, da mesma forma que um camaleão muda de cor para se adaptar ao entorno. E, embora a estabilidade costume ser vista como uma virtude profissional, a maioria dos players busca em excesso a zona de conforto, fugindo das mudanças e se agarrando àquilo que conhecem e onde se sentem à vontade.

Os maiores contribuidores que estudamos aprendem rapidamente. Seus gestores observaram com grande frequência dois comportamentos que os diferenciam: (1) a rapidez e a disposição com que aprendiam, quando confrontados com um novo desafio, e (2) a curiosidade e a abertura em relação a novas ideias.[4]

Os Players de Impacto conseguem se adaptar porque têm confiança na própria capacidade de aprender. Mas também demonstram autoconfiança suficiente para que a perspectiva do fracasso — um risco inerente ao aprendizado — não prejudicasse a autoestima. É uma postura de confiança — a crença de que *eu tenho valor e consigo crescer e evoluir*.

A base dessa perspectiva é uma crença — conhecida, em geral, como mentalidade de crescimento — de que as *competências se desenvolvem por meio de esforço e do ensino apropriado*. O influente trabalho de Carol Dweck demonstrou que, com uma mentalidade de crescimento, os estudantes compreendem que seus talentos e competências podem ser desenvolvidos com esforço, bom ensino e persistência. Como ensina Dweck, quem tem essa mentalidade não pensa necessariamente que todo mundo é um gênio, mas acredita que todos podem se tornar mais inteligentes se trabalharem devidamente.[5]

Com a mentalidade de crescimento, nos consideramos capazes de aprender e mudar. Interpretamos o feedback como informação vital, necessária para realizar ajustes. Os desafios e os obstáculos servem como campo de treino para crescimento e feedback. Quando não adotamos uma mentalidade de crescimento — aquilo que Dweck chama de mentalidade fixa —, resistimos à mudança e evitamos os problemas. Nós nos apegamos ao status quo, onde nos sentimos em segurança.

Nossa capacidade de lidar com o feedback, sobretudo correções ou críticas, também é influenciada por nossas premissas sobre nossa identidade, principalmente quando consideramos nossa autoestima como algo intrínseco ou condicionado. Quando ela é condicionada, supomos que *meu valor é determinado pela visão do outro*. Nessa maneira de pensar, nosso valor como pessoa é determinado pelo nosso desempenho no trabalho ou pela imagem de sucesso na vida. Por isso, o trabalho proporciona significado, atribui valor e pode levar àquilo que o jornalista Derek Thompson batizou de *workism*: a crença que o trabalho não apenas é necessário à produção econômica, mas também o elemento central da própria identidade e o propósito da vida.[6]

Porém, associar nossa identidade integralmente à nossa profissão, mesmo sendo um trabalho que amamos, é perigoso, não apenas para nosso senso de bem-estar, mas também para a qualidade daquilo que produzimos. Quando nossa identidade é construída em torno do nosso trabalho, as críticas se tornam mais doloridas e o fracasso passa a representar uma ameaça ainda maior. Nosso senso de autoestima cresce e diminui conforme os altos e baixos de nossa carreira, a situação de um projeto específico ou o resultado de uma avaliação de desempenho. O feedback, a correção e a mudança se tornam ameaças.

Em compensação, o valor intrínseco é a crença de que *meu valor e minha capacidade são inerentes*. Quando nos enxergamos como intrinsecamente valorosos, ficamos mais dispostos a experimentar coisas novas, sabendo perfeitamente que podemos ter um desempenho ruim. Nesse modelo mental, nossa autoestima independe de nossa performance profissional. Não precisamos que os outros considerem que temos valor, porque nós simplesmente temos. Compreendemos que, embora amemos nosso trabalho e ele e nos traga satisfação, ele não nos define, tampouco determina nosso valor como ser humano.

Manter essa separação psicológica pode ser problemático, sobretudo para aqueles que são apaixonados pelo que fazem e consideram o trabalho uma missão. Porém, quando conseguimos separar o ego do nosso trabalho, aumentamos nossa capacidade de lidar com os alvos móveis e as vicissitudes da vida. O feedback se transforma em informação, e não em condenação ou validação. Mudar e evoluir passa a ser um progresso para nós, e não uma concessão. Abordamos a mudança com confiança, acreditando que somos capazes de aprender, mas que não seremos fracassados se não nos sairmos bem. E, embora nos sintamos seguros conosco, estamos abertos à mudança. Como disse um gestor: "A confiança dela vem do fato de que tenta sempre se aprimorar. É uma confiança humilde". Esse tipo de autoconfiança genuína aumenta nossa adaptabilidade ao nos permitir:

1. **Solicitar feedback e agir em função dele.** A compreensão de nosso valor intrínseco cria a segurança psicológica de que precisamos tanto para receber feedback corretivo sem nos sentirmos ameaçados quanto para aceitar o feedback positivo sem recairmos na complacência.
2. **Comportar-se de maneiras novas.** Podemos abandonar com maior facilidade os padrões antigos de comportamento e experimentar novas práticas quando nossa autoestima não depende do desfecho da experiência.
3. **Lidar com as incertezas.** Em situações desconfortáveis, podemos passar por uma baixa da confiança situacional (por exemplo, "Não sei o que estou fazendo"), mas com a autoconfiança elevada (por exemplo, "Posso perguntar, me adaptar, encontrar a solução").
4. **Aprender com o fracasso.** Quando não internalizamos os equívocos, reconhecemos os erros mais prontamente e abandonamos premissas equivocadas.
5. **Aprender com todos.** Em vez de confiar nos gestores como única fonte de orientação (ou de avaliação de nosso valor), podemos recorrer às informações de várias fontes e tomar nossas decisões por conta própria.

No decorrer desse ciclo de aprendizado, aumentamos tanto o valor quanto o impacto da nossa contribuição. É nisso que reside o poder dessa mentalidade: quando confiamos em nosso valor inerente, podemos nos concentrar no compartilhamento e no aumento dele, em vez de ficar tentando provar nosso valor.

Resumindo, a confiança nos permite mudar e crescer. Quando nos sentimos bem em nossa própria pele e compreendemos a elasticidade de nossos talentos, deixamos de temer as mudanças. Vamos em busca de informações que nos permitem uma adaptação inteligente. Como disse Marie Curie, "não há nada na vida a temer, apenas a compreender".

OS HÁBITOS DE ALTO IMPACTO

Quando o mundo do trabalho passa por rápidas transformações, o talento crucial não é aquilo que você sabe, mas a rapidez com que consegue aprender. Os líderes mais inteligentes sabem que precisam de mais que uma simples equipe de pessoas espertas e competentes; eles procuram players que tenham ao mesmo tempo confiança e humildade para aprender.

Perguntando a 170 gestores, das organizações mais inovadoras, aquilo que seus empregados fazem que eles mais apreciam, no topo da lista apareceu "aprender comportamentos". Isso inclui ser curioso e fazer as perguntas certas; pedir feedback, reconhecer erros e corrigi-los rapidamente; e ser capaz de correr riscos e mudar. É interessante notar que a humildade e a disposição para aprender aumentam nossa credibilidade. Os líderes apreciam quem gosta de aprender. Em compensação, trabalhar com uma equipe de pessoas defensivas, que evitam os problemas — do tipo que culpa os outros pelos próprios erros, ou que escuta o feedback do gestor, mas continua como se a conversa nunca tivesse acontecido —, pode ser exasperante. A tabela a seguir apresenta formas de construir (ou destruir) sua credibilidade ao lidar com alvos móveis.

Como construir credibilidade com líderes e responsáveis

DESTRUIDORES DE CREDIBILIDADE	Culpar os outros pelos seus próprios erros Concordar na frente da pessoa, mas discordar pelas costas Ouvir o feedback e ignorá-lo
GERADORES DE CREDIBILIDADE	Ter curiosidade e fazer as perguntas certas Pedir feedback Reconhecer erros e corrigi-los rapidamente Estar disposto a mudar e correr riscos calculados

Veja o ranking completo no Apêndice A.

Assim como muitos líderes, fui gestora de funcionários com visões totalmente diferentes em relação ao aprendizado. Vou dar ao primeiro o nome de Quinn. Quinn tinha um dom para escutar. Quando percebia que estava recebendo feedback, ele se empolgava e se envolvia na conversa, ouvindo com toda a atenção. Perguntava: "O que mais?", para ter certeza de que havia entendido. Em seguida, repetia os pontos-chave, quase literalmente, para que eu soubesse que a mensagem tinha sido compreendida. Eu saía dessas conversas muito esperançosa. Depois de uma delas, porém, me dei conta de que esse funcionário dos sonhos estava mais para um pesadelo. Mesmo tendo ouvido o feedback com toda a atenção, em geral ele não fazia nada de forma diferente. Quando eu ia conferir, ele dava explicações convincentes sobre os erros dos outros, para justificar suas próprias atitudes. O subtexto dessas explicações era: "Estou fazendo minha parte direito; é só você que não quer ver". Embora Quinn impressionasse na aparência, ele era na verdade um mestre da acomodação e da dispersão.

Por outro lado, Shawn Vanderhoven tem o mesmo talento na arte de escutar. Mas Shawn não escuta apenas para agradar; ele escuta para melhorar. Quando comecei a trabalhar com Shawn, chamou minha atenção a quantidade de perguntas que ele fazia. De início, essas perguntas tinham a ver com acertar o alvo, como "O que você está tentando criar?", ou "O que você considera um sucesso?". Porém, assim que compreendia qual era a meta, as perguntas mudavam. Depois de entregar um projeto ele perguntava: "É disso que você está precisando? Precisa que eu faça algo de outro jeito?". Nas raras ocasiões em que seu trabalho errava o alvo, era fácil dizer isso a ele diretamente sem ter que incluir na conversa frases protocolares para motivá-lo. Ele respondia: "Vou tentar de novo", e na manhã seguinte já tinha acertado na mosca. Em quase cinco anos trabalhando juntos, raramente precisei dar feedback corretivo a Shawn — não porque ele não precisasse (todos nós precisamos), mas porque ele sempre se antecipava a mim.

Quando se busca orientação — e logo depois atitudes são tomadas e correções são feitas rapidamente —, mostra-se ao líder que um pequeno investimento em feedback pode colher enormes dividendos. Vamos analisar como a prática de perguntar, corrigir e fechar o ciclo acelera o ciclo de aprendizagem dos Players de Impacto, gerando maior investimento da parte dos responsáveis.

Hábito número 1: Pedir orientação

Os Players de Impacto em nosso estudo mostraram níveis mais elevados de *coachabilidade*, ou reatividade à orientação, em relação a seus pares. Isso pode se dever, em parte, à disposição de assumir a liderança, ou de seguir a liderança alheia, de acordo com a situação (ideia central do Capítulo 3). Em um estudo realizado pela PsychTests, pesquisadores pediram aos entrevistados que se identificassem como "líderes", "seguidores" ou "adaptadores" (ou seja, dispostos a liderar ou seguir, conforme a situação). Em seguida, mediram o grau de abertura ao coaching em cada grupo. Segundo a dra. Ilona Jerabek, presidente da PsychTests, aqueles que se identificaram como "seguidores" "parecem ter um problema de autoconfiança. Quando sofrem críticas, sentem-se fracos, incompetentes ou incapazes".[7] Mesmo quando entendem as boas intenções do gestor, interpretam o coaching como um sinal de que não se saíram tão bem. Aqueles que se identificaram como "líderes" tiveram um índice mais alto. Curiosamente, porém, os "adaptadores", capazes de liderar ou seguir, foram aqueles com maior *coachabilidade* e mais dispostos a aprender, exibindo a capacidade de admitir erros, lidar com críticas ou pedir ajuda.[8] Esse resultado é compatível com nossas conclusões; os profissionais comuns em nosso estudo buscam elogios e validação, enquanto os contribuidores de alto impacto buscam orientação e informações que os ajudem a se adaptar.

Acerte o tom

Ficar à espreita de sinais de que está tudo bem é fácil; mas estar sintonizado com nossos responsáveis (e trabalhar na agenda correta) exige ficar à espreita daquilo que não está bem: necessidades que não estão sendo atendidas, expectativas que não se encaixam, dados que não são agradáveis, pontos de vista que não são concordantes. Os profissionais com mais astúcia estão sempre à escuta do que ocorre no terreno, prestam atenção às mudanças no entorno, ficam de olho em novas tendências, sobretudo aquelas que possam não estar sendo vistas. Rosabeth Moss Kanter escreveu que os grandes líderes "escutam, analisam vários pontos de vista, aprendem com os críticos e estão sempre atentos a tendências em rápida transformação. Por isso, estão mais bem equipados para agir de forma rápida e decisiva".[9] Para acertar o alvo, precisamos de informações que nos avisem quando estivermos no rumo errado.

Até mesmo os profissionais mais ciosos saem do tom de tempos em tempos, como um instrumento musical. Um piano exige afinação periódica (de seis em seis meses, ou quando é deslocado); outros instrumentos, porém, como o violino, precisam de afinação toda vez que são tocados. Um violinista sabe que está pegando um instrumento desafinado. Ninguém o culparia por chegar à sala de concertos com um violino desafinado, mas, se o violinista deixar de afiná-lo antes da apresentação, provavelmente nunca mais será convidado para um concerto.

Para afinar um instrumento, o músico precisa comparar sua nota com uma nota de referência, de um diapasão, um aparelho digital ou outro músico, ajustando o instrumento até que as duas notas casem perfeitamente. Ouvir diferenças extremamente sutis de tom exige um ouvido treinado, e realizar esse diminuto ajuste mecânico exige prática. Afinar um instrumento pode ser complicado para um músico novato, mas é uma habilidade que precisa ser aprendida.

Da mesma forma, no mundo do trabalho é necessário, em geral, um ponto de referência para reconhecer quando se está fora do tom.

Entrar no tom pode ser difícil e frustrante, sobretudo no começo. Com a prática, porém, se torna algo natural. Nesse processo, informações e ideias alheias são cruciais para nos devolver aos trilhos. Embora o termo feedback carregue muitas vezes uma conotação de crítica ou julgamento, tecnicamente falando o feedback não é nada além de informação que ajuda o destinatário a recalibrar. O feedback pode ser simples assim: estou acertando o alvo? Onde estou errando o alvo? O que eu deveria fazer mais, ou menos?

Peça feedback

Os maiores contribuidores em nosso estudo são aqueles que não buscam validação constante; eles buscam orientação. Embora os louvores e medalhas que recebemos possam nos dar a sensação de que estamos sendo valorizados, pelo menos durante algum tempo, é a orientação que recebemos — mais especificamente, as informações que nos ajudam a melhorar ou mudar a rota — que nos torna valiosos. Porém, ter acesso a essa "inteligência de performance" crucial pode ser mais difícil do que parece. Receber orientação corretiva pode ser incômodo, porque nosso cérebro desenvolveu mecanismos de defesa, basicamente "capacetes mentais" que nos protegem contra os golpes que possam causar dano ao nosso ego. Sheila Heen e Douglas Stone, professores da faculdade de Direito de Harvard e autores do livro *Obrigado pelo feedback*, explicaram um motivo-chave de nossa resistência ao feedback: "É um processo que envolve a tensão entre duas necessidades básicas do ser humano — a necessidade de aprender e evoluir, e a necessidade de ser aceito como você é. Em consequência, até mesmo uma sugestão aparentemente inocente pode fazê-lo sentir-se irritado, nervoso, maltratado ou profundamente ameaçado".[10]

O feedback também é complicado para quem o dá. A maioria das pessoas não se sente à vontade comunicando críticas, com medo de perder tempo e de fazer o receptor reagir de forma emotiva, fechando-se ou ignorando o feedback. Outro receio é o de que o feedback faça mais mal do que bem, preocupação corroborada por vários estudos.[11]

Os Players de Impacto que estudamos recebem mais feedback que seus pares, porque aceitam ser corrigidos com mais facilidade. Eles pedem conselhos e feedback antes que os gestores e outros responsáveis pensem em dá-los. Pedir feedback de forma proativa tem o mesmo efeito que oferecer alguma coisa antes que seu chefe peça, uma das práticas mais apreciadas pelos gestores, ranqueada em primeiro lugar na lista de geradores de credibilidade (veja o Apêndice A). Ao perguntar antes, nos antecipamos ao ciclo de feedback, prevenindo uma série de problemas de performance. O feedback deixa de ser visto como algo punitivo; torna-se inteligência crucial. Quando atuamos como o músico que está sempre afinando seu instrumento, os beneficiários de nosso trabalho não precisam ficar avisando o tempo todo que estamos desafinados.

Será que você está recebendo o feedback que precisa? Tem pedido orientação antes de se desviar excessivamente da rota? Os constantes pedidos de feedback dos funcionários podem ser desgastantes para os gestores; porém, quando o pedido é feito nas horas certas (por exemplo, depois de ter adotado um método novo, ou ao sentir que se cometeu um erro), o efeito é o inverso. Quando os contribuidores perguntam como podem melhorar antes que o chefe mande fazer de modo diferente, estão facilitando o trabalho desse chefe e podem aprimorar a maneira de executar aquela tarefa.

COMO OBTER FEEDBACK TRABALHANDO REMOTAMENTE

É fácil sair do tom quando se trabalha remotamente, porque se deixa de receber aquele feedback oriundo das conversas casuais de corredor. E é complicado receber feedback durante reuniões virtuais, só com a linguagem corporal. Ensaie as estratégias a seguir:

1. Ao compartilhar um trabalho escrito, inclua uma série de perguntas que ensejam feedback, como "Que mudança eu poderia fazer para melhorar de maneira significativa este trabalho?".

2. Quando fizer uma apresentação on-line ou comandar uma reunião virtual, planeje-se para pedir orientação antes ou depois, ou até durante o encontro. Se for antes, você pode perguntar: "Qual o resultado mais importante que buscamos?". Depois, pergunte: "Deixei passar alguma coisa?". Você pode até convidar as pessoas a dar feedback em tempo real, via chat ou por meio da função "Perguntas & Respostas", para ajudá-lo a ir mais rápido, mais devagar ou esclarecer algum ponto importante.

Foco no trabalho

Talvez o problema mais importante, ao receber feedback, seja interpretá-lo como um julgamento a nosso respeito, e não uma informação sobre nosso trabalho. Isso pode ser particularmente incômodo para quem atua na área do conhecimento, na qual a produtividade, muitas vezes, é um reflexo direto de seus pensamentos e ideias.

Quando me propus a publicar meu primeiro livro, *Multiplicadores*, eu me sentia como uma estrangeira num novo território. Profissionalmente, nunca havia escrito nada, a não ser alguns relatórios de empresa e e-mails verborrágicos. Felizmente eu conhecia alguns autores dispostos a oferecer a uma novata como eu um pouco de orientação extremamente necessária. Uma dessas pessoas era Kerry Patterson, brilhante e engraçadíssimo autor de quatro livros de gestão best-sellers do *The New York Times*. Kerry tinha sido meu professor na faculdade, e depois fui estagiária dele. Como meu gestor, ele me testara com problemas difíceis, e sempre me fez saber o que pensava de mim. Por isso, eu sabia que seu feedback seria inestimável.

Desde o início, busquei aconselhamento com Kerry, agi conforme sua orientação e o mantive informado de meu progresso. Quando contei a ele que já havia escrito alguns capítulos, ele se ofereceu para dar feedback. Aflita, enviei os capítulos a ele e fiquei esperando o feedback, na expectativa de que ele responderia em uma, talvez duas semanas. Fiquei pasma quando recebi uma ligação dele apenas duas horas depois. Ele tinha lido o material e estava ansioso para compartilhar suas impressões. Não conseguiria me lembrar de tudo que ele falou, mas recordo claramente que ele disse: "Uau, está na cara que você fez o dever de casa", e "Menina, como você escreve bem!". Fiquei nas nuvens. Ele não teve tempo para esmiuçar tudo naquela hora, mas sugeriu que eu fosse ao seu escritório para repassarmos os capítulos parágrafo por parágrafo. Marquei uma reunião de duas horas com ele na semana seguinte; ele confirmou o horário, pediu que eu enviasse outro parágrafo para ele ler, e terminou dizendo: "Vai ser um prazer vê-la". Enviei outro parágrafo, e uma semana depois, animada, cruzei dois estados de avião e fui de carro até o escritório dele.

Depois de uma troca de amabilidades, sentamo-nos à sua mesa de reuniões, sobre a qual repousavam prints dos meus três capítulos. Ele confessou que não tivera tempo de ler o último, mas disse que leríamos juntos e ele comentaria na hora. Pode ser estressante quando alguém critica o que você escreve, mas é particularmente desagradável quando a crítica é dada em tempo real. Com o estilo de um ator de teatro, Kerry começou a ler em voz alta, comigo sentada do outro lado da mesa. Subitamente, dei-me conta de que a reunião não ia ser tão agradável quanto eu esperava.

Ele leu um parágrafo, fez uma pausa, refletiu por um segundo e disse: "Está horrível". Em seguida, expôs os diversos defeitos daquele trecho. Leu mais duas ou três frases e disse: "Discordo. Nem acho que seja verdade". Pela hora e meia seguinte, ele foi destruindo meu trabalho como se eu não estivesse na sala. Enquanto isso, eu tomava notas sem parar, tentando manter compostura suficiente para absorver o feedback. O que ele estava me dizendo ajudava, mas doía mesmo assim — e não era dor de vacina no braço. A impressão era a de levar uma surra do meu ídolo. Quando Kerry terminou, ergueu os olhos para medir minha reação. Até ali, ele estivera concentrado nas páginas diante dos olhos; agora ele me olhava com franqueza, buscando algum sinal de que seu feedback tivera utilidade.

Deixei escapar: "Kerry, doeu muito, muito mesmo". Ele deu um sorriso maroto. Para reforçar, acrescentei: "Francamente, para ficar pior, só se eu estivesse pelada em cima da mesa enquanto você detonava meu trabalho". Demos uma boa risada juntos. Não pude evitar fazer uma pergunta que parecia um convite a um elogio: "E aquela história de 'Menina, como você escreve bem!'?". O semblante dele ficou mais suave enquanto ele explicava: "Eu estava sendo sincero. Estou dando meu feedback mais pesado porque seu trabalho está bom de verdade, e merece isso".

No fim, saí da sala dele com a sensação de ter evoluído, e não de ter sido detonada. Eu me dei conta de que tinha entrado com a mentalidade errada. Na teoria, o que eu estava pedindo era feedback, mas na prática o que eu esperava mesmo era uma nova rodada de elogios, com um ou outro porém, só para constar. Felizmente, meu sensato mentor me ofereceu algo de mais valor: correção e orientação. Aquele grande sábio e escritor estava investindo em mim.

De volta a meu escritório, repassei o feedback e revisei meu trabalho, aplicando as ideias dele não apenas nos pontos específicos que ele observara, mas sempre que achei pertinente. Depois que o livro foi lançado, escrevi para Kerry, agradecendo por ter confiado tanto em mim a ponto de detonar meu manuscrito (sem um pingo de misericórdia, veja bem). Ele emoldurou a carta e pendurou na sala dele — aparentemente a única carta merecedora de tal honraria.

Kerry não estava dando feedback *sobre mim*; ele estava fazendo uma crítica *do meu trabalho*.

Quando conseguimos nos desvincular de nosso trabalho, tornamos esse trabalho melhor. Focar o trabalho, e não a pessoa, baixa nossa guarda, permitindo que a informação penetre melhor. Em que momentos você precisa se distanciar para que seu trabalho fique melhor? Caso você queira progredir mais rapidamente, assuma seu valor e se concentre no que faz. Quando somos mais clínicos em relação ao feedback, nos transformamos em máquinas de aprender. E, quando buscamos orientação com frequência, criamos um processo de "autoafinação" que nos mantém o tempo todo focados e afinados.

Ficar na defensiva é uma reação natural e padrão às críticas. Como você pode aumentar sua receptividade às correções? Como deixar os outros saberem que você está aberto a orientações e disposto a agir? Como passar de uma postura defensiva para uma estratégia ofensiva?

Hábito número 2: Corrigir sua postura

Uma velha lenda do mar é a do navio de guerra atravessando a névoa no meio da noite. O capitão do navio divisou uma luz longínqua, na escuridão da noite. Na mesma hora, pediu a seu sinalizador que enviasse uma mensagem ao outro navio: "Mude sua rota dez graus para o sul". Prontamente chegou a resposta: "Mude sua rota dez graus para o norte". O capitão ficou possesso e enviou outra mensagem ao comandante teimoso: "Mude sua rota dez graus para o sul". De novo veio a resposta: "Mude sua rota dez graus para o norte". O capitão enviou uma mensagem final: "Mude sua rota dez graus para o sul. Sou um navio de guerra". A resposta foi "Mude sua rota dez graus para o norte. Sou um farol".

Embora não haja registro de que esse diálogo tenha realmente ocorrido na história naval, conversas parecidas ocorrem todos os dias no mundo do trabalho. Uma das partes estabeleceu uma rota bem definida e enfunou as velas de acordo. A outra parte vê a situação de outra forma, e ambas estão em rota de colisão. Quem precisa mudar de rumo?

Deep Shrestha é um programador sênior da equipe de assistência técnica da Salesforce. O diretor sênior do setor, Marcus Groff, disse: "O cara é um verdadeiro motorzinho. Assume os desafios com um senso de contentamento e faz as coisas por uma questão de orgulho. Ele é destemido".

No início da carreira, o destemor zeloso de Deep o levou a se indispor ocasionalmente com os colegas. Ele começou a carreira como programador em uma empresa de software chamada Bullhorn. Uma das rotinas de sua função era receber pedidos de suporte da equipe de assistência ao cliente. Na maioria das vezes, ele analisava o problema do cliente, encontrava o problema e o corrigia. Em alguns casos, porém, ele recebia da equipe de assistência demandas confusas ou sem sentido. Certa vez, tendo recebido uma ordem de serviço particularmente bizarra, ele ficou tão aborrecido que subiu correndo a escada até o setor de assistência ao cliente, encontrou o atendente específico, fez algumas perguntas e disse o quanto tinha achado idiota aquela demanda. O gerente do setor de assistência ao cliente chamou o gestor de Deep para dizer que ele tinha sido desrespeitoso. Relembrando o episódio, Deep reconheceu: "Pode ser que eu tenha dado a entender que ele era um tanto idiota". Deep pediu desculpas, mas só três meses depois, e ainda assim por e-mail.

Deep havia sido, na prática, o criador dos produtos da Bullhorn, na época em que a Salesforce comprou a pequena empresa de software. Era um trabalho que ele se orgulhava muito de fazer bem. Agora que Deep era parte da Salesforce, seu produto tinha que ser integrado a um pacote de aplicativos, para ficar compatível com todos os demais produtos do pacote. Foi convocada uma reunião dos diversos arquitetos de produto, para determinar como esses produtos iam lidar, em conjunto, com as compras feitas pelos clientes — especificamente, como elas seriam registradas na base de dados. Deep tinha em mente um design simples, mas eficiente, que ele compartilhou com o grupo. A equipe fez objeções a suas ideias, apontando as limitações de sua proposta nos piores cenários possíveis, como transações incompletas e falhas do servidor. Outro arquiteto recomendou um design bem mais complexo, o que Deep considerava uma complicação desnecessária e um desperdício de recursos. Ele continuou defendendo um design mais simples, mas os demais estavam tão céticos em relação aos méritos da proposta dele quanto ele estava cético em relação ao deles. Era um impasse.

Deep saiu da reunião sentindo-se frustrado, na defensiva, e magoado com o feedback crítico. Mas não era a primeira vez que suas ideias tinham sido detonadas. Anos antes, ele tinha aprendido que reagir impensadamente ao feedback era um equívoco, parecido com subir as escadas para passar uma descompostura em um desprevenido analista de assistência ao cliente. Por isso, ele fez o que aprendera a fazer nesse tipo de situação: saiu para dar uma caminhada. Descobriu que caminhar o ajudava a criar um respiro para arejar a cabeça e, em suas palavras, reencontrar a própria mente — a parte da mente que estava serena e capaz de escutar e aprender.

Ele estava irritado quando saiu para caminhar, mas voltou ao escritório com a cabeça mais fresca. Reanalisou o problema, desta vez com empatia, colocando-se no lugar dos colegas e enxergando a questão do ponto de vista deles. A partir daí, imerso na lógica deles e partindo da premissa de que estavam bem-intencionados, Deep perguntou a si mesmo: "O que eles precisam e não estão obtendo de mim?".

Ele se deu conta de que estava deixando de lado um fator crucial: a experiência do usuário. Como o usuário reage quando uma transação dá errado e o sistema não dispõe dos dados necessários para comunicar claramente o status dessa transação? O cliente ficaria achando que foi cobrado por uma transação cancelada? Ao enxergar todos os lados da situação, ele passou a entender a postura alheia e mudou o design do produto.

Deep relembra: "Foi um aprendizado para mim. Com a adoção dessa outra postura, o produto ficou mais resiliente". Deep também ficou, e os colegas hoje o descrevem como altamente colaborativo e "disposto a assumir as ideias do colega como se fossem suas". A maioria dos profissionais tende a manter a rota, enquanto os mais valiosos estão dispostos a corrigir sua postura conforme a necessidade.

Desapegue

John Maxwell, um especialista em liderança, afirmou certa vez que a mudança é inevitável, mas o crescimento é opcional. Durante nossas entrevistas, ouvimos o tempo todo gestores descreverem os contribuidores médios como capacitados, mas pouco propensos a abraçar a mudança. Um gestor disse: "Eu tinha que puxá-lo pela orelha para fazê-lo avançar". Outro afirmou: "Tenho que a convencê-la daquilo que eu preciso que ela faça. É cansativo. Passei a recear as reuniões com ela". São funcionários que, apesar de inteligentes e capazes, têm dificuldade em se desapegar das rotinas existentes e se afastar das ideias e talentos consolidados.

Por outro lado, os Players de Impacto se adaptam com tanta constância que esse foi um dos cinco fatores da "Garantia de Performance" discutida no Capítulo 4.

Abrir mão do nosso jeito de trabalhar às vezes exige fazer uma pausa, apertar o botão "reset" e reiniciar. A prática de caminhar de Deep Shrestha pode proporcionar esse tipo de reset. Segundo ele, nem sempre essas caminhadas eram literais: "Eu só fazia alguma coisa para ficar um tempo sem pensar naquilo." O método pouco importa; o que importa é criar uma separação, para deixar as ideias antigas e as reações epidérmicas para trás. "O objetivo é desacelerar minha reação e criar um distanciamento, para que eu possa reencontrar meu raciocínio e pensar de forma objetiva." Quando pedi a Deep que desse um nome à sua prática, ele refletiu por um instante e respondeu: "Caminhadas de reset".

Quando resetamos, encontramos nosso estado de espírito ideal. Não conseguimos mudar de trajetória quando não enxergamos com clareza.

Faça a sintonia fina de sua abordagem

Embora o mundo dos negócios sinta um fascínio pela reinvenção, disrupção e transformação, toda grande mudança comporta algum perigo. Alterações repentinas de comportamento podem parecer artificiais ou ainda mais desviadas do rumo. Em vez de realizar grandes mudanças, faça a sintonia fina da sua abordagem, realizando uma série de pequenos ajustes na direção certa.

Jonathon Modica, ex-líder de recursos humanos da Adobe, dá um exemplo dessa capacidade de mudar de direção. Quando lhe atribuíram um projeto de alta visibilidade, para desenvolver um novo programa para dois líderes seniores da empresa, ele começou uma reunião definindo assim o tema: "Vou apresentar a vocês algumas hipóteses." Quando um dos executivos contestava suas ideias, ele não ficava na defensiva ou reagia de forma exagerada. Em vez disso, fazia uma pausa, respirava e dizia: "Deixe-me entender o que você quer ver de uma forma diferente." Ele fazia uma série de indagações para entender melhor os problemas e os objetivos. Depois da reunião, Jonathon pegava esse feedback e ia testando cada sugestão, até descobrir qual abordagem funcionava melhor. Deixou uma impressão tão boa que dois executivos foram perguntar a seu chefe: "Quando vamos trabalhar em outro projeto com Jonathon?".

Jonathon evitou reações ou correções exageradas. Ao receber um novo feedback, você pode evitar uma correção exagerada se perguntar a si mesmo: "Qual é a menor mudança que eu posso fazer que me aproximará do alvo e fará uma diferença perceptível?". Como escreveu Peter Sims no livro *Little Bets* ["Pequenas apostas"], "Depois que uma pequena vitória foi obtida, as forças se põem em movimento para favorecer outra pequena vitória." Uma série de pequenas vitórias ajuda a reunir impulso para ajudá-lo a evitar grandes desastres.

Admita os erros e dê a volta por cima

A pessoa que inventou a frase "Quem erra aprende e cresce" provavelmente não estava pensando em vestidos de noiva.

Eu tinha apenas dezessete anos quando uma loja de vestidos de noiva me contratou como costureira de consertos. Eu sabia costurar desde pequena, e, tendo feito vestidos de formatura e até um smoking, não tinha medo da máquina de costura. A maioria dos consertos era relativamente simples, mas quando Kathy, uma moça *mignon* tamanho 36, se apaixonou por um vestido tamanho 42, meu talento foi posto à prova. Tive que desfazer e refazer completamente o vestido. Serviu perfeitamente, para alegria minha e dela.

O problemão mesmo veio quando Kathy chegou para buscar o vestido, quatro dias antes do casamento. A gerente da loja me pediu para dar uma última passada. Ela não precisava me pedir. Eu sabia que era função minha passar os vestidos consertados por mim, mas eu odiava vaporizá-los e passá-los; me fazia transpirar e eu considerava uma tarefa abaixo da minha qualificação. De má vontade, liguei o ferro e comecei. Ao colocar o ferro sobre o corpete, constatei horrorizada que o tecido de poliéster e a sobreposição de renda começaram a se desfazer. Tirei o ferro na mesma hora, descobrindo um buraco enorme no corpete do vestido de noiva! Fiquei sem fôlego, enquanto meus olhos tentavam processar o que minhas mãos tinham acabado de fazer — não apenas ao vestido, mas a uma noiva que se casaria dali a quatro dias. Como é que eu podia ter feito uma coisa daquelas?

Era um erro tão gritante que alguém poderia cair na tentação de inventar que o ferro tinha dado algum defeito. Era inteiramente minha culpa, porém, e não havia jeito de esconder. Por isso, quando cheguei ao andar da loja onde a noiva aguardava, cumprimentei-a e disse, de maneira bem direta: "Kathy, acabei de abrir um buraco enorme na frente do seu vestido de noiva. Ficou bem feio. Mas eu vou consertar, e em dois dias vai estar perfeito de novo". Como você pode imaginar, Kathy ficou horrorizada. Mas, para minha surpresa ainda maior, ela não berrou nem chorou (o que seria compreensível). Ela escutou o que eu ia fazer e expressou sua confiança na minha capacidade de consertar o vestido.

No dia seguinte, depois da escola, fui de carro até o outro lado da cidade, comprei exatamente os materiais necessários e recriei a tela do corpete queimado. Desta vez, passei com cuidado, orgulhando-me daquela tarefa sem glamour. Dois dias depois, quando Kathy veio buscar o vestido, ela me cobriu de elogios — o que foi nobre da parte dela, e não da minha. Aquele corpete destruído e aquela noiva paciente me ensinaram um pouco do segredo de como se recuperar bem de um erro: a melhor postura é admitir imediatamente o erro, assumir integralmente a responsabilidade, consertá-lo rápida e totalmente e entregar um pequeno extra.

Admitir erros e recuperar-se deles rapidamente é um dos dez maiores diferenciadores entre os Players de Impacto e os subcontribuidores.[12] Embora raramente seja fácil reconhecer que errou, fica mais fácil fazer isso sob uma ótica de crescimento. Quando a mentalidade é fixa, erros são fracassos, que nos colocam diante de nossas limitações. Quando a mentalidade é de crescimento, torna-se uma oportunidade de melhorar um produto, consertar um relacionamento e, no fim das contas, recuperar a confiança — seja em nós mesmos, seja nas pessoas à nossa volta.

Quando um renomado professor de Bioengenharia médica escreveu um artigo que continha algumas conclusões questionáveis, os especialistas em Medicina irromperam a corrigi-lo na internet. Em vez de se justificar, ele publicou um *mea culpa* imediato no Twitter, escrito assim: "Errei. Agradeço a todos que me ofereceram críticas construtivas". Quando você der um passo em falso, o seguinte processo vai ajudá-lo a recuperar a confiança.

1. **Reconhecer a falha.** Certos erros podem ser percebidos pelo coro de feedback crítico nos dizendo para mudar de rota. Muitas vezes, porém, não ouvimos nada quando fizemos uma leitura errada de uma situação ou agimos de maneira indevida. A única forma de reconhecer esse tipo de situação é perguntar àqueles que nos dizem as verdades incômodas.
2. **Reconhecer seus erros.** Quando escondemos ou minimizamos os erros, isso leva as pessoas a questionarem tanto nossa capacidade quanto nossa conexão com a realidade. Quando falamos de nossos erros com franqueza, o assunto deixa de ser a culpa e o acobertamento, e passa a ser a recuperação. Quando admitimos prontamente nossos erros, autorizamos os outros a também dizer a verdade.

3. **Consertar de imediato os problemas.** Vários estudos apontam que consertar defeitos assim que aparecem, de forma rápida e bem-feita, acaba até gerando um aumento na satisfação do consumidor. Não basta assumir a responsabilidade; é preciso reparar o problema de forma rápida e completa.
4. **Resolver o problema por inteiro.** Todo emprego inclui tarefas aborrecidas e de baixa qualificação. Enquanto as estrelas ficam querendo escolher a dedo o trabalho mais glamouroso (deixando outros taparem os buracos), os profissionais de maior valor resolvem o problema por inteiro, de alto a baixo. Aqueles que cuidam do serviço completo acabam sendo premiados com tarefas mais importantes.

Admitir nossos erros não apenas nos distancia dos problemas, mas é crucial para mantermos a consciência de nós mesmos e para compreendermos nosso impacto sobre os outros. Paul Krugman, economista ganhador do Prêmio Nobel, escreveu:

> *Todos nós fazemos previsões erradas. Deus sabe que eu já fiz. Mas quando você erra o tempo todo, e principalmente quando erra o tempo todo numa direção só, é preciso que comece uma autorreflexão — e aprenda com seus erros. Por que eu errei? Cedi a alguma motivação pessoal, acreditando naquilo que eu queria que fosse verdade, desprezando a lógica e as evidências? Para começar tal autorreflexão, porém, é preciso, antes de tudo, estar disposto a admitir que se estava errado.*[13]

Quando admitimos os erros assim que ocorrem e os consertamos rapidamente, as pessoas percebem que estamos aprendendo e que seu feedback foi um bom investimento.

Hábito número 3: Fechar o ciclo

Braden Hancock é cofundador e chefe de tecnologia da Snorkel AI, uma start-up promissora do Vale do Silício, empresa de aprendizado de máquina nascida de um renomado laboratório do Departamento de Informática da Universidade Stanford. O currículo de Braden é absurdamente impressionante, sobretudo para um jovem profissional: estagiário no laboratório de pesquisa da Força Aérea dos Estados Unidos, no Google e no Facebook; assistente de pesquisa na Universidade Johns Hopkins, no MIT e em Stanford; diploma técnico de Engenharia Mecânica; e doutorado em Informática por Stanford.

Todo mundo se pergunta como se consegue tamanha lista de feitos. Braden, evidentemente, é superinteligente e extremamente dedicado. Também é verdadeiramente humilde e simpático — simpático mesmo, sem exagero. Mas é algo mais que inteligência, esforço e amabilidade. Braden consegue mais porque busca mais orientação que seus pares, e os gestores e mentores investem nele. Esse é o motivo.

Quando era mais jovem, Braden queria ser engenheiro mecânico e realizar pesquisa de ponta. Por sorte, o laboratório de pesquisa da Força Aérea ficava em sua cidade natal, Dayton, no estado de Ohio, e foi lá que ele conseguiu um estágio. Ele não era do tipo que simplesmente aparecia e cumpria suas tarefas; ele pedia mais a seu gestor, John Clark, um cientista apaixonado por pesquisa. Quando John lhe dava tarefas extremamente desafiadoras, Braden corria para a biblioteca do laboratório, que era de primeira linha, para investigar. O doutor Clark disse: "Conheço cientistas que trabalharam durante décadas naquele laboratório sem nunca terem entrado na biblioteca".

Braden voltou a trabalhar para Clark no primeiro ano de faculdade. Braden pediu um projeto desafiador, que lhe pudesse valer uma bolsa universitária. Por isso, Clark atribuiu-lhe a tarefa de reduzir a força da onda de choque no interior de um jato supersônico — um projeto que normalmente caberia aos estudantes mais avançados da graduação. Clark definiu o problema e propôs orientação. Então, Braden trabalhou por conta própria na solução dos problemas, recorrendo à biblioteca sempre que precisava saber mais. Quando chegava a um impasse, ele retornava ao doutor Clark com perguntas.

Braden inscreveu o projeto em um importante prêmio nacional de pesquisa científica. Quando o júri anunciou que Braden, um calouro, tinha recebido o prêmio nacional, o jurado encarregado do anúncio explicou, com lágrimas nos olhos: "É muito mais do que ele deveria ter sido capaz de alcançar, com a instrução que lhe foi dada". Braden até hoje mantém contato com Clark, informando como seus estágios e projetos levaram a novas oportunidades.

Apesar da falta de experiência com programação de computadores, Braden conseguiu posteriormente um estágio na Johns Hopkins, trabalhando sob a batuta de Mark Dredze, professor-assistente de Informática. Braden fez um curso de programação on-line antes de começar, para já chegar operacional; uma vez no laboratório, usou técnicas de processamento de linguagem natural para analisar as mídias sociais, em busca de alterações na opinião pública em relação a questões de saúde pública, como o controle de armas. Ele buscou orientação, resolveu problemas e pediu direcionamento específico ao atingir impasses. À medida que progredia, retornava a seu professor para decidir os passos seguintes. O estágio abriu as portas para uma nova carreira, que levou a um doutorado em Informática pela Stanford. A cada passo, Braden fechava o ciclo, informando ao doutor Dredze aonde sua orientação e mentoria o haviam levado.

No doutorado, Braden procurou aconselhamento, e em pouco tempo identificou Chris Ré, um professor de prestígio, empreendedor da área de tecnologia. Ré deu a Braden o mesmo conselho que dá a todos os alunos de graduação: comparecer ao almoço semanal em que os atuais integrantes do laboratório discutiam seus projetos, escutavam e buscavam um consenso. Alguns estudantes da graduação compareciam a esses almoços, mas ficavam decepcionados quando não recebiam projetos para tocar; outros encontravam uma função em projetos que combinavam com seus interesses e competências prévias. A postura de Braden foi diferente. Ao perceber que Ré recorria frequentemente a um aluno do segundo ano, Alex Ratner, Braden ofereceu-se para auxiliar Alex. Braden fez o que sempre fazia: resolver rapidamente o primeiro problema, propor ideias para os passos seguintes, pedir orientação nos momentos de apuro, agir e informar o andamento. Depois de alguns ciclos assim, ele estava participando do projeto mais interessante do laboratório de Ré, criando a tecnologia que viria a ser conhecida como Snorkel, onde ainda hoje Braden (também conhecido como "Doutor Hancock") trabalha juntamente com o doutor Ré e o doutor Ratner.

Nota-se um padrão na forma como esse engenheiro e empreendedor obteve e aproveitou ao máximo as oportunidades: ele vai em busca de gente que realiza um trabalho excepcional, e se envolve nos projetos que empolgam essas pessoas. Faz seu dever de casa, resolve os problemas e executa algo a mais. Ele sempre fecha o ciclo, informa seus gestores de que a missão foi cumprida e como seus conselhos foram seguidos. É uma maneira autêntica e objetiva de contribuir, que ativa o "gene da mentoria" nos demais, desencadeando um ciclo de reinvestimento. Quando Braden impacta, seus mentores reinvestem nele.

O doutor Dredze reconheceu como é agradável ver alguém evoluir, e disse: "Recentemente participei de um webinar no qual veio à tona o tema do Snorkel. Entrei no chat para contar que Braden Hancock tinha sido meu aluno!". O doutor Clark disse: "Ele é tão bacana. Você torce por ele. Caras legais nem sempre se dão bem, mas Braden se dá bem, e espero que continue se dando". Ele prosseguiu: "Braden não é do tipo que desperdiça oportunidades. É o tipo de pessoa a quem você confia suas joias".

Os gestores estão dispostos a investir, mas querem investir em um ciclo que se fecha, e não em uma caixa-preta. Quando você solicita orientação e fecha o ciclo, faz saber que o investimento em você produziu resultados.

É bem verdade que Braden entrou no mercado de trabalho com uma sólida base educacional e acesso a oportunidades. Mas suas práticas o levaram além. Qualquer que seja seu ponto de partida, fechar o ciclo também pode levá-lo além.

ARMADILHAS E DISTRAÇÕES

Enquanto os Players de Impacto se ajustam à mudança dos ventos, os profissionais que atuam dentro da Mentalidade do Contribuidor estão em busca de estabilidade e proteção. Desse modo, continuam realizando aquilo que deu certo no passado. Nas palavras de um gestor, é a diferença entre "aprendedores" e "sabedores". Queremos ficar longe de condições instáveis e incômodas, e desprezamos informações que nos perturbam. Temos receio de coisas como inovações impulsionadas pelo consumidor; novas tecnologias; reorganizações; novas e inesperadas responsabilidades; e feedback 360 graus. Quando levados ao extremo, evitamos até as pessoas que podem nos dar a tão necessária orientação corretiva, como uma funcionária da SAP que odiava tanto o feedback do chefe que simplesmente não ia trabalhar nos dias em que o chefe estava.

Essa tendência a evitar situações desconfortáveis é um reflexo da mentalidade fixa, uma crença de que *minhas competências básicas estão consolidadas e não têm como mudar muito.*[14] Quando nossa mentalidade é fixa, a meta é parecer inteligente e fazer o possível para nunca parecer estúpido. Essa mentalidade faz pessoas que normalmente seriam inteligentes e competentes se agarrarem àquilo que conhecem melhor, ou, quando se sentem mais vulneráveis, insistir que sabem mais que os outros. A ânsia pelo bom desempenho pode levar a duas posturas bem diferentes em relação ao feedback: uma é o evitamento, a outra é a obsessão. Ambos os extremos contêm armadilhas — práticas boas na aparência, mas que na verdade corroem o valor de nossa contribuição.

Ater-se aos pontos fortes
"Vá para onde você é festejado, não para onde é tolerado" parece um bom conselho de carreira. Todo mundo gosta de trabalhar onde nossas qualidades singulares são notadas e valorizadas. Com certeza é mais agradável se banhar numa corrente de feedback afirmativo do que debater-se em meio a críticas e correções. Mas, quando vamos em busca do aplauso, perdemos o contato com a realidade e evitamos as situações que expõem nossas fraquezas. Ao confiar nos nossos pontos fortes, paramos de jogar os jogos que não temos certeza de ganhar. Podemos até acabar tentando trapacear em nosso favor, como o zagueiro e o goleiro suecos que literalmente moveram a trave de lugar para tornar mais difícil para os adversários marcar um gol.[15]

Certamente os líderes devem buscar e usar a genialidade inata dos membros de suas equipes, mas confiar apenas nos pontos fortes pode tolher nosso potencial de crescimento. Em um ambiente de constante mudança, todos nós precisamos continuar evoluindo. Nossa contribuição mais valiosa vem quando partimos da premissa de que nosso verdadeiro ponto forte é a capacidade de adaptação e correção.

A arte do blefe

Quando estamos em dificuldade para acompanhar o ritmo das rápidas transformações, é tentador projetar uma falsa sensação de poder. Tentamos dar a impressão de estar com a situação sob controle. Por isso, chegamos ao escritório com nossa cara de blefe: dizemos as frases certas, usamos a terminologia mais moderna e agimos como se soubéssemos o que estamos fazendo. Já me aconteceu de aquiescer com a cabeça e agir como se soubesse o que estava fazendo, quando na verdade não sabia. No entanto, o problema com essa clássica estratégia de "fingir até virar verdade" é que, apesar de inspirar confiança no início, ela tolhe o aprendizado e nos tira a possibilidade de receber um coaching que é necessário. Sorrisos falsos e bravatas são uma barreira ao feedback, ao criar a falsa impressão de que não precisamos de orientação.

Em vez de tentar projetar confiança, projete uma compreensão clara das dificuldades da situação e demonstre disposição para receber coaching. Reconhecer a dimensão de um problema e a distância verdadeira para a solução vai, na verdade, aumentar a confiança de seus colegas em você. E reconhecer que não sabe algo, mas se mostrar disposto a aprender, abre as portas para o feedback e o coaching necessários para jogar bem o jogo.

A febre do feedback

Mas o que acontece quando você pende para o extremo oposto, procurando feedback o tempo todo, perguntando sem parar ao chefe "Estou indo bem?". Acabamos ficando tão dependentes do feedback que nossa busca de uma reação passa a beirar a obsessão pessoal. O problema dessa postura ansiosa demais é que ela costuma ser egoísta, focada no "Como *eu* estou me saindo?" e não no "O trabalho está atingindo o alvo?". Para nossos colegas, esses pedidos constantes ficam parecendo mais demandas de reafirmação do que de feedback. Essa postura "eu-eu-eu" é cansativa para o gestor. Em vez de orientar o trabalho, ele passa a alimentar o ego da pessoa.

Uma abordagem mais eficiente é buscar um fluxo regular de feedback, não como um pedido de atenção especial, e sim como um subproduto natural do processo de trabalho. E não peça apenas ao seu gestor. Ele é apenas uma das fontes de informação; portanto, busque orientação de vários pontos de vista. E, mais importante ainda, em vez de pedir às pessoas feedback sobre seu desempenho, peça informações e sacadas que possam ajudá-lo a realizar melhor o trabalho.

COMO MULTIPLICAR SEU IMPACTO

Em nossas entrevistas, dezenas de gestores lamentaram o fato de seus funcionários não mudarem ou corrigirem seus defeitos, mas na mesma entrevista acabavam admitindo nunca terem efetivamente conversado com a pessoa sobre o defeito. Por que um gestor calaria uma informação tão vital? Quando, para o gestor, dar feedback é motivo de frustração, ele para. O problema real, portanto, não é que a maioria dos players não pede feedback, e sim que não recebe.

COMO GERAR VALOR: PERGUNTE E CORRIJA

Os Players de Impacto buscam feedback, recebem mais orientação e adquirem reputação como dignos de coaching

Não ser corrigido acaba limitando não apenas o crescimento do indivíduo, mas também a capacidade de mudança da organização. A busca de autoafirmação, em vez de feedback, acaba virando uma norma dentro da organização, e a cultura interna se torna uma fonte de resistência ao esforço transformacional. Os objetivos da organização naufragam ante a máquina de relações públicas interna, que grita: "Estamos realizando um grande trabalho!". Simplificando, quando nos apegamos àquilo que conhecemos, caímos em um impasse. Os indivíduos, e a organização como um todo, ficam compartimentados em papéis que limitam o próprio crescimento.

Em compensação, para os Players de Impacto, um pouco de coaching resolve muita coisa. Como buscam o feedback e agem de acordo com ele, acertam o alvo e recebem um fluxo constante de orientação que ajuda a executar o serviço corretamente, desenvolver abordagens mais inovadoras e se adaptar a situações novas e de incerteza. Essa maneira de trabalhar não apenas eleva a qualidade de seu jogo, mas também o padrão de exigência para o restante da equipe — conceito que vamos explorar em maior profundidade no Capítulo 8.

Refletindo a respeito das lições de sua prolífica carreira de ator, Jason Robards Jr. comentou: "Ou crescemos a cada dia ou não crescemos... somos o tempo todo pessoas diferentes".[16] Os maiores contribuidores e os fazedores de diferença estão em constante mudança, em adaptação permanente.

A linha de chegada não é um ponto-final; é uma transição, uma passagem para algo novo. É uma verdade que Michelle Obama captou bem no título em inglês de seu livro de memórias, *Becoming* (literalmente, "Tornar-se"). Nas palavras finais do livro, publicado no Brasil como *Minha história*, ela escreveu: "Ainda estou em andamento, e espero sempre estar. Para mim, 'tornar-se' não é uma questão de chegar a algum lugar ou atingir determinado alvo. Considero, em vez disso, um movimento para a frente, uma forma de evoluir, um jeito de estar continuamente em busca de uma melhor versão de si... Tornar-se é não desistir nunca da ideia de que ainda há mais para crescer."[17]

Nesse crescimento, muitas vezes precisamos desacelerar, recuperar o fôlego e levar em conta aonde chegamos, de modo a progredir. Pode ser que necessitemos seguir o exemplo de Deep e dar uma caminhada de reset. Onde será que você precisa deixar de lado o que sabe e fazer suas crenças evoluírem? Onde será que você precisa deixar de lado o que sempre deu certo para adotar uma nova postura, que funcione melhor na realidade atual?

Às vezes o mais diminuto dos ajustes é tudo de que precisamos para continuar na rota. Em vez de buscar grandes transformações, domine a arte da pequena mudança. Busque o retorno e busque correções. Peça orientação, aja, e quando possível faça o caminho de volta, para que seu guia saiba o quanto ajudou você a encontrar o caminho. Isso vai lembrá--lo de que fez um bom investimento, e de que a semente da sabedoria foi plantada em solo fértil.

O MANUAL

Este manual contém dicas para aspirantes a líder exercitarem e robustecerem as premissas e hábitos necessários para PERGUNTAR E CORRIGIR.

Lances de Craque

1. **Peça orientação, e não feedback.** Como o feedback costuma estar associado a uma avaliação, e não a um aprimoramento, esse feedback tende a ser melhor, tanto em quantidade quanto em qualidade, quando se pede aconselhamento e orientação, em vez de feedback.[18] Em vez de pedir feedback sobre sua performance, peça informações e ideias que o ajudem a realizar bem o trabalho. Escolha perguntas como: "Se eu quiser fazer X verdadeiramente bem, que conselho você me daria?"; "Que sacadas você teria para me ajudar a realizar X melhor da próxima vez?"; "O que eu deveria fazer mais?"; "O que eu deveria fazer menos?"; "Se eu tivesse que fazer apenas uma coisa de outro jeito da próxima vez, o que você sugeriria?".

2. **Afaste-se.** Até mesmo para os "aprendedores" mais confiantes, às vezes o feedback magoa e deixa o ego ferido. Da mesma forma que um atleta, podemos sacudir a poeira de uma pequena mágoa nos afastando. As táticas

a seguir podem ajudá-lo a criar um espaço entre o recebimento e a reação ao feedback, ajudando a prevenir uma reação forte demais.

- **Dê uma caminhada de reset.** Literalmente, saia andando e areje as ideias.
- **Desabafe.** Conte a um amigo ou colega aquilo que você ouviu, antes de responder.
- **Acredite nas boas intenções.** Pense na boa-fé da pessoa que lhe deu o feedback. Parta da premissa que ela está do seu lado e ajudando a melhorar seu trabalho.
- **Recomponha-se.** Peça tempo para processar a orientação recebida e para voltar com um plano. Não esqueça de mostrar seu reconhecimento pelo feedback.
- **Seja autêntico/a.** Não negue que sua reação inicial possa ser defensiva. Explique que você vai se esforçar para compreender e agir de acordo com as ideias apresentadas, e processá-las assim que seu cérebro se acalmar e sua defensividade baixar.

3. **Dê retorno.** Não deixe as pessoas pensando no que você fez com o feedback ou a orientação que lhe deram. Apresente plenamente os efeitos, relatando aquilo que você fez com o investimento em você. Você pode fechar o ciclo dizendo: (1) Essa foi a orientação que você me deu; (2) Eis como eu agi de acordo com ela; (3) Este foi o resultado; (4) Foi assim que essa experiência foi benéfica para mim e para os demais; e (5) Eis o que pretendo fazer em seguida.

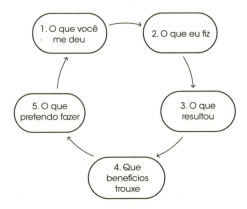

Quando você fecha o ciclo, os outros podem perceber como o investimento em você gerou bons resultados e continua a gerar benefícios para você e para os demais, aumentando a probabilidade de investirem ainda mais em você.

Dicas de Segurança

1. **Ajude os outros a se abrirem.** Em todos os níveis hierárquicos as pessoas podem se sentir desconfortáveis para oferecer orientação corretiva aos demais. Tente tornar o processo mais seguro das seguintes maneiras.

   - **Incite.** Diga que, para atingir o alvo, você precisa saber onde está errando.
   - **Reaja.** Não fique na defensiva, não dê desculpas, não retalie. Apenas escute e faça perguntas que esclareçam.
   - **Responda.** Agradeça pelas ideias alheias e explique como elas vão ajudar você a atingir o alvo.

2. **Divulgue seu progresso.** Inicialmente, informe o que você fez em consequência do feedback individual que lhe deram. Dê um passo a mais, criando uma espécie de registro público do seu aprendizado em geral. Informe seus colegas (1) daquilo que você vem ouvindo do público interno e externo, (2) que ideias isso suscitou em você e (3) que ajustes você está fazendo com base nessas ideias.

Dica de coaching para os gestores: Você poderá encontrar práticas de coaching para ajudar os membros de sua equipe a perguntar e corrigir no Manual do Coach, no fim do Capítulo 8.

RESUMO DO CAPÍTULO 5: PERGUNTE E CORRIJA

Este capítulo descreve como os Players de Impacto lidam com alvos móveis e incitações à mudança, e como se adaptam e aprendem mais rapidamente que seus pares.

	MENTALIDADE DO CONTRIBUIDOR	MENTALIDADE DO PLAYER DE IMPACTO
Prática	Agarrar-se àquilo que se conhece melhor	Perguntar e corrigir
Premissas	Minha capacitação básica não tem como mudar muito; por isso, a mudança é uma ameaça (*cautela*)	Tenho valor e posso crescer e evoluir (*confiança*) Competências podem ser desenvolvidas com esforço (*crescimento*) Tenho valor e competência intrínsecos (*valor intrínseco*)
Hábitos	Busca de validação Fazer aquilo em que se é bom	Busca de orientação Correção da postura Fechamento do ciclo
Consequências	Uma mentalidade que limita o crescimento profissional individual e a capacidade de transformação da organização	Reputação de alguém que pode receber coaching e eleva o nível do jogo e o padrão de exigência para toda a equipe, fortalecendo uma cultura de aprendizado e inovação e ajudando a organização a permanecer relevante

Armadilhas a evitar: (1) Ater-se aos pontos fortes, (2) A arte do blefe, (3) A febre do feedback

Demandas Incessantes
O QUE OS LÍDERES DIZEM SOBRE OS...

CONTRIBUIDORES	**PLAYERS DE IMPACTO**
"Ela toma muito do meu tempo. Preciso ficar dando muito suporte em coisas que ela deveria ser capaz de cuidar."	"Ele me procura constantemente para dizer: 'Como posso aliviar seu fardo? Como posso tornar seu trabalho mais fácil?'"
"Ela torna tudo mais difícil para si mesma e para os demais. Até realiza a tarefa, mas deixa um enorme estrago pelo caminho."	"Ela evita dramatizar. Os problemas não a atingem. Ela é compreensiva, mas se recusa a participar de uma cena de novela."
"Quando preciso fazer uma reunião com ele, é um sacrifício. É desgastante. Não dá vontade."	"Ela exala energia positiva. Trabalhar com ela é superdivertido."

Capítulo 6

TORNE O TRABALHO LEVE

> Parece existir uma característica perversa do ser humano,
> que é gostar de complicar aquilo que é fácil.
> **WARREN BUFFETT**

O Grande Terremoto do Alasca de 1964 foi o tremor de terra mais poderoso da história da América do Norte e o segundo mais forte já registrado. Varreu uma ampla área do centro-sul do Alasca, derrubando edifícios, criando falhas tectônicas e desencadeando tsunamis que atingiram vinte países.[1] O epicentro foi bem próximo à região metropolitana de Anchorage, onde viviam 45 mil pessoas.

Genie Chance era moradora de Anchorage, esposa, mãe de três filhos e repórter em meio expediente em uma estação de rádio local. Quando o megaterremoto ocorreu, às 5h36 da tarde do dia 27 de março, ela estava no carro com um dos filhos, resolvendo coisas. Enquanto se dirigiam à cidade, o carro começou a sacudir e balançar. Eles viram carros estacionados chocando-se entre si, pedestres com dificuldade para ficar em pé, janelas arrebentando e a estrada se desfazendo. Genie percebeu que não era um pequeno incidente. Quando terminaram os quatro minutos e meio de sacolejo e confusão, Genie foi acometida pelo instinto de repórter. Foi de carro até a polícia e os bombeiros, apurando detalhes para uma matéria urgente. Depois, foi com o filho até o centro, onde constatou a extensão do estrago. Uma loja de departamentos recém-inaugurada, de cinco andares, tinha desabado, e dois quarteirões inteiros da cidade haviam caído em um buraco aberto na terra.

A história de Genie Chance foi relatada no livro *This is Chance!* ["Que sorte!"], de Jon Mooallem. Ele escreveu: "Genie sabia que os cidadãos de Anchorage estavam dispersos, isolados uns dos outros. A rede elétrica tinha caído. A maioria das linhas telefônicas fora cortada. Não havia jeito de saber exatamente o que tinha ocorrido ou até que ponto o mundo daquelas pessoas tinha sido revirado".[2] Genie correu para casa e, tendo encontrado os outros filhos em segurança, começou a trabalhar.

A estação de rádio começou a transmitir com geradores de energia, e Genie usou uma unidade portátil de rádio que tinha em seu carro para fazer a primeira reportagem. Ela divulgou as informações de que dispunha e pediu aos ouvintes que tentassem contactar os vizinhos. Ofereceu à polícia e aos bombeiros seu rádio para transmissões; estes, por sua vez, deram a ela a missão de transmitir. Nas palavras de Mooallem, ela se tornou a voz que manteve a cidade unida. Não havia eletricidade, e a temperatura estava abaixo de zero; havia pessoas nos escombros de casas e prédios, e a voz tranquila de Genie trouxe a esperança que evitou o pânico coletivo, uniu a comunidade e ajudou a superar sua hora mais difícil.

No começo, ela deu informações essenciais divulgadas pelas autoridades locais. Listou os abrigos públicos disponíveis e leu instruções sobre como obter água potável. Em pouco tempo, estava fazendo mais do que simplesmente noticiar; estava coordenando a resposta inicial de emergência. Autoridades e voluntários passavam informações a Genie, e ela pedia socorro: "Todos os eletricistas e encanadores de Fort Ridge, dirijam-se imediatamente ao Prédio 700". Ela fez a ponte entre a assistência e as pessoas e locais com maior necessidade. Membros da comunidade se uniram — um conjunto de primeira resposta disperso, mas altamente eficiente. À medida que as pessoas eram resgatadas e os danos eram reparados, Genie tranquilizava os ouvintes, informando que as situações mais graves estavam sob controle.

Os riscos físicos começaram a diminuir, mas a população continuava em estado de choque, preocupada com seus entes queridos. Genie começou a transmitir milhares de mensagens (por exemplo: "Uma mensagem para Kenneth Sadler: a senhora Sadler está bem. Uma mensagem para Walter Hart, em Kenai: Lee Hart está bem. Tim Murphy e Bill Somerville, de Point Hope: suas famílias estão OK").[3] Em cada comunicado, a verdadeira mensagem de Genie era "Você não está sozinho".[4] "Mesmo em meio a tamanha devastação, as pessoas ficaram felizes", comentou um pesquisador. "Elas se sentiram conectadas umas às outras, uma fraternidade que muitas vezes faz falta na vida comum, e essa comunhão parecia tornar os problemas mais suportáveis."[5]

Genie continuou a postos, no ar, por 59 horas (tirando rápidos cochilos), a serviço de sua comunidade, com devoção, inteligência e força. Um colega descreveu seus relatos como "decisivos para evitar o pânico geral" e comentou que ela incentivou os outros a manter a calma enquanto "assumia uma responsabilidade tão pesada, por um período tão longo, sem que sua voz demonstrasse o desgaste".[6] Moallem escreveu: "Suas informações foram uma espécie de consolo, mas a voz que as transmitia também foi". Ele acrescentou: "Ela se tornou conhecida como a voz do Alasca, assumindo o papel de fonte de recursos e dignidade do estado inteiro".[7] O jornalismo de Genie Chance tornou o clima mais leve em um momento pesado, tornando mais suportável o trabalho árduo enfrentado pela comunidade.

Reflita sobre sua atuação: você tem tendência a dificultar o que é fácil ou torna o trabalho pesado mais fácil para todos na equipe? Quando as coisas ficam difíceis e a carga fica pesada, os players mais valiosos dos times tornam o ambiente mais leve. Mesmo quando não conseguem reduzir a carga de trabalho, tornam o processo mais fácil e mais feliz. São como um monte de balões de gás.

A quinta e última prática, que abordaremos neste capítulo, trata de como os maiores líderes e contribuidores lidam com a pressão e as demandas incessantes. Vamos analisar como algumas pessoas conseguem tornar o trabalho menos penoso, e por que os Players de Impacto criam um ambiente positivo e produtivo para todos na equipe — inclusive para si próprios. Vamos conhecer um grupo brilhante de superastros de alto valor e baixo "custo de manutenção", do mundo inteiro, em Waldorf, na Alemanha; Boston e São Francisco, nos Estados Unidos; e Dubai, nos Emirados Árabes. Depois de examinar como esses supercraques tornam mais fácil o trabalho pesado, voltaremos a Anchorage para avaliar o impacto duradouro de pessoas como Genie Chance.

À medida que se aprofundar, você vai descobrir maneiras de ser mais leve — leve para trabalhar e leve para aqueles que tratam com você no seu auge. Acima de tudo, vamos analisar por que ser visto como alguém de "baixo custo de manutenção" é tão crucial quanto ser considerado de alta performance, sobretudo nos dias de hoje, em que tanto os líderes quanto as equipes se deparam com demandas incessantes e constante estresse e burnout, que podem se propagar como um incêndio na floresta, ameaçando uma grande parte da força de trabalho.

A ESCOLHA: AUMENTAR O PESO DO FARDO OU ALIVIÁ-LO?

Nossa carga de trabalho, às vezes, parece aquela dívida que aumenta como uma bola de neve e nos segue aonde quer que vamos. A maioria dos profissionais já sentiu isso em algum grau: demandas demais para atender a cada semana, novas ferramentas e tecnologias a dominar o tempo todo, e mais informações do que somos capazes de processar, que dirá memorizar — e estamos falando só do trabalho cotidiano. Em 2019, o trabalhador médio em tempo integral nos Estados Unidos tinha uma jornada de 8,5 horas nos dias úteis, e mais de um terço disso nos fins de semana e feriados.[8] A *Harvard Business Review* noticiou que o executivo, gestor ou profissional médio trabalha 72 horas por semana.[9] Essa carga sob alta pressão, antes sazonal, normalizou-se. Um gestor de empresa disse, a respeito: "É como fazer uma trilha montanha acima levando uma criança e um cachorro, e a cada parada para respirar alguém colocar mais uma pedra na minha mochila".

Porém, nossa *verdadeira* carga representa apenas uma parte do fardo que vivenciamos no cotidiano profissional. Em um estudo, metade dos entrevistados disse que a fonte primária de estresse relacionado ao trabalho não tinha a ver com o trabalho em si; em vez disso, eles citaram fatores de estresse como questões pessoais, equilíbrio entre vida pessoal e profissional e falta de estabilidade no emprego.[10] A politicagem e os dramas internos geram atritos, e o tempo passa a ser tomado por relações complexas e reuniões sem fim. Outro estudo mostrou que os americanos passam, em média, 2,8 horas semanais lidando com conflitos no local de trabalho.[11] Um estudo de Rob Cross, Reb Rebele e Adam Grant estimou que, nas duas últimas décadas, o tempo passado em atividades colaborativas aumentou cinquenta por cento ou mais, gerando um dilúvio de reuniões extras e tráfego de e-mails que desgasta o funcionário e pode levar a empresa à paralisia.[12] São fatores que representam uma carga-fantasma e que podem levar ao burnout.

Enquanto isso, a mesma tecnologia que nos permite trabalhar de qualquer lugar também nos força a trabalhar em qualquer lugar e a qualquer hora. O Centro de Liderança Criativa concluiu que aqueles que usam o smartphone relatam interagir com o trabalho 13,5 horas por dia, em média.[13] Nas duas últimas décadas, o tempo de trabalho vem aumentando como uma inundação que invade nossa casa, levando o indivíduo que dá um segundo expediente cuidando da família a vivenciar níveis elevados de estresse. Essa confusão entre trabalho e casa chegou ao auge em 2020, quando o mundo se refugiou em massa da ameaça da Covid-19. A mudança abrupta para o home office foi como uma onda que obrigou muitos a equilibrar vários empregos e deixou outros presos em ilhas metafóricas, trabalhando isolados.

Nosso trabalho, tanto o real quanto a carga-fantasma, dá a impressão de ser inescapável e exaustivo. Segundo um estudo de 2019 do Gallup,[14] oito em cada dez trabalhadores em tempo integral se sentem estafados. Estaria tudo bem se estivéssemos gastando essas horas extras e essa energia superando problemas difíceis em equipe, mas grande parte dessa energia é gasta de forma improdutiva, focando obstáculos insuperáveis ou colegas teimosos. Vencer um desafio traz contentamento, mas lidar com conflitos improdutivos só gera cansaço. Gastamos energia e inteligência demais cuidando de política e conflitos internos, e de colegas difíceis de lidar.

Sem nos darmos conta, podemos tornar esse fardo ainda mais pesado. Quando a pressão está alta e a carga de trabalho aumenta, o contribuidor médio busca ajuda em vez de oferecer ajuda, ficando dependente do chefe para aliviar seu fardo. Ao fazê-lo, coloca outra pedra na mochila do gestor. Alguns são verdadeiramente difíceis de lidar e mantêm um relacionamento desgastante com os colegas. Mas a maioria não fomenta o conflito de forma ativa; apenas contribui para o estresse, ao participar da confusão que cerca o verdadeiro trabalho, só fazendo aumentar o ruído.

Vejamos o exemplo de Isle,[15] uma chefe de operações dedicada e de alta competência, que atua no departamento de Engenharia de uma empresa global de tecnologia. Isle costuma ser a última pessoa a sair do escritório. É zelosa e não apenas não deixa serviço por fazer como também gosta de consertar e de acabar o trabalho dos outros. Ela diz ao chefe, diretor de Engenharia: "A qualidade do que eles fizeram estava tão ruim que eu tive que consertar tudo". A pessoa acaba concluindo que foi desvalorizada por Isle, e começa a tentar desfazer a tentativa dela de refazer o próprio trabalho, levando o chefe a ser chamado a intervir. Esse chefe comentou: "Ela até faz o trabalho, mas nesse processo ela se indispõe com cinco pessoas. Ela age como se agregasse valor, mas isso é antivalor".

Quando se começa a criar mais ruído que valor, passa-se a ser um fardo adicional para líderes em colegas, o que, por sua vez, torna o trabalho mais difícil para si mesmo também. Outros, porém, confrontados com a mesma carga e as mesmas demandas incessantes, ajudam a reduzir o fardo. Enquanto outros geram desgaste, os players mais importantes proporcionam alívio. Tornam mais fácil o trabalho difícil; não que a tarefa se torne mais fácil, mas o processo se torna mais tranquilo e agradável. Eles livram do fardo, não assumindo a função alheia, mas reduzindo a carga-fantasma. Fomentam um ambiente mais leve, que reduz o estresse e aumenta o contentamento no trabalho, e as duas coisas reduzem o burnout. Esses players decisivos reduzem o drama e a politicagem, fortalecendo uma cultura colaborativa e inclusiva. Ao mesmo tempo, adquirem a reputação de players de alta performance, que não criam caso, e com quem todos querem trabalhar. Ao tornar o trabalho mais leve para os colegas, também tornam o trabalho mais leve para si mesmos.

Eis, na prática, como funciona o hábito de tornar o trabalho mais leve.

Cathy Ward é chefe de operações da SAP Innovation Services no Reino Unido. Karl Doose é o gerente principal de sua equipe. A maioria dos executivos da sap tem um gerente principal, que realiza análises financeiras e de negócio, para garantir uma operação suave e lucrativa; no entanto, nem todos têm um gerente como Karl Doose.

Karl tinha apenas 23 anos quando assumiu o cargo. Apesar de jovem, enxerga seu papel como crucial para o negócio e age de forma apropriada. Desde que entrou na função, ele procurou o "chefe de equipe" — posto um ou dois degraus acima do seu — para compreender melhor as exigências do cargo. Preparou, então, uma apresentação de três slides para Cathy. No slide um, expunha o que acreditava ser seu papel quando executado com extrema competência. No slide dois, avaliava sua capacitação até ali. No slide três, resumia seu plano para desenvolver-se.

Karl disse: "Meu papel é tornar minha chefe bem-sucedida. Se é importante para ela, é importante para mim. Se ela fica bem na foto, eu fico bem". Portanto, Karl não se limita a executar seu papel como gerente principal; está o tempo todo pensando na função da chefe e no que ela necessita para que a equipe tenha êxito. Não fica esperando que Cathy, ou qualquer outra pessoa da equipe, solicite uma análise. Antecipa-se à agenda de Cathy e prevê as informações e as análises de que precisará, com base naquilo de que necessitou no passado. Por exemplo, quando está por vir um encontro com cliente, ele prepara slides antes que ela peça e manda por e-mail, dizendo: "Você tem essa reunião na semana que vem. Estes gráficos podem ajudar".

Parte do brilho de Karl vem de sua capacidade de metabolizar números rapidamente, destilando a informação em seus tópicos mais relevantes. Cathy afirma: "Karl escuta, para entender o problema, e volta depois, às vezes apenas meia hora depois, com uma coisa que acerta bem no alvo, no tom certo, e ainda por cima bem apresentado". Ele compreende que, comunicando de forma breve e clara, suas ideias ganham em alcance e valor aos olhos dos outros. Por exemplo, quando encontra um estudo de trinta páginas que lhe parece de interesse de Cathy e do restante da equipe, ele o envia com uma observação: "Pode ser que você não tenha tempo de ler, então seguem os cinco pontos essenciais". A velocidade com que aprende e a eficiência com que comunica "estão constantemente economizando tempo para a empresa", segundo Cathy.

Sintetizar informações cruciais não é algo que ele faz apenas para a chefe; é algo que Karl compartilha livremente com os colegas dentro e fora da equipe. Por exemplo, certa vez Cathy havia encerrado um longo dia de reuniões na Alemanha quando recebeu uma mensagem urgente do chefe de desenvolvimento de produtos. Ele ia fazer uma apresentação importante para o comitê de direção da SAP, e queria saber se a equipe dela podia ajudá-lo a criar um sumário executivo. Comentava-se internamente que a equipe de Cathy era excelente nisso. Ela brifou Karl, que também vinha de uma jornada repleta de reuniões. Ele ficou empolgado com o convite e tinha a energia para dar conta do desafio. Cathy pegou o avião de volta para Londres. Uma hora depois, ao pousar, tinha um e-mail na caixa de entrada com a apresentação de Karl anexada. Karl tinha analisado a detalhada apresentação do executivo, extraído as mensagens principais e elaborado um conjunto novo de slides. Cathy conta: "Era uma transformação total. A apresentação estava perfeitíssima". No mesmo dia, Karl recebeu uma mensagem do chefe de desenvolvimento: "Karl, até hoje de manhã eu não sabia quem você era [...] Pessoalmente, virei seu fã — como você conseguiu transformar um PowerPoint banal em uma argumentação tão elegante, em tão pouco tempo? Agradeço e espero poder trabalhar de novo com você".

Karl torna o trabalho mais leve para todos, não apenas para sua chefe. Cathy disse: "É fácil tratar com Karl como um de meus pares, porque é assim que ele atua". Em consequência, ele ganha oportunidades, aprende sobre o negócio numa velocidade maior e é visto como alguém pronto para uma promoção. Recentemente, ele foi alçado a chefe de equipe, decisão fácil de justificar porque ele já trabalhava como se fosse um.

Quando as demandas aumentam, você busca alívio junto à chefia e delega tarefas para os colegas, aumentando o fardo deles? Ou ajuda a tornar o trabalho mais leve para todos?

O JOGO DA MENTE

Quando a carga de trabalho atinge um pico e não sai dele, é costume dos gestores buscar reforços externos — mais gente — para dar conta. A lógica deles é: *Nossa equipe está com mais trabalho; portanto, precisamos de mais pessoal.* Embora os novos recrutas possam proporcionar alívio, ampliar o quadro também aumenta o fardo gerencial; são mais pessoas que precisam de orientação, mais questões a resolver, mais reuniões tête-à-tête, mais custos de coordenação e, muitas vezes, mais drama.

Os Players de Impacto são diferentes dos reforços enviados pela área de recrutamento. Eles se comportam como uma espécie de reforço estrutural, mais ou menos como as vigas e as colunas de concreto que reforçam estruturas para que elas aguentem pesos maiores. Enquanto outros colegas aumentam a carga, eles tornam o trabalho mais leve. A postura diante do trabalho permite que a equipe, como um todo, suporte uma carga pesada.

Os Players de Impacto interpretam as demandas incessantes como uma oportunidade de prestar apoio e auxílio aos demais. Esse impulso de ajudar nasce de um senso de pertencimento, a noção de que não apenas pertencem à equipe, mas que são desejados pelo grupo, que seus pontos fortes singulares são reconhecidos e que seu trabalho é valorizado e demandado. Eles possuem a crença fundamental que *Eu sou uma peça importante da equipe.* Partem da premissa de que são membros preciosos de uma comunidade, tanto quanto seus colegas.

Lionel Lemoine, diretor de consultoria de soluções da Adobe para Europa Ocidental, África e Oriente Médio, sabe gerar o espírito comunitário e o senso de pertencimento, não apenas em sua própria equipe, mas na empresa como um todo. O gestor de Lionel, Chris Taplin, afirma: "Lionel é fácil de lidar. No trabalho, ele gera uma energia incrível. As pessoas em volta sentem que ele se importa com aquilo que importa para elas". Lionel ficou famoso por manter em sua mesa um pote com bombons — uma espécie de tapete de boas-vindas no escritório. Lionel, que é francês e trabalha em Paris, reconhece: "Eu amo chocolate. Sempre deixo dez sabores diferentes". É chocolate fino, da melhor qualidade.

As pessoas param na sala de Lionel para tomar café, degustar o chocolate e conversar. É leve e amigável. O pote de bombons é uma forma de dizer: "Entre, sente-se, converse comigo, aqui você é bem-vindo".

Compare essa postura com a de uma contadora em uma grande empresa de eventos, que também tinha um pote de bombons claramente exposto em sua mesa. Ela não tinha o estilo leve e amistoso de Lionel; na verdade, depois de atrair os colegas com o chocolate, ela os submetia a suas queixas autocomplacentes. Em pouco tempo eles descobriram que aquela demonstração de generosidade era uma armadilha. Os chocolates eram sua teia, e o visitante, sua presa. O recado estava mais para "Agora eu sou sua dona". Em vez de gerar espírito comunitário, ela só reforçava sua rede involuntária de segurança.

Quando têm a sensação de pertencer a uma comunidade, as pessoas se tornam mais ativas e trabalham com um sentimento de obrigação para com o grupo. É aquilo que o pesquisador e ativista Ash Buchanan batizou de "mentalidade de benefício" — uma extensão da mentalidade de crescimento, em que buscamos não apenas evoluir e realizar nosso potencial, mas fazer isso de uma maneira que sirva ao bem-estar de todos.[16] Buchanan escreveu: "Na mentalidade de benefício, compreendemos que não somos indivíduos separados, trabalhando isoladamente. Somos seres interdependentes, que pertencem a um gigantesco ecossistema global".[17] A crença é: *Posso melhorar o bem-estar geral.*

Essa crença está no cerne do modo de Lionel Lemoine liderar e colaborar. Ele diz: "Trabalho com a mentalidade de que sou útil e posso ter impacto". Ele explicou o raciocínio por trás dessa postura: "Sinto um impacto maior quando ajudo os outros a terem êxito, quando ajudo as pessoas a tratar das questões e a fazer um projeto avançar". Nisso há algo além de simples generosidade em ação. Lionel reconhece: "Quando meu chefe é bem-sucedido, minha vida na empresa também fica mais fácil". Seu gestor sente esse apoio, mas ao mesmo tempo sabe que Lionel está cuidando das necessidades de todos os interessados — seu chefe, sua equipe, seus clientes internos —, e observou: "Sei que ele vai fazer o que é o certo para a Adobe". Na verdade, Lionel assina seus e-mails com "Pela Adobe".

Essas duas orientações, o senso de pertencimento e o desejo de beneficiar uma comunidade mais ampla, formam a crença de que *meu esforço pode tornar o trabalho melhor para todos na minha equipe*. Com esse ponto de vista, uma carga desafiadora deixa de ser um fardo a carregar sozinho. Deixamos de ser simples espectadores ou contribuidores das dificuldades alheias. Podemos recorrer aos nossos pontos fortes para aliviar o fardo e tornar o trabalho mais fácil para todos.

HÁBITOS DE ALTO IMPACTO

Quando o trabalho é desafiador — especialmente em momentos de transformação, incerteza e crise —, é um bônus se a equipe tem membros com os quais é fácil conviver. E aqueles que tornam o trabalho mais fácil para todos são indispensáveis.

O que os gestores nos disseram que apreciam mais? "Quando as pessoas ajudam seus colegas de equipe" foi a resposta número três da lista. Esse não é apenas um comportamento afetuoso; é uma necessidade, da mesma forma que é uma necessidade para os pais que têm muitos filhos. Eles não têm como ajudar todos os filhos ao mesmo tempo; precisam que os mais velhos ajudem os mais novos. Além disso, todo gestor quer trabalhar ao lado de pessoas tranquilas — fáceis de tratar, fáceis de entender, fáceis de recorrer — e pessoas cooperativas, que tocam o trabalho com facilidade. Você não é assim? Se tivesse opções e pudesse fazer sua escolha a partir de um grupo talentoso de pessoas com a mesma inteligência e competência, não selecionaria a mais tranquila?

De maneira inversa, os colaboradores que geram confusão, perturbações ou dramas representam um desgaste nada bem-vindo para o gestor, e um passivo para a equipe. Essencialmente, o gestor deseja que os membros de sua equipe o ajudem a realizar o trabalho, e não a criar mais trabalho; aliviar o fardo, e não aumentá-lo. Veja na tabela a seguir maneiras de aumentar (ou pelo menos de não reduzir) sua credibilidade ao lidar com uma demanda pesada. Na próxima parte, vamos analisar três maneiras pelas quais os Players de Impacto tornam o trabalho leve, tanto para si mesmos quanto para os demais.

Como gerar credibilidade junto a líderes e responsáveis

DESTRUIDORES DE CREDIBILIDADE	Perguntar o tempo todo sobre sua próxima promoção ou aumento
	Enviar e-mails longos e verborrágicos
	Falar mal dos colegas, criar drama e conflito
	Pedir a reavaliação de decisões que já foram tomadas
	Ignorar fatos inconvenientes e o outro lado da história
	Chegar atrasado a reuniões, fazer outra coisa durante elas, interromper colegas
GERADORES DE CREDIBILIDADE	Ajudar os colegas
	Trazer energia positiva, divertir-se, fazer os outros rirem
	Cooperar com os líderes
	Ir direto ao assunto e sem meias palavras
	Fazer o dever de casa e chegar preparado

Veja o ranking completo no Apêndice A.

Hábito número 1: Tenha baixo "custo de manutenção"

Em geral, os gestores descreveram o contribuidor médio como alguém de alta capacitação, mas que demanda tempo. Pode ser aquela pessoa que reduz o tempo do chefe, em vez de aumentá-lo; ou a pessoa que tem um bom argumento, mas precisa de muito tempo para explicá-lo. Elas são como um Hummer, veículo conhecido pelo tamanho e pelo gasto de combustível; ele te leva ao destino, mas até lá consome uma enorme quantidade de recursos. Um desses gestores comentou, a respeito de um subordinado: "Ele é capacitado e traz resultados, mas junto com muito drama e confusão. Não vale a pena".

Em compensação, os gestores descreveram os contribuidores de alto impacto como sendo de alta performance e baixo "custo de manutenção"

— como aquele carro ideal, que tem um desempenho excepcional, e quase não dá trabalho para atingir e manter esse desempenho. Os dados da nossa pesquisa indicam que os Players de Impacto apresentam, de maneira constante, um comportamento de baixo custo de manutenção e baixo drama, a índices 4,5 vezes mais altos que o contribuidor médio, e 21 vezes mais altos que os subcontribuidores.[18] São máquinas de trabalhar que carregam um fardo enorme, mas sem tornar o trabalho mais pesado que o necessário. Como escreveu William James, o "pai da psicologia" nos Estados Unidos: "A arte do bom senso é a arte de saber o que ignorar". Analogamente, o segredo consiste não apenas naquilo que esses players fazem, mas naquilo que não fazem: não complicam as coisas, não criam atrito, não exageram na comunicação. Preferem criar valor a fazer politicagem. Assim como Karl Doose, são ágeis e fáceis de trabalhar. Do mesmo jeito que um ótimo carro, são prestativos, eficientes e econômicos, realizando muita coisa com pouca necessidade de supervisão.

Baixo atrito

Segundo os gestores que entrevistamos, os Players de Impacto se mantêm distantes de atitudes ruidosas, desgastantes e infrutíferas, como apontar culpados, reclamar, ostentar e marcar território. Eles driblam a politicagem e o teatro que geram conflitos sem produzir resultados. Todas elas são atividades improdutivas, pontos de atrito que desaceleram o avanço e inibem a colaboração. Pode-se contar com eles no sentido de nunca participarem dessas coisas, criando assim, outro tipo de "garantia de performance" — um fator de eficiência.

Os contribuidores mais vitais abordam o trabalho com uma postura de baixo atrito. Eles reduzem a resistência ao simplificar o processo, diminuir conflitos e eliminar o "arrasto" criado quando nos apegamos em excesso a nossas ideias. Podem até ter opiniões fortes e assumir posições, mas são opiniões flexíveis, o que lhes permite mudar de rumo com mais facilidade. É como se tivessem no escritório um cartaz com os dizeres: ABERTO A FEEDBACK (POR MAIS QUE EU PAREÇA CONVENCIDO). Veja os exemplos de vários Players de Impacto cujos perfis já apresentamos neste livro.

Paul Forgey (o diretor do setor de suprimentos da Target, apresentado no Capítulo 3) foi descrito como o "Senhor Sem Drama". Seu vice-presidente disse: "Paul não deixa rumores ou a fofoca atrapalharem o trabalho. Você sempre sabe qual a posição dele, mas ele é disposto a aprender e mudar de direção".

Quando Fiona Su (a gerente de planejamento do Media Lab do Google, no Capítulo 4) e seu chefe, John Tuchtenhagen, se desentenderam em relação a uma nova estratégia de mídia, Fiona queria que John compreendesse que, embora tivesse seu ponto de vista, ela não estava batendo o pé. Apresentou a ele suas ideias, em um esboço, usando cartões escritos à mão, em vez de uma bela apresentação digital. Pegou folhas usadas, rasgou-as em quatro partes e redigiu as ideias de forma simples, usando apenas palavras-chave e desenhos básicos. A conversa em torno dessas dez ideias rascunhadas foi tranquila e gerou um plano que ganhou o apoio de ambos.

Zack Kaplan (o gerente de marketing de marcas do Google, no Capítulo 5) não desencorajou os colegas de fazer críticas ou dar feedback sobre as ideias que ele apresentou. Mesmo em reuniões complicadas, ele louvou os progressos da equipe e agradeceu os colegas por reforçarem suas ideias.

O FATOR DE EFICIÊNCIA DO PLAYER DE IMPACTO

Dá para contar com o Player de Impacto para quase nunca:

1. Envolver-se em politicagem interna
2. Gerar drama ou conflito com os colegas
3. Desperdiçar tempo
4. Reclamar, culpar os outros ou persistir na negatividade
5. Ostentar, pedir crédito ou competir com os colegas

Essa postura de baixo atrito impede que os Players de Impacto fiquem paralisados, possibilitando aos líderes avançar mais rapidamente e com maior liberdade. Nas palavras de um gestor da Adobe: "Ele torna meu trabalho mais fácil, ou simplesmente me libera para lidar com as outras pessoas que não fazem o mesmo".

Economia de palavras

Esses contribuidores entregam alta performance, mas entregam de maneira econômica, gerando um trabalho de alto rendimento. Falam quando necessário, e não por impulso, e praticam a frugalidade — dizem mais com menos palavras —, principalmente em ambientes de grupo. Podem até ter muito a dizer, mas nem sempre verbalizam. Em vez disso, contribuem com dedicação, cientes das horas em que é preciso dar o máximo e das horas em que é preciso ser discreto. Não despejam todas as ideias de uma vez só, mas distribuem seus pensamentos em doses pequenas, porém intensas, mirando as questões nas quais podem ter o impacto mais relevante.

Monica Padman, coapresentadora do podcast *Armchair Expert*, citada no Capítulo 1, reconheceu que, em suas entrevistas, tinha que lidar com a tensão entre intervir ou calar-se. Ao conversar com gente interessante, é natural a vontade de intervir e brilhar intelectualmente. Mesmo assim, ela aprendeu a controlar seu impulso e perguntar a si mesma: estou dizendo isso porque é necessário ou porque quero ser ouvida? Padman refletiu: "Você não precisa dizer tudo o que lhe vem à cabeça [...] Acho que todos nós sentimos vontade de dizer a todos exatamente o que estamos pensando, o tempo todo [...]. Não, eu posso pensar, pode ser um pensamento interessante, e não tem problema se ninguém vai ouvir". Criar o máximo impacto exige saber "quando entrar e quando não entrar", como disse Padman.[19]

Sua voz vem sendo plenamente ouvida, e ela tem peso? Você está facilitando a compreensão do outro? Caso queira aumentar sua influência, use menos palavras e limite o número de vezes em que contribuirá numa reunião. Concentre sua contribuição onde suas ideias e comentários forem relevantes, únicos e baseados em evidências. Para garantir que seu argumento seja ouvido, seja sucinto/a. Usando o Lance de Craque "Saiba jogar suas fichas", você dará contribuições econômicas e propiciará um duplo benefício: criará mais espaço para a contribuição alheia, e suas palavras se tornarão ainda mais influentes.

Dica profissional do Player de Impacto

Caso queira que suas palavras ganhem mais peso: (1) Fale só uma vez, mas fale com clareza; (2) Apresente uma visão contrária, para aumentar a credibilidade; (3) Faça uma breve introdução, para que saibam que algo importante será enunciado (por exemplo, "Tem uma ideia que eu gostaria de apresentar").

Sempre a postos

Se você já teve um carro ruim, sabe o quanto é estressante quando ele não dá a partida. Conhece o peso incômodo de não saber se vai funcionar quando você mais precisar. De modo inverso, se você já dirigiu um carro confiável, sabe como é a paz de espírito de ter a certeza de que ele vai dar a partida. Estar pronto para sair na hora da necessidade é uma característica crucial do carro com baixo custo de manutenção. O mesmo vale para o mundo do trabalho: estar sempre pronto para atuar aumenta o valor da nossa contribuição.

Os Players de Impacto mantêm uma postura de prontidão para o trabalho: chegam às reuniões preparados para serem chamados e prontos para contribuir. Quando queremos ser ouvidos em relação aos problemas, temos que estar preparados para contribuir de forma extemporânea — apresentar um plano, um relatório sobre uma situação, ponderar uma decisão crucial ou substituir um colega ausente —, sem aviso prévio. Quando somos vistos como confiáveis e prontos, nos tornamos impactantes nas horas relevantes.

O jogador de futebol americano Jack "Hacksaw" Reynolds, famoso pela intensidade, é um símbolo dessa prontidão. Nos dias de jogos, o restante da equipe chegava para o café da manhã de camiseta e short, para só se trocar depois no vestiário. Hacksaw não. Ele chegava para o café totalmente uniformizado, com ombreira, capacete, graxa embaixo dos olhos, fitas em volta dos dedos. Ao discursar no encontro do Troféu Bill Campbell, seu ex-companheiro de San Francisco 49ers, Ronnie

Lott, relembrou: "Era o jeito dele nos dizer: 'Ei, cara, estou pronto para o jogo. Vamos jogar!'".[20] Os players mais valiosos podem entrar no jogo a qualquer momento.

Se você quiser entrar no jogo, esteja pronto para jogar.

Hábito número 2: Aliviar o peso
Andy, gerente financeiro de uma empresa de tecnologia, recebeu do gestor um pedido para analisar os padrões de despesa do setor. Ele mastigou os números e enviou por e-mail uma planilha com a mensagem "Favor ver a planilha anexa", e riscou a tarefa de sua lista. Seu gestor, porém, ficou com a impressão de que a própria lista de tarefas aumentou. Esse gestor conta: "Bem, ele me *deu* um dever de casa. Forneceu os números, mas sem fazer qualquer análise qualitativa".

Compare com Hilary Caplan Somorjai, profissional esperta e talentosa com quem eu tive a felicidade de trabalhar na Oracle Corporation. Como chefe global do departamento de recursos humanos, eu tinha uma complicada função executiva, que incluía inúmeros projetos separados para o comitê de gestão da empresa. Eu estava cheia de coisas para fazer no trabalho e em casa, com dois filhos pequenos e o terceiro a caminho. Precisava firmar compromissos para tudo dar certo. Sempre fui uma leitora ávida de revistas sobre gestão, mas não tinha mais tempo para isso durante o dia. Parei de ler quase tudo que não fossem e-mails e historinhas de ninar. No entanto, eu sabia que precisava continuar atualizada com as melhores práticas e novas ideias, para me manter eficiente no meu emprego. Hilary tinha o próprio fardo, mas compreendia meus desafios. Um dia, passou na minha sala, tocou no assunto do meu sofrimento e perguntou: "Te ajudaria se eu lesse para você?". Ela me disse que leria todos os dias a *Harvard Business Review* e o *Wall Street Journal*, e me mandaria um resumo das principais matérias. Isso não tinha nada a ver com a função dela; era uma oferta à parte, bem distante de qualquer uma de suas responsabilidades formais, e foi feita de maneira humilde. Grata, aceitei. Isso foi mais de vinte anos atrás, mas ainda posso sentir o alívio.

Enquanto o analista financeiro aumentou o fardo de seu gestor, Hilary me ajudou a carregar o meu. Os Players de Impacto não apenas realizam bem seu trabalho, mas também ajudam os colegas a realizar bem o deles, o que reduz a carga de preocupações do gestor. Ao reduzir o fardo dos chefes e colegas, eles também se beneficiam.

Dê uma mão

Vamos analisar a carreira de Karen Kaplan, que achava que tinha conseguido um emprego fácil; ao facilitar o trabalho dos outros, porém, ela acabou abrindo caminho para o topo da empresa. Quando Karen se candidatou a uma vaga na agência de publicidade Hill Holliday, em 1982, ela estava à procura de um emprego leve, de baixo impacto, que lhe propiciaria tempo para estudar para o vestibular de direito. A vaga de recepcionista que lhe propuseram seria perfeita. No entanto, quando o fundador da empresa fez a oferta de emprego, disse: "Parabéns, Karen, agora você é o rosto e a voz da Hill Holliday". Ela relembra: "Fiquei pasma. Ele deu a entender que era uma função importante, então decidi levar a sério a função e me entregar totalmente ao trabalho". Na recepção principal, Karen não tinha um chefe propriamente dito. Por isso, decidiu se tornar a "CEO da recepção", atuando para que a entrada da empresa funcionasse sem problemas. Por exemplo, quando um entregador trazia passagens aéreas enviadas pela agência de viagens, em vez de ligar para os interessados mandando virem buscá-las, ela ia entregá-los. Em seguida, se oferecia para cuidar dos detalhes da viagem.

Em pouco tempo, Karen foi ganhando responsabilidades maiores, trabalhando para funcionários atarefados, que tinham que cuidar de vários clientes. Ela se oferecia para tratar de parte da tarefa, e a maioria aceitava de bom grado. Um chefe tinha tendência a cochilar no meio das reuniões com os clientes; por isso, ela se ofereceu para realizar as reuniões no lugar dele. Logo ela estava cuidando de questões importantes da empresa — e, em seguida, de operações inteiras. Em vinte anos, ela chegou à presidência, e em 2013 foi nomeada chefe do conselho e CEO da Hill Holliday. Refletindo a respeito, ela afirmou: "Meus chefes favoritos eram muito inteligentes, mas um pouco preguiçosos. Eles me deixavam tirar um pouco do trabalho das costas deles, mas, quando eu precisava de ajuda, me davam excelente orientação". Ajudando a carregar o fardo da liderança, ela desenvolveu o caráter e a mente de um executivo sênior, preparou-se para evoluir e se tornou uma opção segura para liderar a empresa.

Ofereça sua genialidade

Jhon Merca, jovem criador de conteúdo que atua sob o pseudônimo Jruzz nos Emirados Árabes Unidos, tinha trabalhado para a empresa de consultoria e treinamento Biz Group, com sede em Dubai, comandada pela CEO Hazel Jackson. Como acontece com os melhores líderes, Hazel adotou a rotina de buscar descobrir a *genialidade nativa* dos membros de sua equipe — termo que cunhei para definir pessoas que são naturalmente e incrivelmente brilhantes. A genialidade nativa é aquilo que as pessoas fazem com facilidade, sem muito esforço consciente, e de graça, sem precisarem serem pagas, recompensadas ou até solicitadas. Quando a equipe de Hazel se reuniu para discutir a melhor forma de utilizar a genialidade nativa de cada um na empresa, deram a Jruzz o apelido de "Creative Comic" ["Humorista Criativo"], por conta da energia jovial e criativa que ele trazia para sua função no departamento de mídia. Anos depois, quando Jruzz abriu a própria empresa de produção de vídeo (tendo como cliente favorito o Biz Group, seu ex-empregador), ele deu à empresa o nome de sua genialidade nativa. Quando encontrei Jruzz, ele estava usando uma polo preta e azul-turquesa, com o nome da empresa, "Creative Comic", bordado do lado esquerdo do peito. Quando lhe perguntei o motivo, ele abriu um sorriso. "Essa é minha genialidade nativa". Era seu jeito de anunciar ao mundo: "Este sou eu e isto é o que eu faço: sou criativo, sou divertido e sou engraçado. Você não vai apenas me contratar; vai colocar minha criatividade a seu serviço". Ele facilitava para os outros enxergar e fazer uso de sua genialidade.

Como você pode facilitar para seu chefe e seus colegas o recurso ao melhor de você, usando plenamente seu talento? Certamente você não precisa bordar sua genialidade nativa em uma camisa, nem adotá-la como nome de sua empresa, mas você pode precisar oferecer aos colegas alguma orientação e informação básica. Pense nisso como um *Manual do usuário de você*. Como um bom manual de produto, que explica ao usuário para que o produto foi projetado e como utilizá-lo, um *Manual do usuário de você* permite às pessoas saberem aquilo que você faz bem — sua genialidade nativa — e como "utilizar" você no que você tem de melhor.

Quando agimos dentro de nossa genialidade nativa, realizamos o trabalho de forma tranquila e brilhante, o que significa que criamos o maior impacto com o menor esforço, tornando o ambiente mais leve para todos. Além disso, quando damos uma mão e oferecemos nossa genialidade, nossa reputação cresce junto com nossa influência. Como você pode oferecer sua genialidade de modo que os outros lancem mão facilmente da sua melhor versão?

Hábito número 3: Suavizar o clima

As pessoas gostam de trabalhar com Players de Impacto por perto, porque eles oferecem auxílio e são fáceis de lidar. Enquanto alguns players criam um ambiente pesado e irrespirável, os Players de Impacto trazem uma brisa leve. Ajudam os outros a fazer o seu melhor, criando em uma atmosfera ensolarada, o que colabora na redação da carga-fantasma. Embora uma infinidade de fatores influencie um ambiente de trabalho positivo, eis três maneiras pelas quais os Impactadores melhoram o ambiente, tornando o cotidiano mais fácil e mais agradável para todos.

Traga leveza

Se o local de trabalho fosse um teatro, os Players de Impacto seriam só comédia, e zero drama. Em situações tensas, eles trazem a tão necessária leveza, tornando divertido e ameno o trabalho pesado e driblando a politicagem interna que vampiriza nossa vida profissional. Alguns são autênticos humoristas, que fazem todo mundo rir, como aquele colega espirituoso do fundo do corredor que solta piadinhas para quebrar a tensão. Mas em geral têm apenas um bom senso de humor. Gestores de várias áreas, da ciência às vendas, descreveram seus contribuidores de alto valor como "divertidos", "engraçados", "capazes de rir de si mesmos", "que sabem me fazer rir", "que fazem todo mundo rir". Esses colegas bem-humorados atravessam os momentos difíceis com uma boa risada, evitando o desespero e unindo as pessoas através do humor. Um gestor nos disse: "Ele é focado no resultado e entrega, mas também é tão engraçado, autodepreciativo e cativante. As pessoas se sentem verdadeiramente valorizadas quando trabalham com ele."

Em seu livro *Humor, Seriously* ["Humor, falando sério"], as professoras Jennifer Aaker e Naomi Bagdonas, da Universidade Stanford, postulam que o humor é uma das ferramentas mais poderosas de que dispomos para realizar trabalhos sérios. Elas alegam que o humor nos faz parecer mais competentes e confiantes, fortalece relacionamentos, desbloqueia a criatividade e turbina nossa resiliência nos momentos difíceis.[21] Tanto na pesquisa delas quanto na minha, concluímos que os mais altos executivas gostam de trabalhar com gente que tem senso de humor (talvez seja assim porque são muitos os dias em que ser chefe é um saco). Nosso estudo mostrou que "divertir-se e nos fazer rir" foi o número oito na lista de coisas que os gestores mais apreciam, enquanto Aaker e Bagdonas concluíram que 98% dos altos executivos preferem trabalhar com funcionários que têm senso de humor, e 84% acreditam que eles trabalham melhor.[22]

Caso você ainda não esteja convencido de que vale a pena ter senso de humor, no livro *The Levity Effect* ["O efeito da leveza"], o consultor de gestão Adrian Gostick se valeu de vários estudos feitos no mundo do trabalho para concluir que o humor fortalece os relacionamentos, reduz o estresse e aumenta a empatia. Aqueles que trabalham em um ambiente divertido têm maior produtividade, eficiência interpessoal e menos absenteísmo.[23]

Enquanto alguns desses contribuidores fora de série suavizam o ambiente com seu humor, outros transformam momentos difíceis em experiências engrandecedoras — uma diversão mais parecida com a escalada de uma montanha do que com um dia na praia. Outros se parecem mais com Mary Poppins, que diz: "Em toda tarefa que precisa ser feita, há uma parte de diversão." Eles criam um sentimento de animação, transformando o trabalho cotidiano em um jogo e tornando a lida mais suportável.

Por exemplo, quando Hannah Datz assumiu como líder de pré-vendas da SAP para a América do Norte, herdou um grupo desconexo de cerca de cem pessoas, vindas de várias empresas adquiridas. Era uma coletânea de gente desconectada, com trajetórias muito díspares, e a moral estava baixa. Hannah sabia que precisava realizar mudanças de verdade na cultura da equipe, e rapidamente. Ela misturou os grupos que herdou, redividiu-os em novas equipes e atribuiu a cada uma delas um projeto: desenvolver uma narrativa criativa para cada solução de produto da SAP. A produção de cada núcleo seria útil e relevante para o grupo como um todo, mas Hannah incluiu um elemento de diversão, que todos abraçaram com entusiasmo: cada equipe tinha que apresentar seu trabalho ao grupo em um formato de competição. Sara Jones, vice-presidente mundial da SAP e chefe de Hannah, conta: "Nunca vi tanta coisa sair de um projeto interno de empresa. Hoje, são onze projetos de pesquisa completados, e, quando vejo essas pessoas no trabalho, há um espírito de equipe e camaradagem". Em geral, a rotatividade de funcionários é alta quando uma empresa adquire outra — às vezes atingindo 40%. Sob a liderança divertida e produtiva de Hannah, o grupo manteve 98% dos mais de cem funcionários incorporados.

Reconheça os outros

Em seu livro *Lidere com gratidão*, Adrian Gostick e Chester Elton postulam que a performance melhora quando os líderes expressam gratidão aos membros de suas equipes.[24] Mas os benefícios da gratidão funcionam em mão dupla. A gratidão reduz a ansiedade e a depressão, fortalece o sistema imunológico, reduz a pressão arterial e cria níveis mais elevados de felicidade.[25] Exercitar, expressar e concentrar-se na gratidão pode reduzir os efeitos negativos do estresse dentro e fora do local de trabalho.[26] Mais importante que isso, a gratidão é contagiante: quando a expressamos no trabalho, criamos uma onda de positividade que impulsiona a cultura da organização.[27] Quando temos a Mentalidade do Player de Impacto, comemoramos o sucesso de nossos colegas como se fosse nosso. Jogamos luz sobre o trabalho de excelência e informamos nossa apreciação por esse trabalho.

Zack Kaplan, o gerente de marketing de marca do Google mencionado anteriormente, não se limita a realizar um trabalho extraordinário: ele reconhece quando seus colegas de equipe fazem o mesmo. Seu ex-gestor

Tyler Bahl explica que Zack está sempre reconhecendo o trabalho realizado pelos demais, e adora mandar "toca aqui virtuais" — um programa de reconhecimento formal usado pela equipe de Tyler. Ele explica: "Nos últimos cinco anos, monitorei os cumprimentos virtuais concedidos pelas pessoas na minha equipe. Em seis meses, Zack enviou 69 cumprimentos". Contextualizando, explica Tyler, "Zack enviou mais em seis meses do que os outros enviaram em seis anos. Sei de gente que levou seis meses só para mandar uma mensagem de agradecimento quanto ao próprio casamento". Essa prática se torna uma bola de neve para Zack: as pessoas adoram trabalhar com ele. Entrevistado, Zack disse: "Gosto de receber, então imaginei que as outras pessoas também", e em seguida compartilhou uma ideia que aprendeu assistindo à própria mãe, Karen Kaplan, ascender de "CEO da recepção" a CEO da Hill Holliday: a vela que acende outras não perde o próprio brilho.

Tenha humanidade

Os gestores que entrevistamos apontaram que seus maiores contribuidores promovem o bem-estar e a segurança para os demais, em níveis muito maiores que seus colegas — sendo que os Players de Impacto fazem isso, em média, 2,3 vezes mais que o contribuidor comum.[28] As histórias contadas pelos gestores não pintaram um retrato de funcionários sobrecarregados, alarmistas ou simples benfeitores. Os Players de Impacto promovem o bem-estar ao incutir um senso de humanidade no ambiente profissional, tratando as pessoas de forma holística e reconhecendo que cada colega tem suas fontes de estresse (assim como de contentamento) muito além de suas responsabilidades no trabalho.

Sue Warnke é diretora sênior de experiência de conteúdo na Salesforce. É daquelas pessoas vibrantes, capazes de assumir responsabilidades simultâneas com sucesso, mantendo uma reserva de energia; é uma líder potente, uma contribuidora relevante e vai além, lutando para tornar a Salesforce uma empresa mais inclusiva. Também é mãe de três adolescentes, dos quais o mais jovem sofre com uma condição mental desafiadora. Quando essa condição se agravou, no início de 2020, Sue tirou uma licença para que ela e o marido, que também estava cuidando da família em casa, pudessem se dedicar integralmente ao filho naquele momento difícil. Antes de se licenciar, ela contou sua história no site interno da empresa. Foi uma mensagem emotiva, em que ela compartilhou o drama de sua família, na esperança de que outros, vivenciando situações similares, não se sentissem sozinhos. Mais de 13 mil colegas leram, compartilharam ou comentaram seu post; era uma forma de expressar humanidade, que ecoou no mundo inteiro.

Um mês depois, tendo a condição de seu filho melhorado, Sue retornou ao trabalho. Ela estava participando de uma reunião quando dois funcionários entraram na sala, segurando um tubo do tamanho de um cabo de vassoura, do qual pendiam centenas de cegonhas de origami. As cegonhas estavam ligadas entre si formando aquilo que Sue descreveu como uma lindíssima cortina colorida. Antes que ela pudesse compreender do que se tratava, entrou mais gente, com uma segunda cortina de cegonhas e uma enorme caixa de cegonhas avulsas. Qual o motivo daquelas cegonhas de papel, e por que tantas?

Um dos 13 mil funcionários que tinham lido o post de Sue no blog era uma mulher chamada Lynn Levy. Enquanto Sue cuidava do filho, Lynn decidiu costurar cegonhas para o filho de Sue. Trata-se de uma antiga tradição japonesa chamada *senbazuru*, que significa "mil cegonhas" e simboliza a paz e a cura de alguém que sofre. A ideia de Lynn desencadeou um minimovimento na Salesforce. As equipes começaram a dobrar cegonhas na hora do almoço e nas reuniões. Conversavam, riam e aumentavam a conexão fazendo dobraduras. Lynn monitorava todo o trabalho com gráficos e incentivo, na esperança de reunir mil cegonhas até março, quando Sue retornaria. Os funcionários começaram a enviar cegonhas pelo correio, do mundo inteiro: Munique, Nova York, Londres, Denver, Dallas, Surrey, Singapura, Nova Jérsei. Lynn chegou a ir três ou quatro vezes por dia à sala de correspondência. Em pouco tempo, tinha não apenas mil cegonhas, mas 2 mil, e logo depois 3 mil. Funcionários de São Francisco começaram a costurá-las. O número final foi de 3.122 cegonhas, feitas por centenas de participantes.

A cegonha é um símbolo apropriado, por conta de seu duplo sentido: suas asas criam sustentação para o voo, e em inglês cegonha é *crane*, mesma palavra para "guindaste", que levanta as cargas mais pesadas. Sue descreveu assim o impacto daquele gesto:

> *Ontem eu olhei para aquele mar de cores, e fiquei imaginando as muitas mãos que dobraram aquelas cegonhas. Um ser humano que tirou um momento de seu dia para amar outro ser humano que talvez nem conheça. E assim eu ouvi a voz de todos como uma comunidade, dobrando, conversando, compartilhando e rindo juntos. Muita gente me disse que a sessão de origami foi um dos melhores momentos que teve na Salesforce. Vejo essas cegonhas de todas as cores, feitas por funcionários das mais diversas origens, como uma representação profunda da beleza, da compaixão e da diversidade.[29]*

Quando pensamos em nossos colegas como seres humanos, e não como "recursos", formamos conexões que permitem que os demais carreguem seus fardos com maior facilidade. Também criamos espírito comunitário e a força coletiva para suportar dificuldades e aguentar crises. Jon Mooallem parafraseou o trabalho de dois sociólogos que estudaram os efeitos humanos dos desastres naturais:

> *Na vida cotidiana, sofremos sozinhos. Toda luta, todo sofrimento acaba nos isolando das outras pessoas, ou até nos deixando ressentidos com todo mundo, para quem tudo parece mais fácil. Num desastre, porém, a comunidade como um todo sofre junta. Os traumas e até as mortes, coisas que sublimamos na vida diária, transbordam como um fenômeno visível para todos em praça pública... e todos aqueles que compartilham essa experiência se unem num sentido muito poderoso e psicológico.[30]*

Mooallem conclui que a melhor força para combater o caos é a conexão.

Manifeste-se

Embora os Players de Impacto tornem o trabalho mais leve para os outros, inclusive seus líderes, e criem um ambiente positivo, isso não quer dizer que fujam de temas pesados. Usam a própria influência para trazer à baila assuntos complicados e se manifestam em nome de colegas que talvez não tenham voz na organização. Mas vão além de apontar o que está errado; trazem liderança e facilidade para questões que de outra forma seriam difíceis.

Esse foi o caso quando Leyla Seka, vice-presidente sênior da Salesforce que já tinha mais de dez anos de empresa, inquietou-se com o fato de que as mulheres recebiam menos que os pares de sexo masculino, e se sentiu na obrigação de fazer algo a respeito. Ela se uniu a Cindy Robbins, vice-presidente executiva de recursos humanos; juntas, marcaram uma reunião com Marc Benioff, fundador e CEO da empresa. Ao exporem suas preocupações, Benioff demonstrou ceticismo inicial; seria difícil para qualquer líder reconhecer algo que ia tão de encontro aos valores da empresa. Por fim, ele concordou em fazer uma auditoria junto aos então 17 mil funcionários da empresa. A auditoria revelou disparidades e, em consequência, a empresa gastou 3 milhões de dólares com aumentos de salário a seis por cento da empresa, tanto para mulheres quanto para homens.[31]

Seka e Robbins tocaram num assunto delicado, assunto que certamente não tornava mais fácil a vida do CEO. Ao se manifestarem, porém, tornaram mais fácil para ele enxergar as disparidades e certificar-se de que a empresa estava sendo coerente com seus valores. Da mesma forma, precisamos utilizar nossa influência para tornar mais fácil conversar sobre assuntos difíceis, mas importantes, sobretudo aqueles que permitem a todos contribuírem ao máximo e serem valorizados por suas contribuições.

ARMADILHAS E DISTRAÇÕES

Profissionais que atuam com a Mentalidade do Contribuidor não são necessariamente funcionários difíceis. Podem não ser estrelas, crianças problemáticas ou pessoas desgastantes; simplesmente consomem a atenção dos gestores, aumentando o fardo que líderes e colegas já sentem. No entanto, quando partimos da premissa de que uma demanda maior representa uma ameaça a nosso bem-estar e concluímos que *Eu preciso da ajuda do meu líder*, acabamos sendo vistos como dependentes, e não líderes.

Superexposição

É fácil supor que ganhar mais tempo de exposição diante de seus líderes é uma boa forma de evoluir. É como uma cena de *Mad Men*, a série de TV que conta a história de um grupo de executivos do setor de publicidade na Madison Avenue, em Nova York, nos anos 1960. Naquele mundo, você obtém os favores do chefe ou do cliente passando o tempo todo na sala dele, jogando conversa fora ou indo beber depois do trabalho. O pressuposto é que os relacionamentos são mais importantes que os resultados, e que passar tempo com o chefe é sinal de importância e garantia de êxito.

Os dados mostram, no entanto, que os gestores gastam um tempo desproporcional com funcionários de baixa performance (26% do tempo, segundo um estudo).[32] Como você pode adivinhar, isso os incomoda. Como descreveu um gestor da Nasa, a respeito de um gerente de missão papeador à moda antiga: "Ele conversa com você, supondo que você quer falar com ele sobre esses assuntos aleatórios. Ele acha que, se a relação vai bem, você vai ignorar os problemas". Esse gestor admitiu que, sempre que via o nome daquele homem em sua agenda de reuniões, tentava dar um jeito de se livrar do compromisso. E ele não é o único; membros da missão SpaceX ligavam para reclamar que o gerente de missão estava desperdiçando o tempo deles e colocando em risco a própria missão, obrigando o gestor a fazer controle de danos. Em vez de buscar mais tempo com o chefe, lute para ter "baixo custo de manutenção", sem deixar de ter visibilidade. Use o tempo de exposição que você tem para descobrir o que é mais importante no momento (a V.I.A.), negocie aquilo de que precisa para acelerar na reta final, e permita que a orientação lhe dê a certeza de atingir o alvo.

Excesso de energia
Podemos reduzir nossa influência se jogarmos pesado demais. Quando falamos com frequência excessiva ou somos prolixos, as pessoas param de escutar. Viramos uma espécie de ruído; nossa voz enfraquece, relegada ao alarido de fundo. Somos particularmente vulneráveis ao excesso de contribuição quando há muita coisa em jogo e o tema nos apaixona. Podemos até achar que as pessoas estão escutando — a maioria até balança a cabeça, educadamente —, mas fomos cancelados, como um cão que late para tudo e para todos. O segredo para se fazer ouvir é contribuir na hora certa, sabendo a hora de jogar o máximo e a hora de jogar discretamente. Caso queira maximizar seu impacto, distribua suas opiniões em doses pequenas, mas intensas (veja os Lances de Craque na página 225).

LANCES DE PERNA-DE-PAU

Quatro maneiras comuns de desperdiçar suas fichas, reduzindo sua voz e sua credibilidade

1. **O É Verdade:** Corroborar o que outros comentam, numa concordância vazia.

2. **O Aliás:** Desviar-se do assunto por não resistir à tentação de dizer algo.

3. **O Como Eu Disse:** Repetir seu argumento para enfatizar.

4. **O Monólogo:** Explicar interminavelmente seu argumento a si mesmo e aos outros.

Contar demais
Para a maioria das pessoas, é salutar que o local de trabalho tenha se tornado mais casual — não apenas por conta do código de vestimenta, mas por um ambiente onde não tenhamos que deixar nosso verdadeiro eu do lado de fora. Porém, todos nós conhecemos alguém que levou o "Casual Friday" a sério demais, contando mais do que gostaríamos de saber. Aquela pessoa que, em vez de ser íntegra (e de reconhecer que todos têm na vida outras facetas e interesses), despeja a íntegra da própria vida na cara dos colegas. Um gestor descreveu assim uma pessoa que

falava demais: "Ficamos todos sabendo do dia em que ele foi detido por porte de maconha, ou como a ex criava mal os filhos. Era como se ele tivesse vários ventiladores para espalhar a vida inteira". Esses ventiladores estavam incomodando todo mundo. Você não precisa ser totalmente certinho/a no trabalho, mas não precisa chegar para o *rafting* na excursão da empresa vestindo aquele equipamento caríssimo. Criar um ambiente profissional humano não significa entregar a vida inteira. Podemos estar cientes de que os outros têm uma vida fora do trabalho, sem contar ou pedir todos os detalhes (veja a Dica de Segurança "Evite a superexposição", na página 228).

Torcida organizada

Muitos anos atrás, eu e um colega nos unimos para organizar um fórum global de liderança no continente asiático. Era um empreendimento ousado e desafiador. A cada meta que atingíamos, ele elogiava meu esforço e expressava um contentamento sincero com cada êxito. No início isso me incentivava, mas foi ficando cansativo à medida que eu me dava conta de que estava carregando o piano e ele servia apenas de torcida organizada. Contei a ele o que me incomodava. Ele até concordou, mas em seguida argumentou: "Meu aporte é de esperança e fé — fé de que vamos conseguir e fé em você". Ah, agora sim! Respondi a meu adorável colega que, embora apreciasse o apoio dele, autoconfiança não era o que me faltava. O que mais precisávamos era que ele carregasse um pouco mais do piano. Verdade seja dita, ele carregou — e, quando o evento terminou em sucesso, nós dois festejamos. É maravilhoso poder torcer por nossos colegas quando eles encaram uma tarefa difícil, mas é bem menos inspirador quando eles precisam que a gente entre em campo. E, quando alguém está sendo maltratado ou está ocorrendo uma violação da ética, é hora de se manifestar, e não de ficar torcendo. Não sirva de torcida organizada quando seus companheiros de trabalho estão precisando mais de um companheiro de equipe ou de um defensor.

COMO MULTIPLICAR SEU IMPACTO

Nas horas difíceis, quando nos colocamos numa posição de dependência, em vez de servir como reforço, não apenas causamos estresse e frustração a nossos líderes, mas acabamos por incentivá-los a enfraquecer o papel dos demais. Nossos pedidos de ajuda podem levá-los a operar no modo "eu-sei-tudo", impelindo-os à microgestão, característica número um dos líderes que eu batizei de Enfraquecedores.

Quando levada ao extremo, essa mentalidade de dependência se transforma numa mentalidade de privilégio, a premissa de que *os outros têm obrigação de me ajudar e me proporcionar os recursos de que necessito*. Isso exaure os gestores e tem um efeito corrosivo na cultura de equipe, destruindo a coesão e o espírito de colaboração, já que o funcionário que se julga privilegiado drena energia e recursos, sem contribuir para o grupo como um todo. À medida que as pessoas se afastam desses sugadores, vão se formando grupinhos, as fofocas se espalham e o ambiente tóxico vai se infiltrando.

Inversamente, veja o caso da proposta de valor criada pelo Player de Impacto (representada no gráfico da página 224). Por ser fácil lidar com eles, o trabalho é feito mais rapidamente e sem confusão, o que acaba representando economia de tempo para todos. Como eles empregam sua energia ajudando os players da equipe que estão em dificuldade, os gestores ficam liberados para liderar, em vez de fazer microgestão. O funcionário é visto como uma espécie de assistente do líder e dos demais envolvidos, o que leva a um ganho precioso de liderança e influência. Por isso, quando progride para funções de liderança mais relevantes e desafiadoras, está pronto para elas — e os outros vão querer trabalhar para ele.

Além disso, ao criar um ambiente positivo, em que as pessoas se sentem incluídas e ao qual querem pertencer, os Players de Impacto ajudam a moldar a cultura da organização, fortalecendo os valores de colaboração e inclusão e reduzindo o efeito tóxico do burnout. Como subproduto, adquirem a reputação de players de baixo custo de manutenção e alta performance, com quem as pessoas querem trabalhar. São os primeiros a serem escolhidos para as tarefas importantes e são incluídos nas iniciativas mais cruciais.

COMO CONSTRUIR VALOR: TORNE O TRABALHO MAIS LEVE
Os Players de Impacto tornam mais fácil o trabalho difícil e passam a serem vistos como líderes e players confiáveis

O futebol americano é um esporte exigente. Os jogadores encaram adversários determinados não apenas a impedir seu avanço, mas também a literalmente destruí-los. Talvez nenhum jogador sofra mais pressão que o *quarterback*, que precisa ter uma leitura do campo, localizar o companheiro livre e tomar decisões numa fração de segundo, enquanto imensos defensores adversários correm na direção dele. O *quarterback* não tem como contar com um desses adversários para aliviar seu fardo.

E no entanto foi exatamente o que aconteceu com Steve Young. Young era um *quarterback* digno de Hall da Fama, do San Francisco 49ers, duas vezes eleito melhor jogador da liga; seu adversário Reggie White era um temível defensor e recordista de todo os tempos da liga em *sacks* — ao se aposentar, no ano 2000, tinha derrubado 198 *quarterbacks*. Era forte, rápido e imenso — 1,95 metro e 135 quilos. White também falava grosso — corria pelo campo urrando e gritando. Young lembra: "Reggie simplesmente atropelava quem cruzava seu caminho. Eu recuava para fazer o passe, e dava para ouvir Reggie vindo me alcançar".

Young explicou o que tornava Reggie White um jogador tão fantástico: em meio a toda aquela intensidade, adrenalina e competitividade — toda aquela insanidade —, Reggie não se esquecia da saúde de Steve. Young dizia: "Ele chegava com toda aquela explosão, tentando cumprir a função dele. E de repente, quando me agarrava, dava um jeito de rolar para garantir que *eu caísse em cima* dele". Sim, ele cumpria sua função; no entanto, fazia o melhor possível para evitar que Steve se lesionasse. Prossegue Young: "E aí ele vinha falar com você: 'Oi, Steve, está tudo bem com você?'" Steve respondia: "Bom, Reggie, neste exato momento, não tão bem assim". Ou Reggie perguntava: "Ei, seu pai está bem?".[33]

Por mais intenso que seja o trabalho, ele pode ser leve. Se aquele gigantesco atleta podia tornar uma pancada pesada mais suportável para o adversário, certamente é possível entre colegas de uma equipe. Os Players de Impacto — seja no campo de futebol, seja no trabalho — tornam o trabalho mais leve.

Numa época em que trabalhar ganha mais espaço e permeia todos os aspectos das nossas vidas, não há espaço para uma carga desnecessariamente maior, mas há todas as razões para tornar o trabalho mais fácil, mais suave, menos sofrido e mais alegre. Mesmo que não dê para reduzir nosso fardo, com a mentalidade correta podemos suavizar a carga-fantasma de todos. E, ao tornar os problemas mais suportáveis para os demais, acabamos descobrindo que nossa experiência profissional se torna melhor, ao mesmo tempo que nosso fardo se torna mais leve.

O MANUAL

Este manual é para todos os interessados em aumentar o impacto do próprio trabalho e implementar as mentalidades e práticas necessárias para TORNAR O TRABALHO MAIS LEVE.

Lances de Craque

1. **Vá direto ao assunto.** Gente fácil de trabalhar costuma entender as coisas com mais facilidade. Eles vão direto ao assunto e expressam suas ideias com clareza. Caso queira afiar sua argumentação, experimente qualquer uma das seguintes técnicas:

- Redija seu argumento como se fosse um tuíte de 140 caracteres.
- Em seus relatórios escritos ou briefings orais, acrescente um sumário executivo. Pode ser um parágrafo com os pontos-chave ou apenas uma frase única com a conclusão. Ao apresentar o relatório, principie pelo sumário executivo e vá detalhando na medida da necessidade.
- Ao encaminhar um longo fio de e-mails a um chefe (ou qualquer outro colega), inclua nesse fio um sumário de troca de ideias. Logo em seguida, exponha sua pergunta ou demanda.
- Marque um golaço resumindo suas ideias (ou uma conversa mais longa) em três pontos bem claros.

2. **Saiba jogar suas fichas.** Antes de uma reunião importante, atribua a si mesmo um certo "número de fichas de pôquer", em que cada ficha representa um comentário ou contribuição para a reunião, valendo um certo número de segundos de fala. Use suas fichas com parcimônia, refletindo se sua ideia naquele momento é:

- **Relevante.** É uma questão relevante de imediato para o chefe ou para os envolvidos? Se não for algo relacionado ao tema da reunião, é algo que faz parte da agenda deles em geral (uma de suas três maiores prioridades)?
- **Embasada.** Sua ideia tem base em dados ou outras evidências? Você está apresentando um ponto de vista equilibrado, com números que também mostrem o outro lado da história?
- **Singular.** Seu argumento acrescenta algo ao que já foi dito ou é apenas uma repetição de outro argumento já exposto? Essas ideias e sacadas refletem sua função, ponto de vista ou competências específicas?
- **Sucinta.** Seu argumento é claro e conciso? Há quem precise usar suas fichas com mais parcimônia, enquanto outros podem precisar distribuir suas ideias com mais frequência. Seja como for, a ficha — seja uma ficha de verdade no seu bolso ou uma imagem mental — serve como talismã, para recordá-lo de que a contribuição tem que ser relevante e valiosa.

3. **Descubra sua genialidade nativa.** Caso não enxergue claramente qual é sua genialidade nativa, você pode obter uma rápida perspectiva 360 graus enviando um e-mail ou mensagem a meia dúzia de amigos e colegas. Facilite a resposta deles usando este modelo:

Oi, queria pedir sua opinião. Estou tentando entender melhor como usar meu "talento natural" no trabalho, ou seja, aquilo que eu faço de forma mais natural, fácil e sem custo. No seu ponto de vista, o que você considera ser meu dom natural? Se precisar de uma ajuda para responder, seguem algumas perguntinhas para reflexão:

- O que eu faço melhor que todo mundo?
- O que eu faço sem fazer força?
- O que eu sei fazer sem me pedirem?
- O que eu tenho tendência a fazer melhor que as pessoas à minha volta?

Obrigado/a. Sua opinião vai me ajudar a entender como posso contribuir ao máximo.

4. **Crie um Manual do Usuário de Você.** Caso tenha a impressão de que tem sido usado como um martelo, quando você poderia ser um canivete suíço, é preciso fazer a equipe saber como se servir melhor de você. Crie um Manual do Usuário de Você, que inclua: (1) Genialidade nativa: O que sua mente realiza de forma fácil e sem custo? (2) Usos: De que maneiras diversas sua genialidade nativa pode ser aplicada no trabalho? (3) Instruções e manutenção: Que tipo de informação, feedback e apoio você precisa dos outros para realizar seu melhor trabalho? (4) Advertências: Em que situações você tende a ficar paralisado ou sair dos trilhos, e como as pessoas podem ajudá-lo a retomar o rumo?

Dicas de Segurança

1. **Comunique sua genialidade nativa.** Ao comunicar sua Genialidade Nativa, lembre-se de:

    - **Esclarecer seu propósito.** Explique o significado de "genialidade nativa" — trata-se do dom ou brilho natural da pessoa, aquilo que ela faz com facilidade, sem custo e extremamente bem. Informe às pessoas aquilo de que você mais gosta e no que trabalha melhor, por recorrer à genialidade nativa, e sua vontade de usá-la para contribuir de forma mais significativa.
    - **Não se comportar como uma estrela.** Não peça para trabalhar apenas dentro de sua genialidade nativa. Não é porque você a identificou que não precisa atuar em áreas em que não é bom por natureza ou não tem interesse específico.
    - **Dar tempo ao tempo.** Ao pedir a alguém que cogite outras formas de usar sua genialidade nativa, dê tempo à pessoa para pensar. Tente

subdividir a discussão em várias etapas: (1) exponha seu propósito, (2) debata sua genialidade nativa e (3) discuta novas formas de aplicar seu talento.
- **Criar uma via de mão dupla.** Além de debater sua genialidade nativa, aproveite a oportunidade para expressar reconhecimento e interesse na genialidade nativa dos demais membros de sua equipe, inclusive seu chefe.

2. **Evite a superexposição.** A maioria das pessoas quer ser tratada como uma pessoa por inteiro, e não ser vista apenas como um funcionário; no entanto, cada um tem um nível próprio de conforto na mistura entre vida profissional e pessoal. Caso você se sinta à vontade para falar da vida pessoal, use estas medidas de segurança: (1) compartilhe apenas aquilo que compartilharia em público, (2) compartilhe, mas nunca indague (assim, o outro pode retribuir voluntariamente), e (3) continue apenas se esse compartilhamento agradar e for retribuído. Caso o colega não retribua, pode ser um sinal de que não está gostando.

3. **Dê uma ajuda que ajude de verdade.** Não seja aquele convidado que chega cedo demais na festa, oferece-se para ajudar nos preparativos, mas exige tanta orientação, atenção e validação que vira um incômodo. Experimente estas três dicas para que sua ajuda seja uma bênção, e não um fardo: (1) Em vez de perguntar "Como posso ajudar", pergunte "Ajudaria se eu fizesse [determinada coisa] para você?"; (2) Em vez de perguntar "Quer que eu faça isso?", pergunte "Tem alguma exigência específica que eu deva saber, ou posso fazer como eu achar melhor?"; (3) Informe à pessoa o que você fez e pergunte se quer que você faça de outro jeito.

Dica de coaching para os gestores: Você poderá encontrar práticas de coaching para ajudar os membros de sua equipe a tornar o trabalho leve no Manual do Coach, no fim do Capítulo 8.

RESUMO DO CAPÍTULO 6: TORNE O TRABALHO LEVE

Este capítulo descreve como os Players de Impacto lidam com as demandas incessantes e como criam um ambiente de trabalho positivo e produtivo para todos na equipe.

	MENTALIDADE DO CONTRIBUIDOR	MENTALIDADE DO PLAYER DE IMPACTO
Prática	Aumenta o fardo	Torna o trabalho mais leve
Premissas	Preciso de ajuda do meu líder (*dependência*)	Meu esforço torna o trabalho melhor para todos na equipe (*contribuição*)
		Sou parte importante da equipe (*pertencimento*)
		Posso melhorar o bem-estar de todos (*benefício*)
Hábitos	Exige atenção	Tem baixo "custo de manutenção"
	Busca ajuda	Torna o fardo mais leve
	Contribui para o estresse	Melhora o clima
Consequências	Aumenta o fardo de líderes e equipes já sobrecarregados, sobretudo em momentos difíceis	Adquirem uma reputação de players de alta performance, sérios, com quem todos querem trabalhar. Isso reforça uma cultura de colaboração e inclusão

Armadilhas a evitar: (1) Superexposição, (2) Excesso de energia, (3) Contar demais, (4) Torcida organizada

PARTE 2

COMO DESENVOLVER A MENTALIDADE DO PLAYER DE IMPACTO

Capítulo 7

AUMENTE SEU IMPACTO

> Tem gente que pensa que nos tornamos grandes
> quando estamos sob os holofotes, no palco principal.
> Mas a luz só revela o que você fez nas trevas.
> **JEFF BAJENARU**

Até agora, exploramos a anatomia da Mentalidade do Player de Impacto, examinamos a forma de pensar e o comportamento desse player e vimos o que é a excelência. Neste capítulo, nosso foco vai se voltar para você e para aquilo que você pode fazer para reforçar essa mentalidade — não apenas mudando sua forma de agir, mas a lógica por trás dessa forma de agir. Vamos começar com um exemplo extremamente simples, de alguém que ilustra esse *ethos*, mas que o conquistou da forma mais difícil: superando adversidades de verdade, sofrendo para aceitar novas ideias e mudar o próprio comportamento.

Morador de Londres, Fernando Carrillo é CEO de uma organização sem fins lucrativos, apresentador de um podcast e pastor anglicano. É uma pessoa doce e otimista, que se dedica de corpo e alma a suas iniciativas. Realiza um trabalho de excelência, com uma postura que engaja as pessoas. Os convidados de seu podcast, *London's Leadership* ["Lideranças de Londres"], ficam impressionados com seu preparo e suas perguntas bem estudadas. Sentem que eles e suas ideias são valorizados. Os colaboradores de sua ONG, a WellWater, gostam de seu espírito otimista e eficiente, e do senso de pertencimento e propósito que ele cria para a equipe. Um dos colaboradores afirma: "Ele não perde o bom humor em meio aos problemas e levanta o astral de todos nós".

Fernando parece um Player de Impacto natural, mas não nasceu com esse jeito de pensar. Essa mentalidade e essas práticas foram conquistadas com esforço, em uma caminhada transformacional longa e árdua. Fernando nasceu em uma penitenciária de Miami, onde sua mãe estava encarcerada; seu pai sumiu da vista em pouco tempo. Quando ele tinha quatro anos e a mãe estava numa clínica de reabilitação, Fernando foi levado para Londres, para ser criado por parentes.

Fernando abandonou a escola aos quinze anos, sem qualquer qualificação profissional, sem perspectivas e com pouco apoio de adultos. Quando tinha dezessete, foi internado em uma instituição para menores delinquentes. Ele achava que a situação ia melhorar quando saísse do cárcere, mas, quando foi solto, as coisas só pioraram. Mergulhou ainda mais no mundo das drogas e do crime, e aos dezenove anos era viciado em drogas pesadas. No seu ponto mais baixo, chegou a ficar cinco dias seguidos sem comer e sem dormir. Passou quatro meses em uma clínica, e saiu dela com planos de uma vida diferente: ficar limpo, arranjar um emprego, entrar na universidade. Porém, assim que a realidade se apresentou, sua força de vontade vacilou e ele caiu de novo; diante da incerteza e do estresse, seu único mecanismo de resistência era o escapismo. Por mais dois anos, ele alternou entre a reabilitação e as recaídas. A cada tombo, a impressão de que era solitário, sem amor e fracassado, de que nunca seria uma pessoa boa, ficava mais e mais gravada em sua forma de pensar.

Fernando conseguiu emprego na cozinha de um restaurante. A rigidez dos horários propiciou a ele a tão necessária rotina, e um motivo para não sair da linha. Vivendo em um ambiente dominado pelas drogas, ele ainda estava vulnerável a recaídas, mas começou a acumular pequenas vitórias. As indicações de que ele era capaz foram aumentando, e Fernando começou a acreditar que podia mudar, aprender e adaptar-se. Um amigo o convidou para ir à igreja e ele aceitou. Nessa pequena igreja, que atendia a comunidade latino-americana de Londres, ele se sentiu abraçado por um grupo que o apoiava. Continuou enfrentando as complexidades do vício, mas conheceu um mentor que se tornou seu guia para a vida, ensinando a ele o significado da responsabilidade e a sensação de ser amado de forma incondicional. Fernando se matriculou em um cursinho pré-vestibular, tornou-se um bom aluno e entrou na universidade. Cada êxito fortalecia sua florescente mentalidade de crescimento, e ele começou a enxergar novas possibilidades. À medida que seu foco mudava, dos problemas para as necessidades das pessoas à sua volta, ele também foi mudando de perspectiva. Começou a acreditar que podia contribuir para a sociedade e fazer uma diferença real no mundo.

Conforme sua própria vida se estabilizava, ele voltou suas atenções para os jovens que passavam pelos mesmos sacrifícios que ele tão bem conhecia. Começou a fazer mentoria de jovens e descobriu que era apaixonado por esse trabalho. Sentindo cada vez mais sua própria força, começou a tomar iniciativas e a agir em situações-limite. Com a ajuda de um amigo, abriu uma academia de ginástica para jovens com problemas em uma área carente de Londres. Conseguiu se formar em comércio internacional, com especialização em espanhol, na Universidade de Westminster, e depois obteve um segundo diploma, de teologia. Começou a trabalhar como pastor-aprendiz na Holy Trinity Brompton, uma vibrante igreja anglicana no coração de Londres. Para ajudar os jovens a canalizar seus talentos para o serviço comunitário, fundou a WellWater, cujo propósito é descobrir líderes que ajudem a eliminar a pobreza no mundo. Nesse meio-tempo, prosseguiu nos estudos e completou o mestrado em liderança cristã na Universidade de Middlesex. Em uma manhã tranquila de domingo de setembro de 2020, na catedral de São Paulo, em Londres, Fernando foi ordenado ministro da Igreja Anglicana.

O próprio Fernando conta que essa transformação radical de comportamento foi precipitada por uma série de alterações profundas de sua mentalidade. Tudo começou por uma mudança de identidade. "Passei do sentimento de falta de propósito para a certeza de que eu tinha valor", diz. "Passei a saber o quanto valia e que eu tinha alguma coisa para dar." Essa identidade nova foi moldada pela descoberta da espiritualidade. Todas as manhãs ele lia uma lista de frases sobre si mesmo, que refletiam seu valor intrínseco e sua verdadeira identidade. Ao ancorar seu trabalho na convicção arraigada de que ele tinha valor enquanto pessoa, também começou a enxergar de maneira diferente as próprias competências. Perto de completar trinta anos, ele relembra: "Não consigo recordar o dia exato, mas me lembro perfeitamente de acordar e me sentir capaz. De me sentir forte e capaz de encarar desafios maiores".

À medida que compreendia melhor a própria força, ele começou a interpretar de outra maneira os desafios e adversidades. Passou a encarar desafios radicais menos como ameaças e mais como oportunidades de crescimento. Talvez nada exemplifique isso melhor que sua maneira de encarar o feedback. Ele explica: "Fiz uma longa jornada até ser capaz de receber feedback". Antes, ele evitava o feedback, simplesmente porque doía muito. Ele levava para o lado pessoal, como um ataque à própria identidade e uma ofensa a suas habilidades. Fernando conta: "O feedback negativo afirmava as convicções negativas que eu tinha a meu próprio respeito. Eu me lembrava de que era um excluído, que nunca seria bom o suficiente, e que era frágil". Com o passar do tempo, sua atitude foi mudando. Ler aquelas frases diárias sobre si mesmo reafirmava sua força e lhe dava confiança para mudar de comportamento. Hoje, Fernando se relaciona com o feedback de uma maneira bem diferente. Ele afirma: "Agora, eu busco o feedback o tempo todo. Procuro desesperadamente quem possa me dizer como evoluir e como agir melhor. É a melhor oportunidade de crescimento".

Fernando até hoje desenvolve jovens líderes que podem mudar o mundo — por intermédio da WellWater, do seu podcast e do serviço religioso. O combustível do seu trabalho é a crença de que todos podem ser líderes, quem quer que sejam ou onde quer que já tenham estado. Ao mesmo tempo, ele não parou de buscar a evolução pessoal. Encontra-se todas as semanas com seu mentor e escreve um diário. Tem um coach executivo, dá coaching para outros líderes e foi aceito recentemente no Marshall Goldsmith 100 Coaches, um grupo de coaches de executivos, líderes e autores de reconhecido êxito, que usam o próprio talento em prol de pessoas e organizações de valor.

Leva tempo para achar o caminho para uma nova atitude. Nesse caminho podem ocorrer epifanias ou experiências transformadoras ocasionais. Porém, as mudanças costumam ser graduais, ocorrendo em incrementos quase imperceptíveis. Cada passo a mais fortalece nossas convicções nascentes e reforça esses novos comportamentos. Nas palavras de Fernando, "Quanto mais você segue um caminho, mais natural ele vai se tornando. Quase sem que você perceba, torna-se simplesmente seu jeito de viver".

Embora tenhamos pouco controle sobre nossas circunstâncias, tanto na vida quanto no trabalho, temos como controlar nossas reações e mudar nosso comportamento e nossas convicções. Não faltam exemplos de como alterar nossos padrões de pensamento e de ação. A maioria dos especialistas afirma que o comportamento se baseia nas crenças; que primeiro precisamos mudar nossa mentalidade, e novas práticas decorrerão. Outros postulam que experimentar novos comportamentos pode levar a novos jeitos de pensar. Mas existe uma coisa em que todos concordam: mudar nossas convicções e nosso comportamento não é fácil, e tampouco é fácil mudar a forma como somos vistos. Este capítulo vai propor algumas maneiras de facilitar um pouco as mudanças difíceis. Vamos principiar ajudando você a sair das trevas e indo diretamente à base da Mentalidade do Player de Impacto.

DOMINE AS CONVICÇÕES E COMPORTAMENTOS BÁSICOS

Na minha experiência como coach de líderes, percebi que a incapacidade de mudar se deve, em geral, a uma superabundância de ambição, e não à falta dela. O fracasso costuma acontecer quando tentamos adotar de uma vez só um número excessivo de comportamentos novos. Em seu livro *A única coisa*, Gary Keller escreveu: "Você pode ser bem-sucedido com menos disciplina do que imagina, por uma simples razão: o sucesso é uma questão de fazer a coisa certa, e não de fazer tudo certo".[1] O mesmo vale para a tentativa de adotar as diversas atitudes e práticas dos Players de Impacto. Por mais que você se sinta inspirado por vários dos indivíduos cujos perfis foram apresentados neste livro, e por mais convencido que esteja de que agir de forma semelhante pode gerar mais valor para você e seus colegas, tentar seguir o exemplo de todas as mentalidades e características comportamentais discutidas aqui pode ser inviável, e muito provavelmente seria um esforço condenado ao fracasso. Quero tranquilizá-lo: você não precisa ter o pacote completo para ser considerado um contribuidor de ponta. Na verdade, os Players de Impacto de nossos estudos apresentaram, em geral, três ou quatro de cinco práticas (para ser exata, em média 3,17 práticas). Mas até mesmo tentar adquirir três dessas características, ou realizar diversos Lances de Craque propostos aqui, pode assustar.

Existe uma abordagem mais robusta e sustentável para adquirir a Mentalidade do Player de Impacto. Em vez de tentar adotar simultaneamente uma infinidade de práticas exteriores, foque uma das práticas básicas interiores. Demos a elas o nome de habilidades-mestras — duas competências centrais que todo contribuidor de alto impacto em nosso estudo parece possuir. Assim como habilidades físicas, por exemplo, velocidade ou coordenação motora, são básicas em uma ampla variedade de esportes, as habilidades-mestras são básicas em todas as práticas dos Players de Impacto. Quando praticadas de forma autêntica, essas habilidades-mestras produzem o comportamento exato de forma natural. A primeira habilidade-mestra é enxergar pelo olhar alheio, das pessoas e dos grupos afetados pelo seu trabalho; a segunda é enxergar oportunidades onde os outros enxergam ameaças. Vamos principiar explorando como a mudança de perspectiva altera naturalmente as atitudes e o impacto.

Habilidade-mestra número 1: Mudar de perspectiva

Ao se deparar com um problema, o natural é que os profissionais mais brilhantes e com foco em ação avaliem a situação, assumam a responsabilidade e ajam rapidamente. No entanto, podem facilmente atingir o alvo errado. É grande o número de profissionais que atiram no próprio pé, trabalhando naquilo que *acham* mais importante, sem enxergar além da própria perspectiva. A intenção é nobre, mas o ponto de vista é errado. Quando a visão é limitada, o impacto também é.

Para aumentar nosso impacto, precisamos saber o que tem valor para os outros. Precisamos treinar nossa mente para enxergar as situações pelo olhar alheio. Precisamos enxergar pelos olhos daqueles que se beneficiam do nosso trabalho. Essa visão não vai melhorar simplesmente fazendo força para enxergar com mais clareza; para aprimorar nossa ótica, temos que mudar de ponto de vista e enxergar a situação de outro ângulo. Como disse James Deacon, "aquilo que você vê depende não apenas do lugar para onde você olha, mas também do lugar onde você está quando olha".

Esse é um princípio que eu aprendi de um de meus professores favoritos, J. Bonner Ritchie, que foi não apenas um mentor influente para muitos, mas também um player influente na promoção da paz mundial, ao se tornar ele próprio um estudante.

Um novo ponto de vista

J. Bonner Ritchie era professor de comportamento organizacional na faculdade Marriott de Administração da Universidade Brigham Young, mas também era acadêmico visitante em um campus-satélite em Jerusalém, no monte Scopus, no limite oriental da cidade histórica. Fazia meses que ele estava vivendo e trabalhando em Jerusalém, dando aulas de liderança e gerindo programas de treinamento junto à população local. Certo dia, indo para casa de carro, Bonner pegou um atalho por uma parte palestina de Jerusalém Oriental, chamada Issawiya. Quando atravessava o bairro, um grupo de adolescentes cercou seu carro e começou a apedrejá-lo — não com pedrinhas, mas com pedras do tamanho que machuca. A pista era estreita e ele não tinha por onde fugir. Várias pedras atingiram a janela do motorista, acertando seu ombro. Ele notou que sua camisa branca estava coberta de sangue. Conseguiu sair de ré, ladeira acima, e escapar antes que a situação se deteriorasse. Foi dirigindo até sua casa e de lá para o hospital, onde um médico retirou trinta estilhaços de vidro do seu braço e do rosto.

Depois de um dia se recuperando, Bonner, todo enrolado em curativos, resolveu voltar a Issawiya para "se informar mais sobre os que o atacaram".[2] Dois dias antes, debaixo de uma chuva de pedras, ele estava possesso, mas desta vez estava voltando ao vilarejo para compreender, e não para se vingar. Levou consigo um tratador e, dessa vez, resolveu ir andando em vez de dirigir. Pediu para falar com o *mukhtar* (prefeito) e explicou que queria conversar com os meninos e compreender a intenção deles. O *mukhtar* pediu desculpas pela situação e reuniu três meninos, bastante nervosos. Bonner explicou que queria ficar amigo deles e perguntou: "Por quê? Por que vocês fizeram isso?". Os meninos explicaram que o carro tinha a placa amarela de Israel (enquanto as da Palestina são azuis) e acrescentaram: "Seu gesto é muito bonito, mas seu carro merecia morrer". Para os meninos, a placa era um símbolo da ocupação. Bonner escutou e conversou longamente com os meninos e outros moradores. Tempos depois, refletindo sobre o ocorrido, escreveu "Ouvi a frustração e a desesperança deles, e, embora não aceite a lógica da violência, compreendi a necessidade deles de liberdade e independência. Ficamos amigos, em vez de inimigos".[3]

Essa foi uma de várias experiências que criaram um relacionamento profundo entre Bonner e as comunidades de Jerusalém, tanto a judaica quanto a árabe. Os três meninos de Issawiya passaram a visitá-lo de vez em quando na universidade, levando presentes. Ele continuou a trabalhar na universidade e a organizar oficinas que congregavam líderes tanto da comunidade árabe quanto da judaica. Ele angariou a fama de um líder sábio, que constrói pontes — alguém capaz de enxergar os dois lados sem tomar partido.

Na primavera de 1993, Bonner recebeu uma ligação inesperada de um assessor de Yasser Arafat, o líder da Organização pela Libertação da Palestina (OLP), dizendo que Arafat tinha ficado sabendo da fama de Bonner de construtor de laços e queria encontrá-lo na sede da OLP, na Tunísia. Poucos dias depois vendaram Bonner, transportaram-no em vários veículos e passaram por túneis secretos até que ele se viu diante de Arafat, que o cumprimentou e explicou a situação. Os israelenses haviam feito uma proposta inicial de negociações de paz. Porém, metade dos integrantes do comitê executivo da OLP se opunham veementemente à ideia de paz com Israel. Estava marcado um encontro de Arafat com o primeiro-ministro de Israel, Yitzhak Rabin, dali a uma semana, e Arafat pediu a Bonner que passasse aquele período com sua equipe, ajudando-os a abrir a cabeça para a paz. Bonner aceitou e, uma semana depois, Arafat e Rabin deram início às negociações de paz, levando à assinatura dos Acordos de Oslo, no outono de 1993.

Em vez de simplesmente lamber as próprias feridas, Bonner esforçou-se para aprimorar sua visão — para compreender de que forma outro grupo enxergava sua presença, e para levar em conta um ponto de vista diferente. Embora o acordo de paz tenha sido possibilitado pelo trabalho de inúmeras pessoas, Bonner pôde dar uma contribuição importante, por estar disposto a enxergar o mundo pelos olhos alheios. Essa amplitude de visão lhe permitiu desempenhar um papel de influência.

O que você pode fazer para ampliar sua compreensão e aprimorar sua visão? Você se apoia em um ponto de vista que só enxerga valor de um lado ou procura ver pelos olhos dos demais envolvidos? Quando optamos por ver o que os outros veem, nossa ótica evolui, e, quando fazemos aquilo que é importante para quem consideramos importante, a seta aponta na direção correta e aumentamos nosso impacto.

Quando enxergamos pelos olhos dos demais envolvidos, aquilo que é importante para eles se torna evidente, reforçando nossa compreensão de suas prioridades e necessidades. Podemos ver de um ângulo melhor qual é o verdadeiro trabalho que precisa ser realizado. Quando compreendemos as necessidades e prioridades reais e nos deparamos com um vácuo de liderança, não ficamos parados à espera de um convite: damos um passo à frente e assumimos a liderança. Quando compreendemos os fardos que nossos líderes carregam, não nos limitamos a passar na sala deles para lembrarem que existimos, mas entramos para tornar o trabalho mais leve para eles. Resumindo: quando mudamos de perspectiva, conseguimos mudar nosso impacto.

O quadro a seguir mostra como a habilidade-mestra de assumir outro ponto de vista ajuda a recorrer a uma série de práticas dos Players de Impacto. Além disso, ele ilustra como esse aprimoramento da visão nos permite identificar e evitar as armadilhas que pegam os contribuidores médios.

Eis algumas maneiras simples de alterar sua perspectiva e conseguir um ângulo melhor para enxergar os acontecimentos:

Distancie-se. Tente se afastar de sua posição na organização ou no processo de trabalho e enxergar sua própria situação com uma lente

HABILIDADE-MESTRA DO PLAYER DE IMPACTO: ASSUMIR OUTRA PERSPECTIVA

Enxergar pelo olhar do outro leva a outras práticas de alto impacto

grande angular. Pergunte a si mesmo: quem são os outros players, e o que eles precisam de mim para serem bem-sucedidos? Quem são as pessoas cadeia afora afetadas pelo meu trabalho? Quem são as pessoas que se beneficiam do trabalho que realizo? Quais seriam os maiores beneficiados?

Troque de lugar. Em vez de se distanciar, aproxime-se, mas através do ponto de vista de outra pessoa. Você pode fazer isso perguntando, simplesmente: como você enxerga essa situação, pela sua perspectiva? O que você vê que eu talvez não consiga ver? Como esses problemas o afetam no nível pessoal? Para você, o que seria um triunfo? Você também pode trocar de lugar, literalmente, para entender melhor a perspectiva do seu responsável em relação à situação. Em uma reunião, você pode se sentar em um lugar diferente do habitual. Você pode acompanhar uma visita de cliente, passar o dia como usuário de seu próprio produto ou se oferecer para assumir os encargos de um colega na ausência dele. Fazer isso vai ajudar você a compreender e a melhorar a experiência daqueles para quem você trabalha.

Escute por mais tempo. A maioria de nós sabe que o trabalho impactante costuma começar pela curiosidade, pela empatia e pela escuta, mas será que você tem escutado tempo o bastante para adquirir a compreensão daquilo que é necessário para gerar um impacto forte? Michael Bungay

Stanier, autor de *Faça do coaching um hábito*, pergunta: "Você seria capaz de prolongar um pouco sua curiosidade e demorar um pouquinho mais antes de se apressar a agir e dar conselhos?". Paulo Büttenbender, o arquiteto de softwares da SAP no Brasil mencionado no Capítulo 1, é um símbolo dessa postura. Assim como a maioria dos desenvolvedores de aplicativos nas empresas, Paulo pesquisa as necessidades dos clientes, forma uma opinião sobre a aplicação existente que atende aquela exigência empresarial e em seguida entrevista os clientes ou usuários para ter certeza de que entendeu plenamente suas necessidades. Ao escutar, a maioria dos desenvolvedores vira uma chave mental, de apuração de informações à solução de problemas, e começa a pensar em reparos e a propor soluções. O que diferencia Paulo da maioria dos desenvolvedores é o tempo que ele leva escutando — "Em geral, escuto durante uma semana inteira", ele nos disse. Embora chegue preparado e tenha amplo conhecimento de soluções de software, ele fica escutando, contendo o impulso natural de compartilhar sua expertise ou de passar para o modo de solução de problemas. É um esforço proposital; ele explica: "Tento passar o tempo inteiro com eles, compreendendo o problema, sem propor qualquer solução. Espero o encontro seguinte antes de propor uma solução". Ele reconhece que às vezes é bem complicado ficar quatro ou cinco horas por dia, escutando, por cinco dias seguidos, mas vale a pena. Como bem sabem os colegas e clientes dele, o software projetado por Paulo é melhor, mais adequado a suas necessidades e de maior impacto.

De que forma seu trabalho poderia melhorar se você fizesse uma pausa e escutasse mais? Será que você conseguiria aumentar seu impacto simplesmente trocando de lugar, buscando um ponto de vista diferente e mostrando curiosidade por mais tempo?

Habilidade-mestra número 2: Trocar a lente

Uma das várias lições que aprendi com o professor Ritchie é que a gestão da incerteza é uma função essencial da boa liderança. Em momentos de incerteza, os melhores líderes propiciam estabilidade a suas equipes, absorvendo as dúvidas. É preciso que eles se sintam à vontade diante da incerteza — a tal ponto de poderem continuar na empresa tempo suficiente para transformar incógnitas em oportunidades. Esse conforto com a incerteza (e sua prima, a adversidade) mostrou-se um dos marcos dos Players de Impacto que pesquisamos, e o maior diferenciador entre eles e seus pares. Na verdade, os cinco desafios do cotidiano apresentados no Capítulo 1 — problemas complicados, confusão de papéis, obstáculos imprevistos, alvos móveis e demandas incessantes — formam uma espécie de teste de Rorschach. Em situações idênticas, enquanto a maioria das pessoas enxerga ameaças a serem evitadas, os Players de Impacto enxergam oportunidades de agregar valor. Frances Hesselbein, ex-CEO das Bandeirantes dos Estados Unidos, resumiu essa mentalidade ao dizer: "Vemos a mudança como um desafio, e não como uma ameaça".[4]

A capacidade de interpretar situações desafiadoras como oportunidades, e não como ameaças, pode ter um impacto profundo na capacidade de lidar de forma eficaz com o estresse. Richard Lazarus e Susan Folkman, psicólogos cognitivos, deram a isso o nome de "avaliação" (*appraisal*), ou a forma como o indivíduo interpreta os fatores estressores na vida e reage a eles. Eles afirmam que, durante a avaliação primária, o indivíduo interpreta um evento seja como positivo, seja como perigoso para suas metas pessoais. Durante a avaliação secundária, o indivíduo avalia a própria capacidade ou os recursos para lidar com uma situação específica.[5] Por exemplo, quando enxergamos a falta de um líder formal em uma equipe como uma oportunidade, vemos uma chance de preencher esse vácuo de liderança. Quando nos consideramos suficientemente capacitados a liderar um grupo de nossos pares, nos apresentamos e assumimos a liderança. No entanto, quando avaliamos a mesma situação como uma ameaça, nos sujeitamos aos líderes, na esperança de que eles vão lidar com a incerteza e propor rumos.

A diferença entre essas duas visões do mundo é bem parecida com a diferença entre uma lente convexa e uma lente côncava. Enxergar a incerteza como uma ameaça é como olhar por uma lente convexa, que faz os raios de luz convergirem em um único ponto focal — que tende a ser nós mesmos. Quando usamos a lente da ameaça, ficamos míopes: olhamos para dentro, pensamos nos impactos situacionais e temos tendência a nos enxergar como isolados, sem controle ou sem apoio da organização.

LENTE DA AMEAÇA

Através dessa lente, ficamos míopes, nos vendo como isolados e sem controle

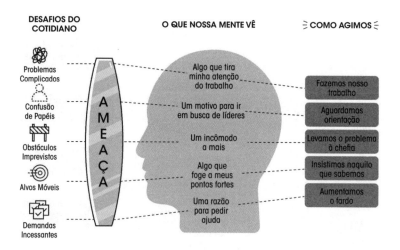

Quando a incerteza é vista através da lente da oportunidade, a imagem resultante se amplia, e tendemos a enxergar aquilo que está acontecendo à nossa volta. É um efeito semelhante ao produzido por uma lente côncava, que dissemina os raios de luz. Com a lente da oportunidade, enxergamos o contexto mais amplo; conseguimos enxergar o lado bom, assim como o lado ruim de nossas decisões e os benefícios aos demais envolvidos.

Um negócio arriscado

Vou recorrer pela última vez à minha experiência na gestão do Fórum de Líderes da Oracle, e a um momento em que fui capaz de transformar uma situação delicada em uma oportunidade valiosa. Estávamos na metade da programação da primeira semana. Tudo transcorria bem, mas os participantes estavam lidando com um projeto de verdade, crucial, usando aquilo que havíamos aprendido sobre a estratégia da empresa. Foi nesse momento que eu detectei murmúrios de descontentamento. Os líderes das classes me chamaram e me deram a dica: o grupo achava que, em vez de trabalhar no projeto atribuído, faria uma contribuição muito maior dando aos principais executivos da empresa feedback sobre como melhorar a estratégia.

LENTE DA OPORTUNIDADE
Através dessa lente, nossa visão se amplia, enxergando alternativas e razões para agir

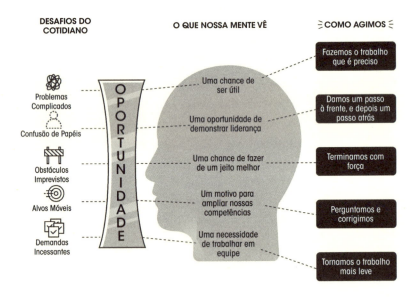

Era uma mudança que ia além de uma simples alteração de planos. Tínhamos investido tempo e recursos substanciais na preparação do projeto, e a alta direção estava aguardando soluções para o dia seguinte. Além disso, era uma mudança de rumo perigosa. Aprimorar a estratégia da empresa soava nobre, mas a coisa podia degenerar rapidamente em uma lavação de roupa suja. É raro que os altos executivos apreciem surpresas, e são poucos os reis que gostam de ouvir que estão nus.

Um consultor externo por quem eu tinha profundo respeito me alertou: "Desaconselho fortemente. Mantenha a equipe nos trilhos". Os integrantes da minha equipe observaram que o que estava em jogo era mais importante que um simples aprendizado — estava em jogo uma demonstração de força. E certamente eu entendia esse argumento; dava para ver claramente como aquilo podia acabar mal, sobretudo para mim. No entanto, era preciso levar em conta um lado bom relevante. Aquilo poderia realmente nos ajudar a amarrar melhor a estratégia, tornando-a mais compreensível para todos na empresa. Na verdade, era isso que os executivos de fato queriam que os líderes fizessem — compartilhar a estratégia empresa afora. Enquanto eu analisava o pedido, visualizei as possibilidades: e se aquele motim fosse, de fato, uma demonstração de comprometimento com a empresa? Aquele desvio de rota poderia levar a uma transformação? E se o que necessitávamos fosse exatamente um desvio? Seria possível gerir a situação, para que ela virasse um grande triunfo em vez de um desastre total?

Não dava para entrar em contato com os executivos mais graduados, e eu era o que havia de mais próximo de um "adulto na sala". Será que eu devia optar pela segurança ou pegar o caminho mais acidentado, que poderia pavimentar a estrada para um progresso ainda maior?

Concluí que deixar o grupo se virar com a estratégia da empresa e se colocar no lugar da alta direção era a melhor forma de afiar suas habilidades de pensamento estratégico. O grupo ficou empolgado (e talvez um pouco surpreso) quando eu disse que estavam livres para redefinir seu trabalho. No entanto, também deixei claro que, com a liberdade, vinha uma obrigação. "Sejam criadores de valor, e não apenas críticos do status quo", alertei, acrescentando na sequência: "Estou confiando em vocês; não me deixem na mão". Para mim, estava claro que os benefícios dessa nova abordagem superavam os riscos, mas eu precisava me certificar de que a alta direção, a quem claramente eu devia obediência, estaria de acordo. Dei um jeito de ligar para a casa de cada um dos três executivos. Já era tarde demais para pedir permissão; por isso, expus minha lógica e pedi que a encarassem de mente aberta. Sim, inicialmente eles ficaram um pouco incomodados, mas também expressaram curiosidade.

O grupo trabalhou madrugada afora e entregou uma apresentação convincente — análise *com* respostas. Tendo sido avisada, a alta direção teve uma reação perfeita. Houve alguns momentos de constrangimento, mas as ondas levantadas por aqueles líderes emergentes geraram uma maré de transformação que levou a uma estratégia mais clara e mais atraente. Aquilo que seria um motim se tornou um grande movimento, porque pegamos o caminho não percorrido.

Quando trocamos a lente da ameaça pela lente da oportunidade, conseguimos transformar situações de risco em experiências recompensadoras.

Reenquadre as ameaças como oportunidades. Você pode usar a técnica psicológica do "reenquadramento cognitivo" (identificar, contestar e alterar o modo de ver uma situação)[6] para ajudar a enxergar oportunidades em situações vistas como ameaças. Mudar convicções profundamente arraigadas, principalmente quando envolvem medo, pode exigir muito esforço e a ajuda de um coach ou terapeuta. Com a prática, porém, reenquadrar situações pode se tornar tão fácil quanto trocar de filtro na foto do celular; por exemplo, trocar o filtro mais escuro por uma opção mais vívida. Use os quatro passos a seguir para ajudá-lo a reenquadrar ameaças como oportunidades:

1. **Admita as incertezas.** Fique de olho em situações cheias de incertezas e dificuldades, em que os Players de Impacto têm tendência a pensar e reagir de maneiras radicalmente diferentes dos demais. Essas cinco situações (problemas complicados, confusão de papéis, obstáculos imprevistos, alvos móveis e demandas incessantes) podem servir como sinais para fazer uma pausa e conferir que lente você está usando.
2. **Confira sua lente.** Preste atenção em seus pensamentos e reações. Busque sinais de que você está olhando a situação pela lente da ameaça, seja usando o quadro intitulado "A Lente da Ameaça" ou respondendo às perguntas a seguir:
   - O que me preocupa mais, os riscos ou as possibilidades positivas?
   - Estou me fechando em mim mesmo em vez de olhar para fora?
   - Acredito que me faltam habilidade, força ou recursos, em vez de enxergar em mim mesmo níveis suficientes de capacidade e recursos?
3. **Reenquadre a situação.** Conjecture como seria a mesma situação sob a lente da oportunidade. Identifique a situação que hoje lhe parece ameaçadora e pergunte:
   - Como um Player de Impacto enxergaria nela uma oportunidade de agregar valor?
   - De que maneira isso pode ter um impacto positivo sobre minhas próprias metas?
   - A que habilidades e recursos eu posso recorrer para encarar as incertezas intrínsecas à situação?

4. Troque pela lente da oportunidade. Agora imagine o que você faria de diferente se enxergasse essa situação como uma oportunidade. Você pode utilizar o quadro intitulado "A Lente da Oportunidade" para identificar as convicções e as práticas dos Players de Impacto a serem empregadas, ou simplesmente fazer a pergunta: Ao olhar pela lente da oportunidade, que convicções e comportamentos são a consequência natural?

Reenquadrar a incerteza como oportunidade vai ajudá-lo a agir de forma corajosa. Porém, o simples reenquadramento de uma situação pode não ser suficiente. Muitas vezes são situações de perigo concreto (pelo menos profissionalmente). Por isso, é bom eliminar o risco de situações que já sejam arriscadas. Por exemplo, no exemplo mencionado há pouco, eu liguei para a casa dos executivos da Oracle para explicar minha lógica e preparar o espírito deles. Eu estava reduzindo o risco de uma situação potencialmente perigosa.

Mudar nossa forma de reagir às situações fora do nosso controle começa pelo reenquadramento de como enxergamos e interpretamos situações estressantes. Alterar nosso ponto de vista e nossa lente nos permite enxergar com clareza e tomar o rumo certo. No entanto, para que nosso esforço seja sustentado, precisamos de algo além de convicções: precisamos de uma prova de que a Mentalidade do Player de Impacto de fato entrega mais valor e aumenta a influência e o impacto.

COMO ASSUMIR RISCOS INTELIGENTES

Três maneiras de eliminar o risco de lances arriscados, transformando incertezas em oportunidades.

1. **Reconheça o risco.** Identifique os perigos em potencial, fique de antena ligada e atente para os sinais de problemas.
2. **Estabeleça as expectativas.** Informe as pessoas tanto dos riscos positivos quanto dos negativos, e conte o que precisa delas.
3. **Estabeleça os limites.** Defina as fronteiras e os pontos de minimização de perdas para reduzir as consequências negativas. Tenha planos B à mão.

JUNTE EVIDÊNCIAS FAVORÁVEIS

Muitas de nossas tentativas de transformação começam bem, mas poucas aceleram na reta final. Por quê? Porque tentamos incentivar a transformação só na base da força de vontade, em vez de validar nossos avanços com evidências de melhora.

Um de meus ex-colegas recebeu, certa vez, uma montanha de feedback segundo o qual ele era forte como líder, mas fraco como colaborador, principalmente quando se tratava de prestar apoio aos colegas. Ele escutou esse feedback e sabia que era uma questão limitante para sua carreira. Por isso, elaborou um plano para atacar o problema. Digitou para si mesmo uma nota de lembrete, imprimiu-a em corpo 72 e pregou-a na parede, na frente de sua mesa. Estava escrito: ENCONTRE ALGO QUE PRECISA SER FEITO E FAÇA SEM ESPERAR O CRÉDITO.

Pouco tempo depois de afixar esse aviso, percebi que ele passou a fazer um esforço consciente para ajudar os outros. Eram atitudes forçadas e desajeitadas, mas estava fazendo a coisa certa. Em poucas semanas, ele tirou o aviso. Interpretei isso como um sinal de esperança, de que ele havia descoberto as alegrias do trabalho em equipe e não precisava mais de um estímulo constante. No entanto, não muito tempo depois, ele voltou a ser como era, correndo atrás da própria agenda e fazendo questão dos holofotes. Ele tinha tentado o que em inglês é conhecido como *fake it till you make it* ("de tanto fingir, uma hora vira verdade"), mas nunca conseguiu, porque essa mentalidade incipiente e mais frágil foi superada por uma antiga premissa: *Se eu for o líder, vou receber mais crédito*.

Robert Kegan e Lisa Lahey, de Harvard, batizaram essa dinâmica de "imunidade à mudança". Em um artigo na *Harvard Business Review* intitulado "A verdadeira razão pela qual as pessoas não mudam", escreveram: "Mesmo quando se comprometem sinceramente com as mudanças, muitas pessoas passam, sem perceber, a empregar energia produtiva em um compromisso rival, oculto. O equilíbrio dinâmico resultante disso solapa o esforço, o que parece resistência, mas na verdade é um tipo de imunidade pessoal à mudança".[7] Externamente, meu colega parecia agir como coadjuvante, mas seu compromisso com a ajuda aos colegas concorria com outra premissa, profundamente arraigada. Ele não conseguia enxergar como a ajuda as outros levaria ao sucesso para si mesmo, e por isso voltou à sua antiga convicção. A força de vontade estava lá, mas lhe faltava convencimento, e ele desistiu.

David Hume, filósofo escocês do século XVIII, disse: "O homem sábio [...] tem convicções proporcionais às evidências". Nesse sentido, vamos abordar três maneiras de usar as evidências para implantar uma Mentalidade de Player de Impacto, reforçando sua reputação como tal. A primeira é reunir evidências em favor de um comportamento experimental.

1. Faça experiências e reúna evidências

Comportamentos e convicções nascentes são frágeis e acabam suplantados por premissas anteriores, a menos que sejam fortalecidos por evidências favoráveis. Essas evidências formam uma barreira em torno da mentalidade florescente, da mesma forma que uma estaca dá estabilidade a uma muda de árvore até que ela cresça o bastante para ficar em pé sozinha. Em vez de confiar na própria força de vontade (ou de pregar um cartaz na parede) para honrar seus compromissos, você pode obter ganhos maiores e mais duradouros reunindo evidências e construindo uma argumentação em favor dessa mentalidade ou comportamento incipiente. Como indicam Kegan e Lahey, depois que compreendemos quais premissas existentes podem estar nos impedindo de assumir um compromisso com uma nova maneira de agir, precisamos tomar a iniciativa de ir em busca de experiências que coloquem em xeque a validade de nossas premissas anteriores e provem a utilidade das novas.[8]

Quando você experimenta uma prática nova ou tenta adotar uma nova crença, pense nisso como uma experiência: em vez de mergulhar de cabeça, pense como o cientista que, tendo formulado uma hipótese, realiza um experimento para testar as premissas e reunir evidências seja em favor ou contra a teoria. Como o enquadramento do Player de Impacto foi desenvolvido com o uso do método científico, boa parte do trabalho já foi feita para você. Essas mentalidades e comportamentos se revelaram eficazes para os Players de Impacto em nosso estudo. No entanto, não precisa acreditar na minha palavra: realize sua própria experiência. Trate essas práticas como hipóteses e prove-as por conta própria.

Por exemplo, Andrew Ritchie, um estrategista empresarial da Nova Zelândia, resolveu testar a hipótese de que falar menos nas reuniões poderia gerar um impacto maior. Ele fez a experiência com essa ideia por meio do Lance de Craque chamado "Saiba jogar suas fichas" durante a reunião de planejamento estratégico trimestral da empresa. Essas reuniões são sessões intensas, que duram o dia inteiro e são recheadas de debates acalorados. Como um dos especialistas em estratégia da empresa, Andrew costuma ser um dos contribuidores mais vocais.

Ele identificou três temas em que sabia ter absolutamente necessidade de contribuir com seu ponto de vista, gastando, assim, uma ficha. Duas fichas seriam usadas em projetos que ele queria levar adiante, e uma ficaria guardada para um assunto crucial que ele queria ver debatido. Ele planejou com antecedência suas fichas, preparando-se para compartilhar sua perspectiva singular e as evidências favoráveis, usando tópicos para ajudá-lo a ser sucinto. Quando um colega lhe enviou uma mensagem perguntando por que estava tão calado na reunião, Andrew respondeu: "Estou usando minhas fichas com inteligência." Recebeu um "joinha" como resposta.

Ele usou as fichas com precisão cirúrgica, e ao fim do dia os dois projetos que defendeu foram aprovados e o tema desejado foi debatido com a veemência esperada por ele. Além disso, como escutou atentamente os pontos de vista dos demais, pôde enxergar com mais clareza as agendas de cada um. "Quando me envolvo profundamente no debate, acabo deixando passar as sutilezas", comentou.

Andrew compartilhou conosco os resultados de sua experiência: ao usar suas fichas com parcimônia, não apenas ele obteve os resultados que buscava como angariou novas ideias e pontos de vista. Eram evidências convincentes o bastante para fazê-lo experimentar de novo essa postura. Foi uma experiência que mudou sua convicção anterior, de que expor as próprias ideias o tempo todo aumentava sua influência.

Reúna evidências. Quando fizer experiências com o comportamento ou a mentalidade do Player de Impacto, adote a ação mais discreta possível e recolha as evidências. Use as perguntas a seguir para juntar essas evidências e compreender o efeito (e a eficácia) do novo comportamento.

1. O que você faria de outra forma?
2. Qual foi a diferença na reação das pessoas?
3. Isso gerou o resultado que você esperava?
4. Quais os sinais de que funcionou melhor que aquilo que você fazia antes?
5. Quais são os sinais de que foi menos eficaz que aquilo que você fazia antes?

Repita a experiência até dispor de provas esmagadoras de que a nova convicção faz sentido, ou vá ajustando sua postura conforme a situação. Tome nota da premissa que foi reforçada ou que se provou verdadeira. A menos que uma prática experimental gere resultados superiores, acabaremos retornando às premissas e aos padrões de comportamento em que confiávamos antes. Quando você fizer experiências com um comportamento novo, busque evidências que enfraqueçam a influência das premissas antigas, e que reforcem os argumentos em favor dos novos e mais poderosos hábitos e convicções.

2. Promova e apresente sua contribuição

A filosofia discute temas relativos à percepção e ao significado usando a seguinte experiência mental, bem simples (e provavelmente conhecida por você): se uma árvore cair na floresta e não houver ninguém em volta para ouvi-la, ela produzirá um ruído? Da mesma forma, podemos perguntar: quando alguém dá uma contribuição importante, mas ninguém percebe, essa contribuição teve valor? Talvez, mas esse valor precisa ao mesmo tempo ser recebido *e* percebido pelo cliente ou interessado.

Ao longo deste livro, comentei a tragédia da subcontribuição — quando gente inteligente, competente e dedicada se deixa enganar por falsos valores e acaba diluindo o próprio impacto. A maior tragédia, porém, talvez seja o Player de Impacto invisível — o indivíduo de elevada contribuição, que encarna os ideais dos Players de Impacto, mas cujo trabalho passa despercebido ou é considerado não mais que a obrigação. Esses podem ser os heróis desconhecidos que atuam nos bastidores, ou pertencem a populações sub-representadas, que carecem dos privilégios dos grupos mais representados. Muitas vezes o trabalho dessas pessoas não é visto, e a voz delas não é ouvida. Claramente, o ônus da criação de uma organização inclusiva cabe à liderança da organização. Além disso, os gestores têm a responsabilidade de olhar além das características superficiais para enxergar a diversidade dos talentos de sua equipe (tema que vamos abordar no Capítulo 8). No entanto, certamente não atrapalha nada se você ajudar seus líderes e demais envolvidos a enxergarem suas competências com maior clareza. O que você pode fazer, portanto, para assegurar que seu trabalho não passe despercebido e que os demais vejam o verdadeiro valor e o impacto da sua contribuição?

A promoção do "Intel Inside"

A Intel Corporation se viu diante de um problema parecido: o cliente não conseguia enxergar o valor de um de seus mais valiosos produtos. Foi no começo dos anos 1990, quando a revolução dos computadores pessoais estava a pleno vapor. Por toda parte, empresas e pessoas estavam comprando pcs e notebooks da ibm e de uma série de fabricantes de computadores compatíveis com os ibms, como Compaq e Toshiba. Embutido em cada um desses equipamentos estava um microprocessador, um circuito integrado que é a unidade de processamento central dos computadores — essencialmente, seu cérebro. A Intel Corporation era a líder do mercado de microprocessadores, com aproximadamente 85% de todos os pcs compatíveis com os ibms operando com microprocessadores Intel.[9] Portanto, a explosão da demanda representava uma tremenda oportunidade para a Intel. Mas também colocava um problema.

Os processadores da Intel tinham excelente reputação junto aos fabricantes de computadores e nerds de tecnologia, capazes de compreender e valorizar sua superioridade técnica e qualidade. No entanto, os pcs vinham sendo cada vez mais adquiridos pelo usuário final, a maioria dos quais é incapaz de distinguir uma placa-mãe de um mainframe. A Intel precisava cultivar junto a esses usuários finais a mesma reputação, ajudando-os a compreender que um computador com processador Intel 486 rodava mais rápido e executava mais coisas, e que valia mais que uma máquina com outro processador.

Foi assim que nasceu o Intel Inside, uma histórica campanha de *branding*. O logo era simples — as palavras "Intel Inside™" dentro de um círculo. Os fabricantes foram incentivados a incluir o logo "Intel Inside™" em seus computadores. Esse logo permitia diferenciar rapidamente a qualidade de seu produto, proporcionando aos não nerds um jeito fácil de compreender o valor de computadores com o microprocessador Intel.[10] A campanha Intel Inside transformou a Intel em uma marca do cotidiano de todos. O consumidor passou a pensar duas vezes antes de comprar um notebook que não tivesse Intel Inside. Esses microprocessadores de alta performance entregavam um valor autêntico, só que ele estava oculto do consumidor. Com a campanha, assegurou-se que esse valor fosse percebido e compreendido.

Gente que aspira a um impacto maior talvez deva fazer o mesmo.

Torne sua contribuição visível. Assim como a Intel, talvez você precise ajudar os outros a enxergar o valor da sua contribuição para que ela seja devidamente reconhecida. Não precisa lançar uma campanha de milhões de dólares, nem embarcar numa autopromoção ou marketing pessoal desavergonhado. Mas pode ser que você tenha que dar publicidade de forma mais ativa para a sua contribuição, sobretudo quando seu trabalho é realizado de forma silenciosa ou nos bastidores.

Observar as deixas sutis de um garçom experiente em um restaurante chique pode ilustrar o jeito certo de fazer isso. Um bom garçom atua de maneira eficiente e sem chamar a atenção, mas salta ao primeiro plano nos momentos cruciais (e muitas vezes bem na hora de trazer a conta) para que você se aperceba do trabalho que fez por você. Pode ser que ele diga: "Só para informá-lo, pedi para acelerarem seu pedido para que não perca sua peça de teatro." O tom não é impositivo; é informativo, com base nos fatos, um jeito sensato de lembrar ao cliente do trabalho discreto, mas precioso, que está sendo feito em nome dele.

Muita gente que atua em papéis coadjuvantes relata se sentir verdadeiramente gratificada pela satisfação de ajudar o outro. No entanto, mesmo que você não tenha uma robusta âncora interior, quando seu trabalho bem-feito não é percebido nem valorizado pelos outros, isso pode deixá-lo sem alternativas, preterido nas oportunidades de crescimento e mais vulnerável a cortes de pessoal. Até os heróis do escritório precisam de reconhecimento e apreciação.

Existem várias formas de chamar a atenção, de maneira diplomática, para seus esforços (veja o quadro a seguir para uma lista mais completa). Fazer isso, em alguns casos, é tão simples quanto mandar um PSC ("Para seu conhecimento"), do tipo "Cuidei da lista de problemas que a reunião da força-tarefa de ontem decidiu levar à chefia, então não precisa se

---

COMO PROMOVER SUA CONTRIBUIÇÃO

Dicas para ajudar os demais a enxergar o impacto da sua contribuição.

1. Faça um PSC (Para seu conhecimento). Informe os outros daquilo que você fez para facilitar o trabalho deles. Não exagere nos detalhes; apenas informe que eles não precisam se preocupar, porque você já está cuidando.

2. Acrescente uma surpresa. Faça mais do que se espera de você; as pessoas perceberão.

3. Inove e compartilhe. Aprimore um processo, e depois compartilhe a inovação com os colegas ou com o grupo. Seu trabalho será reconhecido e seus colegas vão se beneficiar.

4. Compartilhe as evidências do seu sucesso. De tempos em tempos, compartilhe os elogios e os parabéns que receber (ou faça seus clientes e colaboradores compartilhá-los diretamente), ou simplesmente diga às pessoas aquilo que você fez — não como forma de autopromoção; apenas apresente os fatos.

5. Crie campeões. Crie relacionamentos de apoio mútuo com seus pares e demais envolvidos. Promovam reciprocamente seus êxitos ou façam elogios aos responsáveis em comum.

6. Promova o trabalho, e não você. Separar o ego do seu trabalho torna mais confortável compartilhar (e escutar) notícias de êxitos.

preocupar com ela." Quando seu trabalho envolve processos rotineiros, experimente uma inovação no processo. Quando sua nova abordagem for bem-sucedida, as pessoas notarão o que há de melhor e aprimorado. Quando não for, também vão notar e valorizar ainda mais a abordagem antiga. Caso seu trabalho costume passar despercebido, tente pedir a seus colegas ou a seu gestor que cuidem de alguns de seus deveres ignorados enquanto você tira férias.

Debra Stepped é vice-presidente sênior de uma empresa de planejamento financeiro. Ela cuida de todas as funções de marketing e tecnologia *backoffice*. Além de executiva, faz malabarismo com as responsabilidades do lar. Quando foi obrigada a passar vários meses em repouso, de cama, devido à gravidez, o marido assumiu mais tarefas domésticas, inclusive lavar roupa. Quando ele se deu conta do sacrifício que era, para sua esposa de 1,57 metro, carregar um cesto pesado de roupa suja dois lances de escada para cima e para baixo, passou a cuidar da lavagem de roupa da família, tarefa que realiza toda semana há vinte anos. Debra comentou: "Tem coisas que só vivenciando pessoalmente para compreender totalmente a profundidade".

Além de garantir que nossa contribuição seja visível, podemos e devemos fazer o mesmo pelos nossos colegas com desempenho de estrelas, porém modestos. Isso é ainda mais verdadeiro quando nossos colegas pertencem a grupos sociais sub-representados e quando nos encontramos em situações de maior poder ou acesso. Podemos amplificar as vozes dessas pessoas, assegurando que suas ideias sejam ouvidas, evitando que sejam sequestradas e atribuídas a outrem. Podemos prestar apoio a elas publicamente, fazer referência a suas realizações e mencionar coisas que aprendemos com elas. Na sua ausência, podemos citá-las e sugerir que seus pontos de vista sejam levados em conta. Kevin Kruse, autor de livros sobre liderança, captou de maneira elegante a importância e as promessas dessa aliança: "Ao amplificar e defender os colegas sub-representados nas reuniões, você ajudará a garantir que todas as vozes sejam ouvidas, com o bônus de ajudar todos a saber que são membros influentes e valorizados da equipe".[11] Quando a contribuição de todos é reconhecida, não apenas empregamos todos os talentos disponíveis, mas incentivamos todos a contribuir com o melhor de si.

> **CONSOLIDE A GARANTIA DE PERFORMANCE
> DO PLAYER DE IMPACTO**
>
> As pessoas que trazem o poder do *sempre* — aquelas que fazem o serviço completo, do jeito certo, *todas as vezes* — aumentam sua credibilidade e influência. Para consolidar essa garantia poderosa, é preciso ir com tudo desde a largada: ao fazer pela primeira vez um trabalho para um chefe ou cliente, realize esse serviço completamente, sem necessidade de lembretes e sem excluir outros. Repetindo esse ciclo, você adquirirá a reputação de alguém em quem se pode contar para acelerar na reta final e tornar mais leve o trabalho alheio — e terá fama de ser uma pessoa livre de riscos, em quem vale investir o tempo e os recursos de seus colegas e responsáveis.

3. Prepare a argumentação para seu crescimento

Além de ajudar os demais a enxergar o que fazemos, talvez precisemos ajudar nossos colegas e chefes a enxergar quem somos, principalmente quando queremos que eles percebam nosso crescimento profissional. Em minha experiência como coach de executivos, vi muitas pessoas fazerem rápidas transformações, mas constatarem que suas reputações mudaram lentamente, e às vezes nem um pouco. Carol Kauffman, fundadora do Instituto de Coaching da Universidade Harvard, calcula que a diferença de tempo entre uma mudança de comportamento relevante e o reconhecimento dessa mudança pelos demais pode chegar a meses. Com alguns aprimoramentos superficiais, esse intervalo pode ser de apenas um mês e pouco. Porém, quando o comportamento anterior daquela pessoa é percebido como negativo, pode levar seis meses a um ano até que os demais reconheçam o novo comportamento. Por que isso acontece?

A maioria de nós é bombardeada com mais informação e mudança do que somos capazes de processar. Jeff Dieffenbach, da Iniciativa de Aprendizado Integrado do MIT, afirma: "Embora as mudanças estejam se acelerando, uma coisa que definitivamente não está é a neuroplasticidade do cérebro. Em outras palavras, a taxa de transformação do mundo pode ter superado a velocidade com que a mente humana é capaz de processar essas transformações".[12] Além disso, mesmo quando os colegas percebem seu novo comportamento, pode ser que ainda não estejam prontos para enxergá-lo de forma diferente, sobretudo se no passado você foi fonte de sofrimento. Na cabeça deles, você já pode estar rotulado como "difícil", "recalcitrante" ou até "autocentrado". Já colocaram você numa casinha de castigo e podem simplesmente não estar prontos para soltá-lo.

Como você pode ajudar seus colegas, chefes e clientes a perceberem e valorizarem seu crescimento? Além de ter paciência, você pode precisar "marquetar" seu esforço, usando evidências para robustecer sua argumentação. A forma como uma empresa anuncia um upgrade iminente em seus produtos, ou melhorias em um serviço, é um exemplo útil. Em geral, quando um varejista realiza uma renovação, a gerência da loja alerta de imediato o consumidor, colocando uma imensa faixa com os dizeres EM BREVE. Essa faixa pode incluir uma ilustração da nova cara melhorada da loja e um cartaz com a frase DESCULPE O TRANSTORNO. Tendo sido criada uma expectativa de melhoria, o cliente fica mais tolerante com a confusão temporária e mais suscetível a perceber os aprimoramentos quando a nova loja for inaugurada.

Crie uma pasta

Da mesma forma, se você quer que seus colegas percebam seu jeito novo e melhor de trabalhar, faça eles saberem o que está por vir. Contar a eles o que esperar os prepara para a criação de uma "nova pasta" mental — igualzinho a um arquivo de pastas — onde eles podem reunir evidências de sua mudança de comportamento. Por exemplo, digamos que o chefe de Yuri o considere alguém que leva os problemas para cima, em vez de encontrar soluções por conta própria. Caso Yuri trate do problema sozinho, é pouco provável que seu gestor perceba (afinal de contas, esse gestor teria que se dar conta de que Yuri parou de trazer problemas para a chefia). Em vez disso, Yuri comunica sua intenção de "acelerar na reta final" e continuar responsável pela questão até que ela esteja integralmente resolvida. Na reunião seguinte, quando Yuri mencionar rapidamente à equipe um problema de que está tratando, o incidente irá para essa nova pasta. Na semana seguinte, o gestor fica sabendo que Yuri vem trabalhando com uma equipe próxima para consertar um problema de processo, sem que tenha sido solicitado. Isso também vai para essa pastinha.

Yuri pode até dar as caras na porta da sala do chefe, com um psc de cortesia sobre alguma situação. Na semana seguinte, ele responde um e-mail com um "Estou cuidando". Agora, seu gestor já dispõe de uma pasta cheia de evidências e vai juntando as pecinhas de uma narrativa nova: Yuri é aquele sujeito que acelera na reta final, e não aquele que se apressa a levar os problemas para cima. Agora Yuri não apenas está trabalhando de outro jeito, mas também está sendo visto de outro jeito.

Transformar sua reputação é tão importante quanto transformar seu comportamento subjacente — e merece um esforço bem refletido. Portanto, não se limite a mudar seu jeito de ser; "venda" essas mudanças aos envolvidos relevantes. Deixe as pessoas-chave saberem o que está por vir, para que elas criem uma pasta para juntar as evidências. Você reduzirá o tempo que leva para a percepção delas bater com a realidade.

Evidentemente, existem casos em que essa diferença de percepção será simplesmente grande demais para zerar. Ou você pode ficar sem a energia necessária para virar essa percepção. Em situações assim, talvez você necessite de algo além de uma nova postura; talvez seja o caso de começar do zero em outro lugar.

COMO TOMAR A FRENTE

Ao longo deste capítulo discutimos uma série de mudanças que você pode fazer para abraçar mais plenamente a Mentalidade do Player de Impacto. Mas adotar esse jeito de trabalhar de alto impacto e alto valor não é apenas questão de remediar problemas; é questão de crescimento e progresso pessoal. Resumindo, ao adquirir musculatura mental, assumimos o comando da nossa contribuição. Ficamos liberados dos chefes microgestores, porque passamos a gerir a nós mesmos de maneira ativa. Nós nos colocamos em posição de contribuir plenamente e da maneira que agrega mais valor. Nas palavras do escritor e benfeitor Bob Goff: "O que nos tolhe não é aquilo que não temos, e sim aquilo que não usamos".

A fim de assumir o comando de sua contribuição, Fernando Carrillo, o pastor anglicano, podcaster e ceo, teve que assumir o comando da própria vida primeiro. Mas até mesmo profissionais no ápice de seu jogo podem evoluir ainda mais, e aqueles que se sentem no auge de suas vidas ainda têm espaço para contribuir de formas mais impactantes (e desejam isso). Foi o caso do ator Bradley Cooper, conhecido no mundo inteiro por seus papéis de protagonista em dezenas de filmes de sucesso, como *Se beber não case*, *O lado bom da vida*, *Trapaça* e *Sniper americano*, além de ter dado voz a Rocket, o guaxinim mutante de *Guardiões da galáxia*.

Em 2016, Cooper estava na prateleira mais alta do cinema — tinha recebido quatro indicações para o Oscar, era o ator mais bem pago de Hollywood e tinha figurado duas vezes na lista das "Pessoas Mais Influentes" da revista *Time*. A jornalista Taffy Brodesser-Akner, do *New York Times*, escreveu: "Ao terminar *Sniper americano*, ele tinha a sensação de já ter feito tudo como ator. Adorava, *adora* atuar. Ainda planeja atuar. Mas era hora de fazer mais, 'Acho que senti que não estava utilizando tudo de mim mesmo', afirmou".[13]

Apesar do êxito como ator, não era fácil conseguir espaço como diretor. A jornalista prossegue: "Alguns lhe disseram que ele era um ator e nada mais. Em sua função como ator, tentavam apenas encaixá-lo em papéis exatamente iguais aos que ele tinha desempenhado [...] Foi então que ele propôs *Nasce uma estrela* à Warner Bros., e alguma coisa aconteceu naquela sala que fez o pessoal da Warner lhe entregar-lhe 38 milhões de dólares, fora os gastos com marketing". *Nasce uma estrela*, estreia de Cooper como diretor, foi lançado em 2018 e recebeu oito indicações para o Oscar, incluindo Melhor Filme. Nada mau como estreia — afinal de contas, ele está apenas começando como diretor.

A maioria de nós quer um emprego em que possamos fazer a diferença e contribuir ao máximo todos os dias. Embora seja necessário certo nível de dedicação à rotina, existem pontos de inflexão cruciais no arco de uma carreira, que exigem vigilância extra. Esses pontos podem ocorrer logo no início da carreira, ao mudar de emprego, ao retornar à força de trabalho depois de um hiato ou ao recalibrar depois de recair em um padrão negativo, ou simplesmente medíocre, de pensamento e ação. Mas talvez não haja nada mais difícil ou crucial que elevar as expectativas a nosso respeito quando a impressão é a de que estamos no nosso ápice, e convencer tanto a nós mesmos quanto aos demais de que é possível contribuir de maneira nova e ainda maior.

Podemos ficar parados esperando que alguém descubra nosso verdadeiro talento e capacidade, ou podemos entrar no jogo para valer. Não precisamos ser chefes para assumir o controle de nossa própria contribuição, e não precisamos estar no mais visível dos cargos para resolver agregar valor. A Mentalidade do Player de Impacto é um convite à contribuição máxima. Se o caminho para a liderança e a influência maior ainda não está claro para você, por favor aceite este modesto incentivo: Simplesmente comece. Comece com qualquer coisa. Só de tentar a mentalidade e praticar esses hábitos, você já adquire uma leitura melhor da situação e adquire maior consciência.

Você pode até lamentar não ter compreendido esses princípios no início da carreira. Mas não é tarde demais. Como ensina o provérbio chinês, o melhor momento para plantar uma árvore foi vinte anos atrás; o segundo melhor momento é agora. Portanto, comece agora, mas não termine. Não se contente em ter um emprego; lute para realizar um trabalho que tenha um impacto relevante, qualquer que seja sua posição em campo. O valor que você criar vai se multiplicar, se acumular e retornar para você.

> **RESUMO DO CAPÍTULO 7: AUMENTE SEU IMPACTO**
>
> Este capítulo ilustra o que os indivíduos e gestores podem fazer para desenvolver as práticas ilustradas dos Capítulos 2 a 6. Propõe duas formas de facilitar mudanças difíceis, já que mudar nossas convicções e modificar nossos comportamentos não é fácil, e tampouco é fácil mudar a forma como os outros nos veem.
>
> 1. **Domine as convicções e comportamentos subjacentes.** Em vez de tentar implementar simultaneamente uma infinidade de práticas, concentre-se nas duas competências de base que os Players de Impacto possuem.

- **Habilidade-mestra número 1: Transformar sua perspectiva.** Esta habilidade exige perceber situações e questões a partir do ponto de vista de outra pessoa, e ajuda a recorrer a diversos hábitos dos Players de Impacto. Permite que você localize e evite as armadilhas em que caem os contribuidores normais. Você pode mudar sua perspectiva se afastando e trocando de lugar.
- **Habilidade-mestra número 2: Trocar de lente.** Esta habilidade exige enxergar oportunidades, em vez de ameaças, nas situações de ambiguidade e incerteza, e está na raiz da Mentalidade do Player de Impacto. Você pode trocar de lente reenquadrando as ameaças como oportunidades.

2. **Reúna evidências favoráveis.** Em vez de tentar incentivar a mudança só com a força de vontade, valide seus progressos aos poucos com evidências de aprimoramento. Então, reúna e compartilhe as evidências de sua contribuição, de modo que ela seja ao mesmo tempo recebida e percebida.

- **Experimente e reúna evidências.** Considere as práticas deste livro como hipóteses a serem testadas por conta própria. Realize uma experiência e junte as evidências para confirmar os resultados.
- **Promova e apresente sua contribuição.** Para se assegurar de que seu trabalho não passe despercebido, é bom expor às outras pessoas o que você vem realizando nos bastidores.
- **Prepare a argumentação para o seu crescimento.** Caso queira que os colegas percebam seu crescimento profissional, informe-os do que esperar. Diga a eles o que está por vir e os ajude a criar uma "nova pasta mental" onde eles podem reunir as evidências de sua mudança de comportamento.

Capítulo 8

MONTE UMA EQUIPE DE ALTO IMPACTO

Uma pessoa sozinha não muda uma organização, mas boas pessoas e uma boa cultura mudam.
FRANCES HESSELBEIN

O *Dream Team*. Esse foi o nome dado à seleção olímpica de basquete dos Estados Unidos de 1992, que incluía alguns dos maiores nomes da história do esporte: Michael Jordan, Magic Johnson, Larry Bird, Charles Barkley, Karl Malone, John Stockton... e por aí vai. Já vimos equipes dos sonhos em outros esportes, é claro — a seleção masculina de futebol do Brasil, que ganhou a Copa do Mundo em 1970; a "máquina vermelha" da União Soviética no hóquei de gelo, nas Olimpíadas de 1980; e a seleção feminina de futebol dos Estados Unidos, que venceu a Copa do Mundo de 2019 — e vimos ao longo da história *dream teams* em diversas áreas: fortes concentrações de talentos fora de série, trabalhando sob a influência de uma liderança forte, como os artistas da Renascença italiana ou os cinco ganhadores do Prêmio Nobel na família Curie.

Também encontramos *dream teams* no mundo moderno do trabalho, como a equipe do veículo marciano da Nasa (apresentada no Capítulo 4), ou o elenco do *Saturday Night Live*, ancorado pela poderosa dupla formada por Tina Fey e Amy Poehler. Se você tiver sorte, terá trabalhado em uma equipe assim, ou tido o privilégio de liderar uma. Os melhores líderes não tropeçam por acaso em grupos como esse: eles sabem como montar um *dream team*, mesmo em circunstâncias complicadas.

No fim da temporada 2013/2014 da liga de basquete americana, o Philadelphia 76ers tinha vencido apenas 19 de seus 82 jogos, o que lhe dava o segundo pior retrospecto da NBA naquele ano. Fora da quadra, as coisas não estavam melhores — em uma liga de trinta equipes, era a pior em patrocínios, e a venda de carnês de ingressos para a temporada estava em chocantes 3.400, para um ginásio de mais de 20 mil lugares. O clube precisava dar uma grande virada, e Scott O'Neil foi contratado como CEO para fazer isso acontecer. Talvez você se lembre de Scott, do Capítulo 2: nos quatro anos seguintes, ele levou o clube a uma transformação de grande porte. No fim da temporada 2017/2018, os 76ers tinham vencido 52 jogos e ficaram em quinto lugar na temporada regular. Além disso, o desempenho de vendas do time passou de último para primeiro lugar, liderando a liga em patrocínios, público pagante e satisfação e retenção de clientes.

A melhoria do time de basquete era o cerne da transformação, mas Scott sabia que a operação de bastidores — os times por trás do time — também exigiria aprimoramentos relevantes. Ele trouxe Jake Reynolds para o cargo de vice-presidente de venda de ingressos, encarregando-o de uma tarefa hercúlea: descobrir como vender ingressos para uma equipe que perdia três jogos para cada um que ganhava. Jake conduziu o setor de vendas do Sixers no caminho para o topo — e, por incrível que pareça, grande parte dessa ascensão nas vendas ocorreu antes mesmo de a equipe começar a vencer.[1] Como foi que eles fizeram isso?

Jake é um líder do tipo apaixonado, que mergulha de cabeça, que extrai sua energia das pessoas, do investimento nelas, do apoio a elas, do incentivo ao crescimento delas. Scott o chamou de "melhor líder que eu já vi". Jake sabia que a direção dos Sixers não tinha controle sobre o que ocorresse dentro da quadra, mas podia controlar outros fatores, como pessoal, processos e cultura. Sua aposta era que uma combinação assim compensaria problemas com o produto. Sua premissa era de que, se ele e sua equipe de gestão "contratasse as pessoas certas, colocasse essas pessoas nos lugares certos com o treinamento e o desenvolvimento certos e as imergisse em um ambiente divertido, competitivo e estimulante, daria certo".[2]

Jake transformou as vendas em uma missão divertida, mesmo quando o time estava perdendo. Ele conta: "Você vende uma coisa ou outra: ou você vende títulos, ou vende esperança".³ Eles vendiam esperança, e vendiam satisfeitos. As reuniões da equipe de vendas antes dos jogos eram animadas com *hoverboards*, máquinas de gelo-seco, rifas e líderes de torcida. Pareciam mais um jogo da NBA que uma reunião corporativa — método que tinha a ver com uma equipe quase inteiramente composta de talentos da geração millennial. No dia a dia, o ambiente era ruidoso, com gargalhadas e aplausos o tempo todo no escritório. A tal ponto que eles tiveram que proibir bater palmas, trocando o aplauso por estalar de dedos, para que os departamentos vizinhos conseguissem trabalhar. Em uma reportagem para a revista *Sports Illustrated*, Jake é citado dizendo: "Andamos no fio da navalha entre nos divertirmos e nos divertirmos demais".⁴ Jake transformou a conjuntura desfavorável das vendas em algo divertido, e, embora o prejuízo da equipe continuasse a aumentar, a venda de ingressos também cresceu.

Em geral, equipes que não conseguem vencer reduzem o pessoal. Em vez disso, os 76ers pisaram fundo no acelerador, ampliando o quadro de funcionários de 28 para 115, com o maior time de vendas da NBA.⁵ Jake recrutou cuidadosamente talentos com a mentalidade certa, pessoas competitivas, curiosas e "coacháveis" — aquilo que Jake chamava de "os três Cs". Ele concluiu que, se fosse capaz de trazer gente com gana de vencer, que não parasse enquanto o trabalho não estivesse completado, e que soubesse escutar e aprender, o resto seria ensinado pelos líderes.

À medida que a organização progredia, Scott, o CEO, incentivou Jake a turbinar a equipe de gestão, trocando alguns dos integrantes por líderes mais capacitados e experientes. Scott conta: "Não dispúnhamos de seis meses para esperar e ver o que as pessoas eram capazes de fazer. Eu precisava que Jake dispensasse algumas pessoas e montasse uma verdadeira equipe de gestão". Havia uma gestora, em especial, que Scott queria que Jake substituísse. Scott reconhece: "Eu estava pegando no pé de Jake", insistindo que ele se livrasse daquela pessoa. Jake reagiu à pressão com a intensidade que lhe é característica. Ele retrucou: "Preciso que você confie em mim e me deixe fazer meu trabalho". Scott ficou surpreso — mas satisfeito por perceber o quanto Jake estava engajado. Jake prosseguiu:

"Eu disse que estou seguro. Já substituí quatro gerentes, mas essa eu não quero trocar. Acho que ela tem potencial. Deixe-me trabalhar com ela". Ele trabalhou, e, como reconhece Scott com orgulho, "hoje ela é uma das minhas superestrelas".

Desenvolver os *players* de sua equipe era (e continua a ser) a maior prioridade de Jake; ele calcula que passa incríveis 50% do seu tempo desenvolvendo e treinando seus colaboradores. Além das incontáveis horas de coaching individual, toda a equipe de gestão se reúne semanalmente, durante uma hora, só para aprender — leem e debatem um artigo, assistem a uma palestra ou escutam um podcast (por coincidência, na semana em que contactei Jake para uma entrevista, sua equipe acabara de debater meus livros *Multiplicadores* e *Rookie Smarts*). Jake tem convicção de que a coisa mais importante que ele fez com cada estrela liderada por ele foi, desde o início, criar um espaço onde os colegas de trabalho pudessem aprender uns com os outros. Embora ele seja o coach principal da equipe, todos os membros têm licença para questionar uns aos outros — sobretudo quando algum deles precisa de um ajuste de mentalidade. Jake conta: "O tempo todo podemos nos afastar da mentalidade. Forças externas podem nos arrastar e desequilibrar". Isso vale para todos nós. Se prestarmos atenção, podemos identificar por conta própria. No entanto, é fácil ignorarmos os próprios pontos fracos, e é por esse motivo que precisamos de colegas que estejam atentos, nos questionem e nos cobrem pelos compromissos que assumimos.

A transformação dos Sixers foi um processo que levou vários anos, e houve momentos em que a equipe de bastidores, em sua busca por números espetaculares, desanimou diante dos placares pouco animadores dentro da quadra. Por isso, Jake decorou o escritório de vendas com um placar só para eles. Ele criou maneiras de visualizar o progresso: um placar na parede com os nomes e rostos dos maiores contribuidores, faixas penduradas no teto com os nomes dos representantes de vendas promovidos, lembretes das maiores façanhas. Ele e a equipe de gestão distribuíam prêmios toda semana, inclusive um prêmio de MVP (*most valuable player*, jogador mais valioso), em que os próprios representantes de vendas votavam; e dias de promoção, que ocorriam a cada trimestre e provocavam um entusiasmo semelhante ao dia do *draft* da NBA, em que os times escolhem seus novos jogadores. Era uma cultura que estimulava a concorrência, mas os representantes de vendas tinham consciência de que não estavam competindo entre si, e sim para serem os melhores do mundo, como grupo.[6] Depois de cada campeonato, Jake subia ainda mais o sarrafo, elevando o patamar do desafio. Ele tinha a compreensão daquilo que podia acontecer se parasse de apresentar novos desafios: "Quando você chega a um platô, começa a perder as pessoas".

Com o passar do tempo, alguns ótimos *players* dos 76ers saíram da empresa em busca de novas oportunidades, mas a equipe de retaguarda continuou robusta, porque Jake e seu time de gestão criaram uma cultura capaz de lidar com problemas e de sobreviver a uma determinada temporada ou a um determinado grupo de contribuidores (o próprio Jake aceitou um desafio maior, como presidente do New Jersey Devils, uma equipe de hóquei). "A maior impulsionadora do êxito da equipe de vendas dos Sixers foi a cultura", diz Brendan Donohue, vice-presidente sênior de marketing de equipe e operação de negócios da NBA. "É uma cultura vibrante, alegre e contagiante, com um grupo fantástico de profissionais dedicados, que desejam fazer parte de algo maior que si mesmos".[7] É um time que desenvolveu o espírito e as práticas dos Players de Impacto.

A maioria dos gestores comemora o simples fato de ter um ou dois Players de Impacto na equipe, mas os melhores líderes querem uma equipe inteira de estrelas. Pode parecer improvável, mas um time campeão não se forma num golpe de sorte ou numa conjunção mágica dos *players* certos no momento certo. Um *dream team* é mais que um sonho; é o resultado de uma formação cuidadosa de *players* com a mentalidade certa, desenvolvidos enquanto indivíduos e enquanto equipe, e do fomento de uma cultura saudável e robusta. É um ato de liderança ousado e aspiracional. Exige um desenvolvimento planejado e o tipo certo de coaching.

Este capítulo foi escrito pensando nos gestores. Vamos analisar como os líderes podem montar um *dream team*, em que os Players de Impacto trabalhem juntos, e com uma cultura que perdure além do período de uma estrela isolada. Vamos examinar aquilo que os gestores podem fazer para (1) contratar mais gente com esse talento para suas equipes, (2) fortalecer a Mentalidade do Player de Impacto em seus integrantes, (3) replicar esse comportamento na equipe como um todo e (4) criar a cultura certa — uma cultura inclusiva, com diversidade de talentos, que celebra aqueles que poderiam facilmente ser "os Players de Impacto invisíveis". Além disso, vamos tratar da magia que se dá quando uma equipe de Players de Impacto trabalha sob a influência de líderes Multiplicadores, e por que isso cria mais do que apenas um ótimo lugar para trabalhar — produz uma obra brilhante.

Inicialmente, vamos explorar como os gestores podem conseguir mais talentos assim para suas equipes.

COMO RECRUTAR PLAYERS DE IMPACTO

Cada uma das características discutidas neste livro é importante e preciosa; no entanto, algumas são mais fáceis de desenvolver. Algumas convicções são função de traços de caráter profundamente arraigados — por exemplo, a crença de que é possível controlar o resultado dos acontecimentos de sua vida (também chamado de "*locus* interno de controle") —, mais difíceis de alterar; outras são subprodutos da experiência de vida e tendem a evoluir com experiências novas e experiências favoráveis (como a resiliência).

Em poucas palavras, a melhor estratégia para montar um time de Players de Impacto é contratar pessoas que já possuam as qualidades mais difíceis de desenvolver, e então cultivar ativamente as demais qualidades. Evidentemente, isso exige saber quais mentalidades são mais difíceis de desenvolver em um indivíduo. Embora livros e mais livros tenham sido escritos sobre as virtudes das diversas mentalidades e comportamentos, há pouca pesquisa disponível sobre a "aprendizibilidade" delas. Para compreender melhor quais mentalidades e comportamentos são mais fáceis e quais são mais difíceis de mudar, recorri a um grupo de profissionais que tem uma perspectiva útil sobre a questão — coaches de executivos. Consultei, em especial, meus colegas da MG100, uma cooperativa com cem dos maiores coaches de executivos do mundo, criada por Marshall Goldsmith, profissional de renome na área e autor de inúmeros livros.

Perguntamos a esse grupo a respeito das experiências reais trabalhando com coaching no mundo inteiro, em relação às convicções e comportamentos representados neste livro. Pedimos a eles os índices aproximados de sucesso de suas intervenções de coaching: os indivíduos adotaram com êxito o comportamento ou mentalidade desejado? Sustentaram essas mudanças ao longo do tempo? Isso representou um ajuste menor ou radical em suas convicções e seus comportamento? Usamos suas respostas para medir a "aprendizibilidade" de doze comportamentos e onze convicções dentro do enquadramento do Player de Impacto. Embora seja necessário fazer mais pesquisas sobre a "coachabilidade" relativa de cada característica do Player de Impacto, encontramos padrões claros nas respostas. Para cada mentalidade e comportamento, havia casos individuais em que uma pessoa empolgada e comprometida progrediu de forma significativa; no conjunto, porém, as intervenções para certas mentalidades e comportamentos tiveram êxito mais consistente. Essas ideias estão refletidas na tabela a seguir, que define três categorias de "aprendizabilidade", das convicções e dos comportamentos mais "coacháveis" aos menos.

Compreender quais são as mentalidades mais difíceis de mudar permite que os gestores e as organizações ao mesmo tempo sincronizem e otimizem seus programas de aquisição e desenvolvimento de talentos. As ideias que reunimos junto aos maiores coaches de executivos indicam que as empresas precisam contratar candidatos que sejam autônomos, voltados para o grupo, com alta tolerância para incertezas, e com quem seja divertido trabalhar, mesmo em momentos de estresse.

Quando essas características se tornam commodities, os líderes podem investir recursos de treinamento e coaching onde eles podem gerar ganhos verdadeiros. Essa abordagem mais focalizada para o desenvolvimento de talentos ajuda o gestor a romper uma barreira frequente que o impede de atuar como autêntico coach. Em geral, os profissionais de desenvolvimento de talentos supõem que, quando o gestor não dá coaching ao empregado, é porque lhe falta tempo ou talento. Muitas vezes, porém, o gestor até tenta fazer coaching, mas desiste ao não perceber progresso. Caso queira que seus gestores atuem como coaches, ajude-os a direcionar seu esforço de coaching para as áreas em que enxergam um retorno claro para esse investimento.

A "COACHABILIDADE" DA MENTALIDADE DO PLAYER DE IMPACTO

Com que facilidade as pessoas adotam convicções e comportamentos dos Players de Impacto, segundo os maiores coaches de executivos

MENOS COACHÁVEIS ←		→ MAIS COACHÁVEIS
Premissas e mentalidades		
Locus **interno de controle:** Consigo controlar o desfecho dos acontecimentos em minha vida	**Valor intrínseco:** Tenho valor e capacidade inerentes	**Crescimento:** Consigo desenvolver habilidades através do esforço
Informalidade: Não preciso ter a responsabilidade formal para assumir a responsabilidade	**Iniciativa:** Sou capaz de tomar decisões e agir de forma independente	**Pertencimento:** Sou uma parte importante da equipe
Oportunidade: Vejo incertezas e problemas como oportunidades de agregar valor (e não como ameaças)	**Garra:** Sou capaz de perseverar e fazer *(Obs.: Fácil de adotar, mas difícil de sustentar por muito tempo)*	**Proatividade:** Sou capaz de superar as adversidades
Ganho: Sou capaz de melhorar o bem-estar geral		**Resiliência:** Sou capaz de superar adversidades
Comportamentos		
Liderar e seguir: Sou capaz de assumir a liderança, mas também de seguir a liderança de outros	**Antecipar-se aos desafios:** Antecipo-me aos desafios e encontro soluções	**Busca de feedback:** procuro o feedback, as correções e as visões contrárias
Saber o que é importante: Descobrir aquilo que importa sem que lhe digam	**Manter-se responsável:** Responsabilizar-se pelos resultados, em vez de levar os problemas à chefia	**Oferta de ajuda:** Propõe auxílio e apoio a colegas e líderes
Trazer diversão: Trazer senso de humor, diversão e leveza para suavizar as situações mais difíceis	**Tomada de perspectiva:** Enxergar as situações pelo ponto de vista do outro	**Influenciar outros:** Engajar os demais com sua influência (e não a autoridade)
		Enxergar o contexto geral: Compreender a situação mais ampla, em vez de cuidar apenas da sua parte

Entrevistas comportamentais podem ajudá-lo a identificar candidatos com histórico de trabalho com a Mentalidade do Player de Impacto. Essa técnica popular de entrevista dá ênfase à postura passada do candidato em situações específicas, e se baseia na premissa de que o comportamento passado é a melhor forma de prever o comportamento futuro. As perguntas das entrevistas comportamentais tendem a ser precisas, investigativas e específicas, com o objetivo de extrair evidências concretas e verificáveis de como um candidato lidou com determinada questão no passado.

Você pode usar a entrevista comportamental para determinar como um candidato tende a reagir a uma das cinco situações que mais diferenciam os Players de Impacto dos demais. A DDI, uma empresa de consultoria de lideranças, criou um formato popular de entrevista, batizado de STAR, em que o entrevistador estimula o candidato a descrever uma Situação, uma Tarefa, uma Ação e um Resultado. Sugiro uma ligeira modificação: busque um SPAR, trocando "tarefa" por "ponto de vista". Você pode, por exemplo, usar as perguntas e critérios a seguir para determinar como um candidato lidou com problemas complexos, saindo do próprio quadrado para fazer o que era mais útil, ou se limitou a cumprir sua função.

Ben Putterman, a quem fiz referência na Introdução, atualmente é vice-presidente de aprendizagem e desenvolvimento da Rivian, fabricante de veículos de aventura elétricos. Ben empregou esse método de entrevista comportamental durante uma onda de contratações em que precisou recrutar em apenas dois meses dez novos funcionários. A Rivian é uma empresa em franco crescimento, com *venture capital*, e por isso Ben estava à procura de gente capaz de trabalhar de maneira ágil em um ambiente de incerteza e rápidas transformações, algo inevitável nesse tipo de setor. Ele decidiu investigar a fundo como cada candidato havia lidado com problemas complicados e confusão de papéis (dois dos cinco desafios do cotidiano que diferenciam os Players de Impacto dos profissionais que operam mais com uma Mentalidade de Contribuidor). Realizadas as seis primeiras entrevistas, ele observou: "Não estou certo de que já sei como identificar o Player de Impacto, mas essa prática me ajudou muito a saber quem não contratar". À medida que prosseguia com as entrevistas,

A TÉCNICA SPAR DE CONTRATAÇÃO

Investigue como o candidato lida com um destes cinco problemas do dia a dia

ETAPA	PERGUNTA	PERFIL DE PLAYER DE IMPACTO	PERFIL DE CONTRIBUIDOR
Situação	Conte-me uma situação em que você percebeu um problema no trabalho que afetava diversas pessoas, mas que não era função de nenhuma delas resolver	Lidou com problemas complicados	Não lidou com problemas complicados ou não os percebeu
Ponto de vista	O que você pensou nessa situação? Quais as suas opções para lidar com ela?	Enxergou a situação como uma oportunidade de ser útil	Enxergou a situação como algo que o desviava de sua verdadeira função
Ação	Como você lidou com a situação? Como agiu?	Fez o trabalho que é necessário (compreende o que é importante e atua com entusiasmo onde é mais necessário)	Cumpriu seu papel (tem uma visão restrita e atua na sua posição designada)
Resultado	O que aconteceu?	Foca nos benefícios para os envolvidos	Concentra-se no benefício para si mesmo

não apenas percebeu fortes diferenças na postura dos candidatos, mas até diferenças na linguagem corporal. Ele conta: "Aqueles que pareciam lidar bem com as incertezas inclinavam o corpo para a frente e sorriam quando eu perguntava como lidaram com problemas complexos. Os candidatos que consideravam esse tipo de problema um transtorno ou uma ameaça tinham tendência a recuar e erguer as mãos". Depois de realizar esse teste, ele concluiu: "Preciso de pessoas capazes de transformar a incerteza em oportunidade. Por isso, tem um valor inestimável saber quais mentalidades e padrões de comportamento devo procurar".

Dica Profissional de Liderança

Os Players de Impacto não topam trabalhar com coaches ruins; por isso, sua melhor estratégia para recrutar talentos de primeira é ser um líder que extrai o melhor das pessoas.

COMO DESENVOLVER PLAYERS DE IMPACTO

Em alguns casos, ao buscar recrutar Players de Impacto, você pode desequilibrar o jogo em seu favor; isso é particularmente verdadeiro quando você trabalha em uma organização sempre à procura de novos talentos (por exemplo, uma startup em rápido crescimento, uma empresa com alta rotatividade de funcionários ou uma equipe esportiva universitária). No entanto, poucos gestores de empresas podem se dar ao luxo de selecionar à vontade e montar do zero seu *dream team*. Em geral, precisam criar esse *dream team* obtendo um trabalho brilhante de um grupo de empregados já existente, equipes transdisciplinares e indisciplinadas, ou estagiários surpreendentes que chegam como "presente" da direção. Em casos assim, é tarefa do líder desenvolver os talentos de que já dispõe.

Nessas horas, o papel do líder fica mais parecido com o de um pai ou mãe do que com o de um descobridor de talentos. Quem é pai não escolhe a própria equipe; trabalha com o que tem. Claro, preferiria ter criado um grupo de gênios de QI alto com potencial para disputar as Olimpíadas e aparência de top models. No entanto, cada filho meu, assim como seus pais, é um pacote misto. O pai ou mãe de bom senso não tenta moldar seus filhos para que caibam em algum ideal inatingível; em vez disso, ajudam-nos a desenvolver os pontos fortes e a superar os pontos fracos.

Pode ser que você não tenha controle absoluto sobre quem pertence à sua equipe, mas, trabalhando com os talentos de que já dispõe, você tem como montar uma equipe que pensa e age como os Players de Impacto, uma equipe capaz de vencer. O Manual no fim de cada capítulo proporciona as regras — as premissas e os hábitos que os gestores podem empregar ao dar coaching a seus players. No entanto, o desenvolvimento de players exige algo além de um simples manual. O gestor precisa criar um ambiente em que as mentalidades e os comportamentos adequados podem se desenvolver. Como vimos no caso de Jake Reynolds e seu time de basquete, para que as pessoas tenham uma atitude positiva é preciso criar um ambiente positivo.

Como criar segurança que permite mais esforço

Os melhores líderes cultivam um clima que seja ao mesmo tempo confortável e intenso. Eles eliminam o medo e proporcionam segurança convidativa para quem quer raciocinar da melhor maneira. Ao mesmo tempo, implantam um ambiente estimulante e intenso, que exige que as pessoas deem o melhor de si. Como escreveu a professora Amy Edmondson, da faculdade de administração de Harvard, no livro *A organização sem medo*, "quando os líderes querem liberar o talento individual e coletivo, precisam fomentar um clima psicologicamente seguro, no qual os funcionários se sintam livres para contribuir com ideias, compartilhar informações e relatar erros".[8]

Apesar disso, um ambiente seguro, por si só, não engendra alta performance. Edmondson prossegue: "Os líderes precisam não apenas implantar a segurança psicológica, mas também estabelecer padrões elevados e inspirar e possibilitar pessoas a alcançá-los".[9] Os melhores líderes criam a tensão necessária para atingir o alto desempenho, por exemplo, estabelecendo expectativas elevadas, proporcionando feedback sincero e cobrando as pessoas. Em outras palavras, depois que o líder cria um ótimo lugar para trabalhar, pode esperar que o pessoal faça um ótimo trabalho.

O que ocorre quando um líder cria apenas uma dessas condições? O que acontece quando um líder exige mais do pessoal, sem antes ter implantado uma base de segurança, respeito e confiança? Uma série de problemas gera uma ansiedade que provoca desânimo, em vez de progresso. Em compensação, quando um líder fomenta um ambiente de apoio, mas nunca pede a ninguém para realizar algo verdadeiramente difícil, a equipe se sente valorizada, mas estagnada. As pessoas atingem a performance e o crescimento ideias com doses equilibradas de segurança e desafio.

Os cinco hábitos de alto impacto do coach

Criar um ambiente ao mesmo tempo seguro e desafiador, em que cada um se sinta com liberdade para experimentar e errar, e ao mesmo tempo desafiado a atingir seu melhor desempenho, é uma tarefa fundamental para gestores, coaches e mentores. Também é essencial para a montagem de uma equipe capaz de lidar com incertezas e adversidades. Cada uma das cinco situações em que os Players de Impacto mais brilham envolve um desafio intrínseco, o que faz com que o líder tenha que criar primeiro segurança e depois oferecer o coaching que permite ao funcionário dar conta de um desafio.

Os cinco hábitos de liderança abaixo vão incentivar o comportamento certo nas equipes. Os dois primeiros implantam um ambiente de segurança; os três últimos proporcionam o desafio.

1. Defina a V.I.A. Caso queira que as pessoas em sua equipe se aventurem além das fronteiras artificiais de seus cargos e *façam o trabalho que é necessário*, ajude-as a enxergar aquilo que é mais importante em determinado momento. Compartilhar os imperativos estratégicos ou os objetivos anuais é um bom começo. Mas todos sabemos que esse tipo de meta tende a evoluir à medida que o ambiente muda. Você pode ajudar sua equipe a saber onde focar, definindo a V.I.A. (Valor Importante Agora) e mantendo-a em primeiro plano. Por exemplo, quando eu era vice-presidente da Universidade Oracle, a quantidade de programas que realizávamos era tão grande que dificultava o controle das prioridades. Mesmo assim, ainda havia uma série de novas iniciativas para as quais precisávamos voltar nossas energias. Em vez de convocar uma reunião de diretoria ou distribuir uma documentação para todo o pessoal, afixei na porta do meu escritório três iniciativas que eram prioridade absoluta. A lista era curtíssima, talvez não mais que dez palavras ao todo, sem moldura nem floreios. Estava escrita em caneta marcadora, em um quadro branco, mas assim todos ficaram sabendo o que era mais importante e onde poderiam ajudar mais. Informar as pessoas daquilo que é importante não exige apresentações detalhadas ou caríssimas campanhas de comunicação — você só precisa compartilhar aquilo que está no topo da sua lista mental de tarefas. Não precisa ser gravado na pedra — basta ser bem visível e sempre atualizado, de modo que a empresa possa se adaptar na medida das necessidades.

2. Redefina o que é liderança. Cada vez mais a inovação se transforma em um esporte coletivo, que exige diferentes pontos de vista e inteligência coletiva. A tendência é que as equipes sejam efêmeras. Elas se formam, cooperam e se desfazem rapidamente. Precisam atuar mais como um time reunido para uma pelada do que para um campeonato. Os membros da equipe precisam estar prontos a dar um passo à frente e um passo atrás com a mesma facilidade. Para fazer parte desse modelo ágil e fluido de liderança, é provável que funcionários com menos iniciativas (ou sem interesse na carreira de gestor) precisem de ajuda para se apresentar. Para fazer esses líderes relutantes *darem um passo à frente, e depois um passo atrás*, deixe uma rota de saída. Mostre a eles que ser apontado como líder não é uma função permanente, podendo ser uma missão temporária, que dure apenas o tempo de um projeto ou até de uma única reunião.

Enquanto alguns integrantes da equipe precisarão de incentivo e apoio para dar um passo à frente e liderar, outros contribuidores necessitarão de coaching para fazê-los dar um passo atrás e dar apoio a outros. Um gestor de equipe (ou executivo sênior) pode ajudar este último grupo a desenvolver um estilo de liderança mais fluido, usando como modelo práticas sadias de subordinação. Faça com que eles o vejam colaborando com uma organização coirmã ou contribuindo com um projeto liderado por alguém abaixo de você na hierarquia da empresa. Mostre à sua equipe que você é capaz de trabalhar com a mesma paixão como se fosse o líder, e que atuar com excelência sob a liderança de outro não é um beco sem saída, mas parte do desenvolvimento como liderança.

3. Peça que fiquem até completar o serviço. Caso deseje que as pessoas que trabalham para nós *acelerem na reta final*, pode ser necessário insistir que terminem uma tarefa antes de passar para a próxima. Vamos ver a poderosa lição que Dan Rose, presidente da Coatue Ventures, aprendeu quando trabalhava para Diego Piacentini na Amazon. Ele contou sua experiência no Twitter.[10]

Em 2004, Dan agarrou a chance de entrar para a nova equipe do Kindle, na Amazon; o Kindle era algo novo e empolgante, e ele se sentia pronto para a mudança. Nos dois anos anteriores, ele fora responsável pela loja de celulares da Amazon; tinha salvado esse pequeno setor da empresa de um possível fechamento, transformando-o no segmento de crescimento mais rápido da Amazon. Com o passar do tempo, porém, os competidores reduziram a diferença, e o crescimento estagnou. Foi então que veio a proposta para trabalhar com o Kindle, e Dan aceitou. Ele escreveu: "Não apenas eu teria a chance de lançar um novo negócio, mas poderia sair do meu setor atual e deixar outra pessoa organizar a bagunça."

Uma semana antes da data marcada para seu início no novo cargo, Diego Piacentini, chefe mundial de varejo da empresa, chamou Dan à sua sala. "Ele explicou que não se premia alguém com novas oportunidades quando esse alguém não vem trabalhando direito", relembrou Dan. "Ele me deixaria entrar para a equipe do Kindle desde que eu recolocasse meu setor atua nos trilhos e contratasse um sucessor ainda melhor que eu."

Foi, sem dúvida, algo duro de ouvir. "Não apenas minha nova oportunidade tinha sido adiada *sine die*, mas também tinha ficado claro que eu estava fracassando na minha função atual", escreveu Dan. Ele passou os seis meses seguintes consertando o que havia de errado. Quando conseguiu retomar o crescimento e encontrar um sucessor de peso para si próprio, Dan foi autorizado por Diego a entrar para a equipe do Kindle.

"Um ano antes eu era o dono do mundo", escreveu Dan. "[...] Todos me diziam que eu era uma estrela em ascensão. Foi aí que a coisa complicou e eu tentei fugir para um cargo novo em um setor novo. Mas em uma grande empresa, com líderes fortes, as pessoas são cobradas [...] É tentador fugir para um lugar novo. Resista a essa tentação — fique até o serviço estar completo, orgulhe-se de consertar aquilo que você quebrou, não se esconda dos problemas, aja como alguém responsável."

Quando cobramos as pessoas para que completem o serviço, estamos enviando uma mensagem poderosa de que o trabalho delas é importante e de que acreditamos que elas são fortes o bastante para não desistir, mesmo quando as coisas se complicam.

4. Critique o trabalho, e não a pessoa. Em geral, as pessoas precisam de dois tipos de informação para atingir uma alta performance. A primeira é um direcionamento claro: qual é a meta, e por que ela é importante? (Em outras palavras, a v.i.a.) O segundo tipo é o feedback de desempenho: será que eu estou de fato acertando o alvo? Estou fazendo direito? A maioria dos gestores encara o feedback como um julgamento, uma avaliação do trabalho da pessoa ou uma declaração sobre a capacidade dessa pessoa. Isso os leva, muitas vezes, a se calar. Afinal de contas, poucos de nós sentimos prazer em dar más notícias. Mas esse evitamento também pode ocorrer no caso de um feedback positivo. Por quê? A maioria das pessoas se sente desconfortável na posição de único julgador do trabalho alheio. Pense no feedback como uma informação crucial — um dado de que as pessoas necessitam para recalibrar e ajustar a própria postura — e não como uma crítica. Quando o feedback é simplesmente uma informação de grande valia, torna-se ao mesmo tempo mais fácil de dar e de receber.

5. Comunique aquilo que o agrada. Nas entrevistas para nossa pesquisa, chamou minha atenção a quantidade de gestores capazes de comunicar de forma clara e apaixonada aquilo que os funcionários fazem e que eles mais apreciam e menos apreciam, mas que ao mesmo tempo reconheciam que nunca tinham comunicado essas diferenças àqueles sob suas ordens. Em geral, esses gestores terminavam a entrevista dispostos a compartilhar com a própria equipe essa questão. Gestor: caso queira que os integrantes de sua equipe *tornem mais leve o trabalho* para você e para os demais, crie o hábito de sinalizar os comportamentos que aprecia. Quando alguém fizer alguma coisa que suavize seu trabalho, diga: "Quando você faz X, fica mais fácil, para mim, fazer Y".

Por exemplo: "Quando você inclui um sumário ao encaminhar uma longa cadeia de e-mails, eu consigo responder com mais rapidez". "Quando você ri de si mesmo ao cometer um erro bobo, fica mais fácil para todo mundo reconhecer os próprios erros e extrair um aprendizado mais rápido dos enganos", ou "Quando você ajuda seu colega em dificuldade, fica mais fácil, para mim, resistir à tentação de salvá-lo e assumir o trabalho dele". Talvez você não tenha interesse em afixar na porta de sua sala a lista completa de seus projetos-xodó, mas talvez possa criar um simples Manual do Usuário de Você, para que as pessoas saibam o que podem fazer para ajudá-lo a trabalhar com eficiência, proporcionando assim a melhor orientação e auxílio a elas.

Elise Noorda dirige um coral e orquestra sinfônica de jovens em Las Vegas, no estado americano de Nevada, com trezentos integrantes, inteiramente comandada por voluntários. Poucas semanas antes de uma apresentação, o clima estava tenso, por conta do comportamento dos adolescentes, irritados com os voluntários adultos. Isso, por sua vez, dificultava o trabalho de gestão de Elise. Algo que devia ser fonte de alegria se tornou fonte de estresse. Certa noite, depois de um ensaio, durante uma reunião de Elise com os adultos, ela se dirigiu a Holly, voluntária que tinha cuidado do lanche no intervalo do ensaio noturno. "Holly, seu trabalho vem sendo excelente", disse ela. "Você alimenta trezentas pessoas em dez minutos, de um jeito alegre. Quando você cria um clima agradável na hora do intervalo, ajuda todo o resto do ensaio a transcorrer bem". O ensaio seguinte coincidia com o Dia das Bruxas, e Holly levou a hora do lanche a outro patamar: petiscos de festa, decorações mal-assombradas e máquina de gelo-seco. Toda a equipe entendeu o recado e seguiu o exemplo de Holly, ajudando a manter o astral de todos alto pelo restante da temporada. Elise conta: "Comuniquei a Holly na frente de todo mundo: 'Ei, estou adorando o que você faz', e isso impactou todos os setores do nosso trabalho".

Quando os líderes se misturam com seus times, fica fácil usar situações dinâmicas para dar coaching aos colaboradores. No entanto, quando as equipes estão dispersas e as pessoas trabalham a distância, não é difícil que alguém fique por fora do contexto, se afaste da agenda ou seja tolhido pelas dificuldades. Os gestores podem auxiliar os membros de sua equipe a atingir o desempenho mais alto se obedecerem às seguintes condições:

1. **Contexto.** Use como âncora para as conversas e as reuniões a lembrança de que o grupo se encaixa em um objetivo maior. Compartilhe

as razões do trabalho e comunique às pessoas por que a contribuição delas é relevante. Pense nisso como aquela marca "Você está aqui" em um mapa de trilha.
2. **Clareza.** Quando é complicado demais marcar uma conversa rápida para esclarecer as expectativas, os problemas acabam sendo amplificados, o que leva os funcionários a recorrer aos chefes. Para ajudar o pessoal a não abrir mão das responsabilidades, proporcione um Compromisso de Trabalho claro (veja o Lance de Craque) e use a prática do Multiplicador de ceder 51% dos votos (ver o Apêndice E de *Multiplicadores*).
3. **Colaboração.** Funcionários em home office costumam ter reuniões on-line em abundância, mas escassas oportunidades de colaborar em profundidade com os colegas. Por isso, dê atenção especial à criação de fóruns em que os temas mais difíceis são abordados e as melhores ideias vêm à tona.
4. **Conexão.** O trabalho a distância pode provocar isolamento. Por isso, seja proativo na criação de conexões que implantem o "capital relacional" que será necessário em futuras conversas complicadas e para abordarem juntos problemas complexos. Experimente a simples prática de "fazer o check-in antes de pular de cabeça", reservando tempo nas reuniões da equipe para checar como as pessoas estão se saindo: certifique-se de que todos se sintam em primeiro lugar como pessoas, e só então como funcionários. Experimente as seguintes perguntas para dar o pontapé inicial em uma reunião: "Cite uma coisa da qual você se orgulha", ou "O que tem provocado mais dificuldade, em especial, atualmente?". Ou, simplesmente, "Como tem andado?". Além disso, é fácil ignorar o que está indo bem quando você não encontra as pessoas com frequência. Por isso, aumente a dose de reconhecimento, ressaltando os êxitos e dando feedback positivo duas vezes mais que o habitual.

Quer a equipe trabalhe presencialmente, quer esteja espalhada planeta afora, quando os líderes criam essa condição dupla, segurança e desafio, os funcionários podem dar um passo à frente, um passo atrás, e acelerar na reta final. Com as práticas apropriadas de coaching, os funcionários aprendem mais rapidamente, se fortalecem, e crescem além do que julgavam possível.

COMO DESENVOLVER UM TIME CAMPEÃO

Como líder corporativo ou empreendedor social, você pode ter tendência a identificar e festejar um superastro em especial, ou considerar um indivíduo o MVP da sua equipe. No entanto, só montará uma equipe mais forte se perguntar: *Como posso conseguir o maior número possível de MVP no meu time? Como posso desenvolver uma equipe inteira de gente que gera valor e atua com impacto?* Nesta seção, vamos examinar estratégias para a montagem de um time inteiro de craques, cada uma delas um Player de Impacto de pleno direito, jogando em diferentes posições, possuindo habilidades técnicas ou funcionais únicas, mas trabalhando juntos — não recrutando novos talentos, nem mesmo dando coaching a cada player separadamente, mas fazendo toda a equipe enxergar mais longe e contagiando a todos.

Como começar do jeito certo

Lembra-se de Jack "Hacksaw" Reynolds, o craque do futebol americano apresentado no Capítulo 6, que nos dias de jogos chegava para o café da manhã totalmente uniformizado e pronto para entrar em campo? Seu padrão altíssimo era contagiante e se espalhou pelos companheiros de equipe. Em um discurso no encontro do Troféu Bill Campbell, na Universidade Stanford, Ronnie Lott, craque eleito para o Hall da Fama, lembrou da seguinte maneira seu primeiro encontro com Reynolds.[11]

Era o primeiro dia de treinamento da pré-temporada do San Francisco 49ers. Lott era um novato, vindo da Universidade do Sul da Califórnia (USC), escolhido na primeira rodada do *draft*. Hacksaw já era profissional do futebol americano havia mais de uma década, mas tinha acabado de chegar aos 49ers. Lott lembra: "Eu me sentei bem ao lado dele e, quando olhei, ele estava com cem lápis, todos perfeitamente apontados. Fiquei tipo, 'Quem é esse cara?'" Foi aí que o técnico Bill Walsh entrou, parou na frente do time, apontou para Lott e anunciou: "Chegou finalmente nosso escolhido na primeira rodada, e ele assinou o contrato". O time deu as boas-vindas ao calouro tão aguardado. Walsh deu continuidade à preleção, dizendo: "Agora vamos fazer algumas anotações".

Lott entrou em pânico, porque não tinha levado caderno. Virou-se para Hacksaw e perguntou: "Posso pegar emprestado um lápis e um papel?".

Seu novo companheiro de equipe sacudiu a cabeça, olhou para Lott e disse: "Não".

"Qual é, cara. Você tá com cem lápis. Precisa me dar um."

"Não", insistiu Hacksaw. "Sabe o que é? Eu adoro esse esporte. Cara, eu dei tudo por esse esporte. Se você quiser jogar comigo, tem que vir preparado."

Essa doeu. Quarenta anos depois, Lott ainda se lembrava do que Reynolds disse, de como disse, e de como ele — o estreante badalado — se sentiu. Lott contou, enfaticamente: "Aquele momento me ensinou a estar preparado. Que eu tinha que merecer. Que a grandeza exige ter intensidade e extrai cada grama da sua alma".

Naquela temporada, o San Francisco 49ers conquistou pela primeira vez o Super Bowl. Para Lott, tudo começou com um momento contagiante — a mentalidade de um grande jogador entrou em contato com a de outro, e a paixão pela excelência se espalhou por toda uma equipe.

Como reproduzir o fermento

É natural que os gestores queiram reproduzir a Mentalidade do Player de Impacto. Relembre as palavras do gerente de Amanda Rost, no Capítulo 1: Scott Faraci, diretor de vendas do LinkedIn, falou da executiva de contas Amanda Rost, que havia acabado de cuidar de uma importante reunião de vendas com brilho e facilidade: "Se eu pudesse erguer uma estátua dela e colocar no meio do nosso departamento de vendas, como um farol brilhante do executivo de vendas ideal, eu teria feito". Como fazer uma mentalidade positiva se disseminar por toda uma equipe? Montar uma equipe campeã é como fazer pão de fermentação natural (outra instituição de São Francisco). Assar um pão com essa massa aerada e de sabor forte exige um fermento "iniciador" — parte das bactérias (*Lactobacillus sanfranciscensis*) que já estão crescendo e vivendo na farinha e na água (que podem ser passadas de uma geração a outra ou, com um pouco de trabalho, cultivadas em estado natural). Quando o iniciador é mantido em um ambiente quente e alimentado frequentemente com farinha e água, ele cresce e se expande.

Da mesma forma, para replicar um conjunto de mentalidades ou comportamentos, é preciso ter gente iniciadora — pessoas que podem servir como modelos e catalisadores. Assim como o iniciador do fermento, essa pessoa pode tanto ser transplantada quanto cuidadosamente cultivada. Quando o Player de Impacto iniciador é colocado em contato próximo com contribuidores que têm potencial, mas ainda não têm alto impacto, em um ambiente quente, porém não quente demais, e é alimentado na quantidade exata, sob a forma de apoio e reforço, as qualidades dos Players de Impacto se disseminam. E no fim todos acabam crescendo.

Essa foi a dinâmica que eu constatei em minha própria equipe no The Wiseman Group. Quando Lauren Hancock juntou-se à nossa equipe de pesquisa, como cientista de dados, logo percebi seu talento como analista. Tudo que ela tocava ficava melhor — mais rigoroso e mais compreensível. Ela tinha um entusiasmo contagiante pela tomada de decisões com base em dados. Mas, ao lidar mais de perto com ela, pude notar que havia mais que simples talento. Não apenas ela aumentava o rigor do trabalho, mas o fazia sem torná-lo complexo. Colaborar com ela sempre aprimorava minha forma de pensar e tornava meu trabalho mais fácil — não apenas porque ela tirava o fardo dos meus ombros, mas porque encontrava a maneira mais simples de tomar decisões sensatas. Era um talento que precisava ser compartilhado.

Em uma reunião da empresa, expliquei como Lauren havia melhorado a área de pesquisa e fiz uma sugestão simples: caso vocês estejam trabalhando com alguma coisa que se beneficiaria de uma abordagem mais científica ou sistemática, acerte uma parceria com a Lauren. Vários integrantes da equipe começaram a demandá-la, não para fazer o trabalho deles, mas para ajudá-los a analisar problemas e a projetar a forma correta de resolvê-los. Jayson, o diretor de marketing, pediu a ela que o ajudasse a analisar uma importante pesquisa de mercado. Lauren o ajudou a projetar uma pesquisa que não apenas proporcionava respostas cientificamente mais sensatas, mas também ideias para perguntas em que ele nem tinha pensado. Karina, que cuida da pesquisa de campo, olhava para uma planilha, em busca do que os dados tinham a dizer, e estava prestes a realizar uma análise do tipo "força bruta" (analisando detalhes monótonos, um por um) quando lembrou que no passado Lauren usara uma abordagem sistemática para um problema semelhante. Ela chamou Lauren e perguntou se ela podia ensinar como fazer. Lauren estava de férias, comendo em um restaurante novaiorquino, mas ficou tão contente com o pedido que foi para a rua e explicou o código do Excel por inteiro. Quando a pandemia da Covid-19 sobreveio, em 2019, e a economia começou a parar, Lauren deu um seminário sobre os fundamentos da macroeconomia e da recessão, para que todos na equipe pudessem compreender os relatórios sobre a economia. Em seguida, ela trabalhou com os diretores de campo, na construção de modelos de planejamento de cenários, para ajudá-los a tomar decisões certas com maior confiança, em meio às incertezas. Lauren fez mais do que levar seu brilho à equipe: ela o disseminava, elevando o nível da forma de pensar de todos. Quando a questão era a análise com base em dados, nosso trabalho se tornou melhor, e a carga, mais leve.

A postura de iniciador do Player de Impacto funciona porque os seres humanos são observadores por natureza e replicadores de comportamentos, sobretudo dos comportamentos que parecem vantajosos. A Teoria da Aprendizagem Social, modelo desenvolvido pelo psicólogo Albert Bandura, da Universidade Stanford, explica como um comportamento é replicado em diversas unidades sociais, como no trabalho ou na família. Observando essa dinâmica de causa-e-efeito, podemos adquirir uma grande quantidade de conhecimento comportamental sem ter que vivenciá-lo na própria pele ou construir padrões por meio de tentativa e erro.[12] Evidentemente, certas condições são necessárias para que um comportamento seja replicado. Primeiro, quem aprende precisa se dar conta das características essenciais do comportamento-modelo; segundo, precisa lembrar-se dele. Bandura escreveu: "Os observadores que codificam atividades modeladas, seja em palavras, em rótulos concisos ou em imagens vívidas, aprendem e retêm comportamentos melhor que aqueles que simplesmente observam ou estão mentalmente ocupados com outras questões".[13] Terceiro, precisa possuir as habilidades necessárias para replicá-lo. E quarto, o novo comportamento precisa ser aprovado e reforçado pelos líderes.

A partir do momento em que se dispõe do iniciador (ou iniciadora) — alguém na equipe com a mentalidade correta — e essa pessoa é posta em contato com outros membros da equipe, algumas de suas atitudes e comportamentos se disseminam naturalmente, à medida que os colegas observam seu comportamento e suas consequências (por exemplo, ela assumiu a liderança, organizou um grupo para resolver um problema sem que lhe pedissem, e o chefe lhe agradeceu em público pela iniciativa). Mas daria para acelerar essa disseminação? Com base em pesquisas nas áreas das ciências sociais e da epidemiologia, apresentamos seis estratégias que vão ajudá-lo a aumentar o poder de contágio dos comportamentos positivos.

Se fizerem um esforço bem planejado, os líderes podem fomentar e acelerar a disseminação dos comportamentos desejáveis por toda uma equipe ou organização. Infelizmente, na outra ponta do espectro comportamental, a proliferação de maus comportamentos nem precisa de ajuda. Nas palavras do escritor americano Mark Twain: "A mentira viaja meio mundo enquanto a verdade ainda está calçando os sapatos". Não sabemos se a mentira realmente derrotaria a verdade numa corrida a pé; no entanto, vários estudos, um deles publicado recentemente na revista *Harvard Business Review*,[15] mostrou que o mau comportamento no trabalho tende a ser mais contagioso que o bom comportamento. Uma razão para isso é que, em geral, o mau comportamento é mais fácil de imitar; ele costuma encontrar menos resistência no caminho. Como explica Zoe Chance, palestrante na Universidade Yale, "o fator que prevê comportamentos com maior precisão é a facilidade, mais que o preço, a qualidade, o conforto, o desejo ou a satisfação. Em geral, quanto mais fácil algo é, mais provável que as pessoas façam".[16]

COMO INCENTIVAR OS COMPORTAMENTOS DESEJADOS
Formas de ampliar o contágio das práticas dos Players de Impacto por toda uma equipe

BATIZE	Associar um comportamento a palavras específicas ou imagens vívidas torna mais fácil recordar e debater. O enquadramento do Player de Impacto apresentado neste livro tem o objetivo de lhe proporcionar rótulos memorizáveis e um vocabulário em comum para discutir dentro da equipe. Mas você pode criar e usar a terminologia que funcione com os seus colaboradores.
DESTAQUE	Ajude a equipe a reconhecer o comportamento posto em prática. Aponte as pessoas que adotam as práticas do Player de Impacto e dê dois cliques nos comportamentos positivos e formadores de cultura. Evidencie a correlação entre o comportamento positivo e os resultados positivos.
APROXIME	Os comportamentos se disseminam mais rapidamente quando as pessoas trabalham em contato mais direto ou frequente. No trabalho presencial, faça os Players de Impacto atuarem lado a lado com os demais. Em um ambiente virtual, aumente o tempo de tela e a colaboração, sobretudo em reuniões de resolução de problemas ou em ambientes onde a maneira de pensar do Player de Impacto fique mais visível.
FACILITE	Ao ressaltar os comportamentos dos Players de Impacto, foque as práticas e comportamentos mais fáceis de aprender, e que não dependem da aquisição ou do acesso de novas habilidades técnicas. Veja a página 271 para as mentalidades e hábitos mais "coacháveis".
TESTE	Situações de crise propiciam ótimos momentos de aprendizado. Por isso, molde as mentalidades e os comportamentos desejados em momentos de estresse. Como disse Thad Allen, ex-almirante da Guarda Costeira americana: "Você se torna mais valioso como líder nos momentos de maior perigo e nas crises, porque seu pessoal pode testemunhar como você age sob estresse e aprender."[14]
DIVULGUE	Reforce os comportamentos desejados com reconhecimento, tanto em público quanto em particular, e não deixe de reconhecer o comportamento correto, mesmo quando de início ele não atingir os resultados desejados. Remova os obstáculos que impedem um comportamento de Player de Impacto, tornando mais fácil para todos fazerem o certo.

Para montar uma equipe campeã, é preciso fazer algo além do simples incentivo à disseminação do comportamento do Player de Impacto; é preciso reprimir de forma ativa os comportamentos contrários, as práticas que levam profissionais talentosos e inteligentes a contribuir abaixo de seu nível de possibilidades e as convicções limitantes arraigadas na cultura da equipe (veja uma lista dessas práticas em ImpactPlayersBook. com, site em inglês).

COMO REFREAR COMPORTAMENTOS CONTRÁRIOS
Formas de reduzir a disseminação de práticas negativas por toda uma equipe

BATIZE	Associar um comportamento a palavras específicas ou imagens vívidas torna mais fácil recordar e debater. Os rótulos para as práticas dos Contribuidores e subcontribuidores e para as armadilhas podem ajudá-lo a identificar e discutir os comportamentos limitantes (consulte ImpactPlayersBook.com).
EXPLIQUE	Ao ressaltar exemplos, seja específico em relação ao comportamento, mas não dê necessariamente o nome da pessoa envolvida. Discuta como esse comportamento limita os resultados, impedindo que sua equipe sirva melhor os clientes, resolva problemas ou reaja a oportunidades. Informe à equipe quais são os sinais de alerta, o que pode ser feito para evitar tal comportamento e o que deve ser feito no lugar.
DESTAQUE	Arranje um jeito de fazer sua equipe analisar o próprio comportamento, a fim de saber se precisa ou não tomar alguma medida corretiva. Você pode indicar o questionário no site ImpactPlayersBook.com.
ISOLE	Quando uma pessoa é fonte de maus hábitos, não a deixe virar uma superpropagadora. Discuta o comportamento problemático com players fortes, a fim de mantê-los a distância e de impedir essa pessoa de se contaminar por um comportamento negativo.
REPRIMA	Associe àquele comportamento uma repercussão, seja pela introdução de uma consequência negativa, seja pela retirada de uma consequência positiva. Certifique-se de que todo mundo entendeu, e seja coerente na aplicação dessas repercussões.

Acelerar a disseminação de práticas positivas, de alto impacto, e desacelerar a disseminação de influências prejudiciais pode ajudar a criar um time de craques. E, como qualquer torcedor sabe, times de craques conquistam títulos, mas não duram para sempre. Da mesma forma, por mais que o talento "iniciador" certo possa ter um efeito viral e levantador do moral de uma equipe, ele não vai durar para sempre. Vamos voltar, uma vez mais, à ciência do pão de fermentação lenta. O fermento iniciador é um agente de crescimento, programado para aumentar exponencialmente de volume em determinada fase. Todo padeiro se lembra de algum dia em que entrou na cozinha e constatou que o fermento vazou da forma e se espalhou pelo balcão inteiro, engolindo tudo à sua volta. Por isso, os padeiros costumam descartar um pouco do iniciador quando consideram já ter o necessário.

À medida que os maiores contribuidores progridem, passam a precisar de palcos maiores para atuar. Talvez seja preciso deixá-los passar a uma nova oportunidade, na qual (com o ambiente certo) sua mentalidade e sua forma de trabalhar vão se disseminar por outra equipe. Mas é um efeito que continua a reverberar. Quando o Player de Impacto vai embora, não deixa um vazio; deixa mais talento, e mais iniciadores.

COMO SUSTENTAR UMA CULTURA VITORIOSA

À medida que o ciclo se repete, você começará a criar algo mais forte que ter alguns players poderosos em sua equipe, e mais forte que livros de regras e manuais. Você criará uma *cultura* — um conjunto de normas e valores sobre como o trabalho é feito. Essa cultura se torna parte dos móveis, e persiste como método de trabalho muito depois da saída deste ou daquele membro da equipe.

A cultura resultante é uma expressão coletiva das mentalidades que produzem valor extraordinário: serviço, gestão, poder, confiança e contribuição. É uma cultura fervilhante com um senso de aventura e uma combinação produtiva de iniciativa e cobrança — uma disposição desbravadora acompanhada pelo impulso de realizar. As pessoas terão a confiança necessária para aprender e inovar, e a agilidade para adaptar-se a alvos móveis. A organização terá a força coletiva para lidar com problemas complicados, navegar por situações duvidosas e correr atrás de oportunidades. Essa cultura, além de forte, também valorizará o serviço — não o servilismo, mas a disposição para ajudar os colegas e o pendor por uma excelente relação com o cliente.

Na condição de líder, o que você pode fazer para criar uma cultura produtora de Players de Impacto e fomentadora desse modo de trabalhar de alto valor? Além disso, como você pode criar as condições que permitam a todos contribuir com suas habilidades individuais de maneira relevante?

Valorize a diversidade de papéis

Criar uma cultura de equipe, em que cada pessoa pode contribuir ao máximo, é um dos papéis fundamentais da liderança. Ele principia pela valorização da diversidade de pontos de vista e competências que cada player leva para o campo de jogo. O que aconteceria em uma equipe se o grupo atuasse como se cada papel fosse precioso e cada pessoa tivesse algo importante para oferecer? Os líderes atuariam como o dr. Kelly, médico do serviço de emergência que acreditava que todo mundo cuidando do paciente (médico atendente, pessoal hospitalar, enfermeiros e até mesmo o próprio paciente) era uma parte importante da equipe de assistência de saúde, e que todos na equipe poderiam ter a ideia de que salvariam a vida do paciente. Cada pessoa sob a liderança do dr. Kelly se sentia assim. Um dos colaboradores mais novatos disse: "As pessoas se dispõem a propor ideias, porque é evidente que nossa contribuição é importante e desejada". Quando os funcionários se sentem respeitados e valorizados, têm uma sensação de pertencimento, conectam-se mais profundamente à cultura, e aumenta a capacidade de contribuir.[17] Caso queira montar uma equipe campeã, forme um grupo diversificado e crie um ambiente onde cada um possa oferecer seus talentos naturais, e então coordene os esforços de todos para entregar o melhor resultado.

Reconheça as contribuições invisíveis

Não é segredo que na maioria das organizações o terreno de jogo não é o mesmo para todos. Certos grupos sempre trabalham em desvantagem. Apesar disso, estudos mostram que, cada vez mais, as organizações inclusivas, que aproveitam a diversidade de talentos, ganham uma vantagem competitiva. Os gestores se veem diante de uma decisão: ou continuam a investir nos mesmos profissionais de sempre, recorrendo aos membros da equipe que pensam como eles e se parecem com eles, ou podem procurar de forma mais proativa os "Players de Impacto invisíveis" — supercraques em potencial que pertencem a populações vítimas de discriminação. Os gestores podem usar o enquadramento do Player de Impacto para identificá-los ativamente e lutar contra o preconceito no trabalho.

Para começar, os gestores podem compartilhar as práticas que indicam ao pessoal o caminho que leva à geração de valor e impacto. Também podem ajudar a revelar aquilo que chamamos de "livro de regras não escritas"; aqueles "isso sim" e "isso não" ocultos sobre como fazer as coisas; aquilo que gera credibilidade; e sobretudo como as coisas funcionam dentro da organização. Ao tornar explícitas as regras e os sistemas implícitos, os gestores podem ampliar o acesso às redes e às informações cruciais e a atribuição de responsabilidades elevadas.

Os gestores também podem adotar medidas para assegurar uma distribuição mais equitativa daquilo que Joan C. Williams e Marina Multhaup chamaram de "serviço glamouroso" e "serviço elementar" na empresa. A pesquisa delas mostrou que "mulheres de todas as raças relatam níveis mais altos de serviço elementar, enquanto as mulheres e as pessoas não brancas (de ambos os gêneros) relatam menos acesso ao serviço glamouroso".[18] Quando se pede sempre às mesmas pessoas para carregar o piano nos bastidores, a contribuição dessas pessoas pode passar despercebida, e seu impacto ser subestimado. Quando tarefas de alta responsabilidade são distribuídas de forma mais equilibrada entre todos os aspirantes a líder, esses indivíduos se engajarão de forma mais profunda e a empresa tirará proveito maior das habilidades ocultas no atual pool de talentos.

Por fim, os líderes podem fazer com que as pessoas que lutam contra o preconceito e as desigualdades sistêmicas disponham do necessário para ter êxito. Lembre-se do Capítulo 4: embora seja comum pressupor que os gestores precisam de verba e de pessoal para serem bem-sucedidos, aquilo de que as pessoas mais necessitam é acesso às informações cruciais, orientação e apoio dos líderes principais (veja a página 140). As seguintes práticas, relacionadas no Manual do Coach, no fim deste capítulo, ajudarão a garantir que todos tenham aquilo que necessitam para o êxito: *compartilhe a agenda, identifique oportunidades, defina a v.i.a., dê feedback, inclua os outros.*

O processo de fornecimento de feedback merece menção especial. Vários estudos demonstram que pessoas de grupos sub-representados tendem a receber menos orientação que seus pares.[19] Por exemplo, as mulheres tendem a receber menos feedback[20] e têm maior probabilidade de receber feedback[21] de desempenho incorreto, em que o mensageiro mistura a análise negativa do desempenho com uma descrição positiva da pessoa.[22] Quando falta informação sobre desempenho, aumenta a probabilidade de a pessoa errar o alvo e se tornar o Player de Impacto invisível.

Os líderes também desempenham um papel importante assegurando que as contribuições daqueles que trabalham nas funções de bastidores sejam reconhecidas e tenham seu lugar ao sol.

Colleen Pritchett é presidente da Americas Aerospace & Global Fibers, unidade de negócio da Hexcel Corporation, líder mundial em compostos avançados para os setores aeroespacial e industrial. Ela comanda uma organização com milhares de funcionários, que englobam todo o leque de cargos: pesquisa & desenvolvimento, suprimentos, fabricação, vendas, administração e outros. Como na maioria das organizações, algumas funções ficam naturalmente sob os holofotes; no entanto, ela e sua equipe de gestores fazem questão de reconhecer o trabalho de excelência que é realizado em todas as funções, e sobretudo daqueles que atuam nos bastidores. Quando a equipe de suprimentos se sentiu pouco valorizada, o vice-presidente de vendas organizou uma mesa-redonda com eles para comunicar: "Reconheço o que vocês fazem. Valorizo, tanto quanto nossos clientes". Em seguida, pediu a opinião deles em relação a importantes questões de vendas.

A própria Colleen está o tempo todo de olho em funcionários de qualidade que não estejam recebendo reconhecimento. Quando encontra um, envia um e-mail para que ele saiba que ela se apercebeu do bom trabalho sendo feito — e copia toda a equipe de gestores, fazendo os elogios se multiplicarem. Reuniões gerais são outra oportunidade de chamar a atenção para heróis anônimos. Esses heróis do dia a dia são cobertos de elogios e respeito dos colegas, e o comportamento ressaltado passa a ser notado e replicado pelos demais.

Gestor: para fomentar uma cultura na qual todos contribuam ao máximo, fique de olho nos bastidores, em busca dos heróis anônimos. Certifique-se de que eles sejam vistos e ouvidos, e celebre o trabalho que realizam. Divulgue os contribuidores e amplifique as vozes mais fracas, principalmente daqueles que carecem de força sistêmica ou de privilégios inatos. Adicione uma dose de inclusão ao liderar pessoas ou equipes trabalhando remotamente.

COMO REALIZAR REUNIÕES INCLUSIVAS

Estas práticas simples em reuniões podem ajudar a assegurar que as ideias de todos sejam ouvidas, e suas contribuições, percebidas.

1. **Crie o clima.** Envie antecipadamente a agenda e as questões em discussão, dando tempo às pessoas para refletir.
2. **Reconheça todos.** Comece as reuniões citando todos os presentes.
3. **Dê a palavra a todos.** Ao pedir opiniões, ouça a colaboração de cada um. Não deixe ninguém falar duas vezes antes que todos tenham falado uma vez.
4. **Conceda a preferência.** Quando duas pessoas falarem ao mesmo tempo na reunião de equipe, conceda a preferência ao mais calado, mais novato, mais distante, que não esteja falando a própria língua nativa ou que pertença a um grupo sub-representado.

Construa a unidade

A diversidade sem unidade gera ruído e pode descambar para o caos. No entanto, uma equipe diversa e talentosa, trabalhando com valores em comum por uma agenda em comum, é uma combinação vitoriosa.

Quando Robert Zemeckis, cineasta americano com 45 filmes no currículo, foi palestrar na Universidade do Sul da Califórnia, perguntaram qual de seus filmes era o favorito. Ele respondeu: *Forrest Gump*. Por quê? "Porque todos nós estávamos fazendo o mesmo filme", explicou. Quando Zemeckis leu o roteiro, percebeu na mesma hora que aquela história simples, sobre como os relacionamentos sustentam nossa vida, não tinha nenhum dos truques comuns de argumento e rompia todas as regras do cinema, e mesmo assim não conseguia parar de ler. Como milhões de espectadores, ele ficou enfeitiçado pelo espírito de Forrest Gump, um homem simplório, de inteligência limitada, que termina por realizar coisas extraordinárias e se depara com grandes pessoas e grandes líderes. O filme é estrelado por Tom Hanks, Sally Field, Robin Wright, Gary Sinise e Mykelti Williamson. O personagem-título, vivido por Hanks, faz acreditar que tudo é possível, e, segundo Sally Field, que encarna a mãe de Forrest, "A vida é para ser agarrada. É questão de estender a mão e colhê-la".[23] Nem todos gostaram do filme; na verdade, ele dividiu o público. No entanto, a equipe artística que o criou era tudo menos dividida.

O que acontece quando todos trabalham na mesma agenda, aplicando sua genialidade nativa ao projeto mais importante diante de si? As pessoas se sentem reconhecidas, ficam ansiosas para receber novos desafios e dispostas a dar um passo à frente e liderar — ou seguir a liderança de alguém. Realizam um trabalho de excelência, e o ambiente se torna um ótimo lugar para estar. Quando gente talentosa trabalha na mesma agenda e contribui ao máximo, a magia acontece.

MANUAL DO COACH

Este manual apresenta um conjunto de práticas de coaching que ajuda sua equipe a adquirir as premissas e hábitos dos Players de Impacto. A primeira parte é dividida em cinco práticas dos Players de Impacto. Também oferece dicas para liderar de forma inclusiva, maximizando a contribuição e o impacto de sua equipe como um todo, inclusive se ela trabalhar remotamente.

Prática número 1: Faça o trabalho que é necessário

Promova o trabalho. O redesenho do trabalho (*job crafting*) é uma técnica que incentiva o funcionário a moldar a própria função, mas também pode ser usado para ajudar o funcionário a reenquadrar seu papel e a conectar seus atos a um propósito mais alto.[24] Você pode ajudar as pessoas de sua equipe a criar uma Mentalidade de Serviço, perguntando:

- Quem se beneficia do seu trabalho?
- De que maneira a vida profissional ou pessoal dessas pessoas seria prejudicada, caso seu trabalho não seja feito?
- Qual é o benefício para elas? Como a comunidade em geral se beneficia?

Você pode encontrar recursos extras na obra de Amy Wrzesniewski[25] ou no livro *Life's Great Question* ["A grande pergunta da vida"], de Tom Rath.[26]

Promova um valor. Identifique um de seus valores de liderança, ou um dos valores culturais da organização, que seja particularmente importante para você, como transparência, e promova-o ao status de valor sagrado — algo pelo qual você estaria disposto a lutar. Explique às pessoas por que é importante para você e para a empresa (por exemplo, "Precisamos dos fatos nus e crus para tomar decisões de bom senso").

Contextualize. Relembre às pessoas de que forma o trabalho ou o debate atual se encaixa em um objetivo maior. Explique o que está fazendo atualmente e por que é importante. Pense nisso como o equivalente do símbolo "Você está aqui" no mapa de uma trilha.

Compartilhe a agenda. Em vez de dizer o que as pessoas devem fazer, faça uma descrição dos resultados mais importantes. Descreva (1) o que é considerado um êxito, (2) o que é considerado um serviço completo e (3) o que é considerado fora dos limites.

Identifique oportunidades. Saber aquilo que é teoricamente importante é como ser capaz de identificar uma espécie em um guia de aves — impressionante, mas inútil. Ajudar as pessoas a identificar oportunidades importantes, da mesma forma que um especialista em observação de pássaros ensina a identificar espécies na natureza: em ação e parcialmente encobertos. Destaque a v.i.a. em tempo real, ajudando as pessoas a enxergar o que é importante no momento.

Conceda permissões. Dê às pessoas a confiança necessária para se arriscar fora dos limites formais de seus cargos, concedendo-lhes permissão expressa. Essa permissão funciona como uma autorização concedida a um trilheiro, que se apresenta às autoridades e informa seu destino antes de se aventurar sozinho pela mata. Chegue a um acordo sobre (1) para onde elas vão e (2) que partes da atividade-fim elas precisam continuar a executar bem. Você também pode ajudar as pessoas a dar um passo à frente e assumir um papel de liderança, informando-as de uma questão específica que seria beneficiada por suas competências ou pontos de vista singulares — aquela questão que é "totalmente a cara" da pessoa.

Prática número 2: Dar um passo à frente e um passo atrás

Concentre-se naquilo que é controlável. Para auxiliar as pessoas a reforçar a convicção de que têm o poder de melhorar uma situação, ajude-as a enxergar aquilo sobre o qual elas têm controle ou influência. Diante de situações frustrantes ou desafiadoras, faça perguntas de *coaching*, tais como:

- O que é possível controlar nessa situação?
- O que está fora do seu controle?
- Onde lhe falta controle total, mas você pode ter influência?
- Qual é a melhor forma de influenciar a situação?

Além disso, os gestores podem ajudar a moldar essa mentalidade nas reuniões, assegurando que a discussão da equipe se concentre na solução de problemas dentro da esfera de influência desta, sem recair em sessões de apontar dedos.

Exercite escolhas. Incentive um espírito de voluntariado e direcionamento em sua equipe, permitindo que seus membros se proponham a trabalhar em projetos liderados por outros, em vez de serem indicados ou mesmo escolhidos para esses projetos. Exercer a capacidade de escolher onde eles podem contribuir melhor reforçará a disposição deles para liderar e angariar o apoio dos demais.

Responsabilize sua equipe. Certa vez, eu estava viajando em um teco-teco entre duas ilhas remotas da América Central. Antes da decolagem, o único piloto da aeronave virou-se para os quatro passageiros atrás dele, deu as instruções de segurança obrigatórias e em seguida anunciou, no tom de voz mais natural do mundo: "Caso notem algo incomum ou alarmante durante o voo, por favor me avisem". Demos risada, mas, quando ele não riu também, nos demos conta de que estávamos servindo de copilotos. Ficamos alertas. Da mesma forma, você pode responsabilizar sua equipe, pedindo que prestem atenção aos problemas, estejam prontos para assumir o comando e mandar prender e soltar, se necessário.

Amplie a lista de convidados. Quando Alan Mulally era CEO da Ford Motor Company, comandando uma transformação de grande escala da montadora, então em crise, ele pediu a cada executivo sênior que incluísse um gestor ou subordinado mais júnior como convidado nas reuniões de diretoria importantes. Ter gente de fora assistindo estimulava a transparência total e o bom comportamento dos líderes da equipe executiva. Também criava mais líderes, por toda a empresa, cientes da agenda de negócios. Tente expandir a lista de convidados, incluindo contribuidores mais abaixo na hierarquia nas discussões-chave. Mesmo que eles assistam à reunião em silêncio, as perspectivas adquiridas vão ajudá-los posteriormente a atuar como líderes, e não como observadores.

Ofereça imunidade aos "iniciadores". Quando as pessoas tomam a iniciativa, ficam suscetíveis a cometer erros, violar algumas regras menos importantes ou simplesmente fazer as coisas de um jeito diferente do seu. Reagir corrigindo pode aprimorar o trabalho delas, mas provavelmente as levará a ter menos iniciativa na ocasião seguinte. Você pode valorizar o progresso mais que a perfeição, deixando passar infrações menores cometidas por aqueles que estão no comando e seguindo na direção certa.

Prática número 3: Acelere na reta final

Lembre-se de momentos de resiliência do passado. Pesquisas mostram que se deparar com obstáculos (seja na infância, na vida pessoal ou profissional) ajuda o indivíduo a se tornar mais resiliente no futuro.[27] É possível ajudar as pessoas a lidar de forma mais eficiente com os novos desafios fazendo-as recordar essas experiências e refletir sobre como as posturas do passado se aplicam aos problemas do presente. Faça perguntas como estas, para fortalecer a musculatura da memória:

- Que problemas semelhantes você vivenciou no passado?
- Que atitudes suas ajudaram a superar esses problemas?
- Quais dessas estratégias ou táticas poderiam ajudá-lo a resolver o problema atual?

Reenquadre os obstáculos como desafios. Lance mão de um exercício que os estoicos chamavam de "Virar o Obstáculo de Ponta-cabeça". Peça a alguém que identifique todos os aspectos "do mal" do problema. Peça, então, à mesma pessoa que vire ao contrário esses aspectos, de modo que se tornem uma fonte "do bem", especificamente uma fonte de crescimento pessoal. Por exemplo, um cliente pouco razoável é uma oportunidade para aprender o chamado "controle de escopo".[28]

Defina a V.I.A. Em vez de fornecer instruções detalhadas para que as pessoas realizem suas tarefas, certifique-se de que elas saibam qual o trabalho fundamental a ser feito. Ao delegar, articule com clareza os "três Comos" de uma operação bem-sucedida. São eles: (1) *o padrão de performance*: como deve ser o trabalho ideal; (2) *a linha de chegada*: como deve ser o trabalho completo; e (3) *os limites*: como estabelecer o que não é parte da missão.

Foco na linha de chegada. Segundo Heidi Grant, "o grande gestor cria o grande finalizador, ao lembrar aos funcionários que eles devem manter seus olhos no prêmio, cuidando de evitar recompensar ou elogiar efusivamente o atingimento de etapas ao longo do caminho." Incentivo é importante, mas, para manter a equipe motivada, reserve as homenagens para o trabalho bem — e completamente — realizado. Aplauda cada etapa vencida, mas se concentre naquilo que resta fazer, e não naquilo que já foi feito.

Saia do caminho. Quando as pessoas sentem dificuldade em cruzar a linha de chegada, o gestor tende a intervir, agregando sua força para ajudar a superar os obstáculos. No entanto, pode haver um jeito mais fácil. Como sugeriu o psicólogo organizacional Kurt Lewin, podem-se obter ganhos maiores reduzindo aquilo que tolhe. E, muitas vezes, o que tolhe as pessoas é o excesso de intervenção dos gestores — excesso de instruções, excesso de informações e excesso de feedback. Em vez de tentar ajudar as pessoas a avançarem, experimente simplesmente sair do caminho delas. Talvez você descubra que elas avançarão com mais rapidez e irão mais longe sem gestão excessiva.

Prática número 4: Pergunte e corrija

Crie confiança. Quando o líder demonstra confiança nos membros da equipe, turbina a autoconfiança deles, aumenta a capacidade de aprendizado e adaptação e abre o caminho para o feedback recíproco. Encontre maneiras de expressar cada uma dessas formas de confiança, não apenas por meio de palavras, mas também por meio das responsabilidades confiadas a cada indivíduo.

- Eu acredito em você — Eu confio na sua integridade.
- Eu acredito em você — Eu confio em suas competências e em sua capacidade de aprender.
- Eu acredito que você tem em mente meu melhor interesse — Eu confio nas suas intenções.
- Eu acredito que você dá conta disso — Eu acredito que você é capaz de aprender e se adaptar.

Dê feedback. Fornecer um feedback detalhado é parte essencial do trabalho de um líder. Para que esse feedback seja recebido com mais facilidade, trate-o como uma informação útil, da qual as pessoas precisam para realizar o trabalho, em vez de uma análise pessoal de desempenho que consista em crítica ou elogio. Como argumenta Kim Scott no livro *Radical Candor* ["Franqueza radical"], é possível dar feedback complicado caso o receptor tenha consciência de que você se importa pessoalmente com ele. Seja direto, porque o melhor feedback é radicalmente franco. Use as seguintes dicas de *Radical Candor* para fornecer feedback direto e útil:[29]

- Seja claro em relação ao modo como você pretende ajudar e explicite sua intenção de ser útil.
- Seja preciso em relação àquilo que é necessário e àquilo que não funciona.
- Crie uma relação de confiança, estabelecendo um padrão consistente de ação, com boa-fé e passando regularmente algum tempo sozinho com cada um daqueles que se reportam diretamente a você.
- Peça que o critiquem e faça elogios antes de fazer críticas.
- Sua maneira de pedir críticas e lidar com elas ao recebê-las é meio caminho andado para criar confiança — ou destruí-la.

Recrie a confiança. A confiança, uma vez perdida, é difícil de reconquistar. Muitos anos atrás, minha mãe e eu estávamos trabalhando juntas em um projeto. Em um momento particularmente complicado do processo, a confiança dela ficou abalada e ela passou a relutar em tomar decisões. Evidentemente, eu sabia que ela era extremamente competente e capaz de lidar com aqueles problemas. Por isso, liguei para ela a fim de tranquilizá-la. Reafirmei minha confiança nela e em sua capacidade de ser bem-sucedida. Ela reconheceu meu esforço, mas disse: "Você não tem como me passar confiança. Só eu mesma posso me dar confiança." É verdade; confiança não é algo que podemos dar de presente. No entanto, podemos criar as condições que permitem às pessoas recobrar a própria confiança. Você pode implantar um padrão de sucesso, mudando o escopo do trabalho para criar uma série de triunfos:

1. Comece com pequenos blocos de trabalho concreto, que gerem triunfos fáceis.
2. Celebre essas vitórias, mas sem exagero.
3. Vá adicionando blocos mais desafiadores, em camadas.
4. Continue a ampliar o escopo e a complexidade do trabalho até que a confiança do indivíduo case com a dimensão e a complexidade do que se tem pela frente.

Prática número 5: Torne o trabalho leve

Inclua os outros. Podemos usar nossa influência ou relativo privilégio para que os outros sintam o pertencimento com mais facilidade; na verdade, nossas características singulares podem ser o fator que rompe com os estereótipos e abre o caminho para que outros também sintam esse pertencimento. Segundo uma reportagem da *Harvard Business Review*, os líderes e colegas que atuam como aliados com mentalidade igualitária não apenas aumentam a inclusão para os demais, mas também os protegem do comportamento de exclusão de outros.[30] Os líderes podem ajudar cada membro da equipe a entender que é importante no grupo, discutindo coletivamente a genialidade nativa de cada pessoa. Concentre-se em um membro da equipe de cada vez, convidando os demais a descrever aquilo que veem como o brilho natural daquela pessoa.

Comemore a assistência. Caso queira que os membros da equipe ajudem ativamente uns aos outros, transforme em heróis aqueles que dão a "assistência". No esporte, a assistência é a contribuição do jogador que dá o passe para o gol ou a cesta (e que é registrada nas estatísticas oficiais). Portanto, não dê reconhecimento apenas a quem faz o gol (por exemplo, que realiza uma grande venda ou lança um novo produto): reconheça aqueles que colocam essa pessoa em condição de triunfar.

Não tolere comportamentos difíceis. "A cultura de cada organização é moldada pelo pior comportamento que o líder está disposto a tolerar", escreveram Steve Gruenert e Todd Whitaker.[31] Como líder, quando você tolera comportamentos de "alto custo de manutenção", acaba por alimentá-los na equipe como um todo. Caso queira uma equipe com baixo custo de manutenção, defina o que significa "ser fácil de trabalhar", e rejeite e redirecione o comportamento de alto custo de manutenção. Em vez de simplesmente concordar com as pessoas que reclamam dos colegas, peça que resolvam diretamente o problema com a outra parte. Quando alguém lhe enviar um e-mail longo e verborrágico, peça que reenvie uma versão mais curta. Quando alguém fizer uma apresentação interminável, peça que principie pelos pontos-chave e em seguida dê apenas os detalhes que forem pedidos. Quando alguém estiver monopolizando uma reunião, peça que jogue menos fichas na mesa, para dar aos colegas uma oportunidade de também jogarem as deles.

O Multiplicador de Práticas de Liderança

Diversas práticas de liderança no meu livro *Multiplicadores: como os bons líderes valorizam você* vão ajudá-lo a desenvolver em sua equipe a mentalidade do Player de Impacto, criando um ambiente onde todos contribuem ao máximo. Veja o Apêndice E da edição revista e atualizada de *Multiplicadores*, para mais orientação.

1. **Ceda 51% dos votos.** Para incentivar os demais a assumir plena responsabilidade, coloque-os no comando, dando a eles a maioria dos votos em um projeto ou questão específica.
2. **Devolva a bola.** Quando alguém lhe traz um problema que a própria pessoa é capaz de resolver, assuma o papel do coach, e não do resolvedor. E, quando alguém precisar legitimamente de ajuda, apresente-se e contribua, e em seguida não deixe de devolver a responsabilidade.
3. **Admita seus erros.** Quando você conta os erros que cometeu e o que aprendeu com eles, é mais fácil para as pessoas admitirem e aprenderem com os próprios erros.

4. **Abra espaço para os erros.** Crie um espaço de segurança, onde as pessoas possam fazer experiências, deixando claro as áreas do trabalho nas quais há possibilidade de assumir riscos, em relação às áreas em que há coisa demais em jogo para permitir fracassos.
5. **Identifique a genialidade nativa.** Para extrair o melhor dos membros de sua equipe, identifique a genialidade nativa deles — o que eles fazem de maneira fácil e gratuita. Discuta-a com eles e identifique de que forma pode ser mais bem utilizada nas tarefas mais importantes.

**RESUMO DO CAPÍTULO 8:
MONTE UMA EQUIPE DE ALTO IMPACTO**

Este capítulo foi escrito para gestores que querem montar uma equipe de Players de Impacto. Ele mostra como os líderes podem montar um time no qual todos contribuam ao máximo e uma cultura que inspira excelência mesmo muito tempo depois da saída deste ou daquele Player de Impacto. Também inclui estratégias para criar uma cultura inclusiva, que enxerga e valoriza o Player de Impacto invisibilizado.

COMO RECRUTAR PLAYERS DE IMPACTO. Certos aspectos da Mentalidade do Player de Impacto são menos "coacháveis". Por isso, ao recrutar, busque essas mentalidades específicas e concentre seu esforço de coaching nas mentalidades e comportamentos mais fáceis de aprender. Entrevistas comportamentais ou testes psicométricos podem ajudá-lo a identificar pessoas com essas mentalidades e um histórico de hábitos exibidos pelos Players de Impacto.

COMO DESENVOLVER PLAYERS DE IMPACTO. Os melhores líderes cultivam um clima que é ao mesmo tempo confortável e intenso, porque as pessoas desempenham e crescem melhor com doses equilibradas de segurança e desafio.

COMO MONTAR UMA EQUIPE CAMPEÃ. Os líderes podem montar uma equipe inteiramente formada por craques, se acelerarem a disseminação dos hábitos de alto impacto e desacelerarem a disseminação de outros comportamentos, menos eficientes.

COMO SUSTENTAR UMA CULTURA VENCEDORA. Montar uma equipe com o *ethos* do Player de Impacto ajudará a criar uma cultura organizacional mais ampla, que valoriza a agilidade, o aprendizado, a colaboração, a coragem, a inclusão, a iniciativa, a inovação, a performance, a responsabilização e o serviço ao cliente.

Capítulo 9

APOSTE TUDO

> Não temos como mudar as cartas que recebemos,
> só o nosso jeito de jogar.
> **RANDY PAUSCH**

Talvez você se lembre de que, quando Karen Kaplan (apresentada no Capítulo 6) entrou para a agência Hill Holliday, estava em busca de um emprego fácil, que pudesse conciliar com a faculdade de Direito. Quando lhe ofereceram uma vaga de recepcionista, o fundador da agência disse que ela seria o rosto e a voz da empresa. Foi aí que ela se deu conta de que sua função era importante e de que seu trabalho fazia diferença. Por isso, ela decidiu que seria a CEO da recepção. Em seguida, ergueu a mão e aceitou todas as oportunidades que se apresentaram em seu caminho, nomeando a si mesma também como CEO dessas responsabilidades. Hoje, trinta anos depois, ela é a CEO da Hill Holliday, o que lhe permite oferecer esse mesmo tipo de oportunidade a outros.

Lembra-se de Paulo Büttenbender, o arquiteto de desenvolvimento de software da SAP em São Leopoldo, no Brasil (citado nos Capítulos 1 e 7), aquele que passa mais tempo escutando? Essa empatia permite que ele desenvolva aplicativos que se encaixam nas necessidades do cliente como um paletó refinado de alfaiate, o que faz com que ele seja chamado para as missões mais cruciais. Roberto, gestor dele, conta: "Todo mundo fala que precisa do Paulo." De fato, o trabalho o levou a todos os cantos do mundo — de Londres a Sydney, da Índia à Arábia Saudita. Paulo reconhece: "Uma oportunidade foi levando a outra. Conheci o mundo. Trabalhei nas incríveis Montanhas Rochosas do Canadá, na Banff, e comi o melhor bife do mundo no interior da Argentina". Porém, bifes à parte, a reputação de Paulo como alguém que dá conta das tarefas mais complicadas o faz receber demandas que considera profundamente gratificantes.

Se sua memória alcançar até o Capítulo 1, talvez se lembre de Jojo Mirador, o preparador cirúrgico. Jojo é aquele que não apenas entrega ao cirurgião o instrumento pedido; entrega aquele de que o cirurgião mais precisa. Durante a cirurgia, outros instrumentadores simplesmente entregam ao cirurgião o instrumento exigido. Mas Jojo presta atenção nas mãos do cirurgião, antecipa seu próximo passo e descobre do que ele necessita antes que lhe peçam. Ele dá suas sugestões com tanta sinceridade que os cirurgiões ficam extremamente gratos. E, por conhecer seu trabalho tão bem, acabam pedindo sua opinião. Ele reconhece: "Sim, fico lisonjeado quando os cirurgiões pedem minha opinião e querem a mim na equipe deles". O gestor de Jojo está sempre recebendo demandas das equipes cirúrgicas, insistindo para tê-lo na sala de operações. No entanto, os conflitos de agenda são resolvidos, porque todos reconhecem que a equipe do procedimento mais complexo é aquela que realmente precisa de Jojo manipulando os instrumentos. Por quê? Porque Jojo não está apenas presente na sala de cirurgia; ele aposta tudo no procedimento cirúrgico. E, quando você aposta tudo, joga melhor e tem um impacto mais profundo.

Quando o ex-CEO do Philadelphia 76ers, Scott O'Neil, procurou uma palavra para descrever Jake Reynolds, disse: "Paixão não é a palavra certa. Talvez exista alguma palavra abrangente o bastante, que signifique que você está apostando tudo — 'Estou com você, estou ao seu lado, estou à sua frente quando as coisas acontecem, estou atrás de você quando você cair. Meu comprometimento é total'. Qualquer que seja essa palavra, é o que ele é".

É isso que eu chamo de ambiente altamente contributivo — um entorno onde as pessoas trazem seu melhor modo de pensar e realizam seu melhor trabalho, onde a inteligência de cada pessoa é utilizada a fundo, e todos na equipe agregam valor. É um ambiente onde as pessoas "apostam tudo" — estão totalmente comprometidas ou envolvidas com um empreendimento. Vincent van Gogh descreveu esse estado quando disse: "Eu busco, eu me esforço, eu me doo de corpo e alma". O lendário jogador de futebol americano Kevin Greene, terceiro maior em número de *sacks* (derrubada de *quarterbacks*) na história do futebol americano profissional, "jogava com cada molécula do corpo", segundo seu técnico.[1] Marie Curie, ganhadora do Prêmio Nobel tanto em física quanto em química, escreveu em uma carta para o irmão: "Lamento apenas uma coisa: que os dias sejam tão curtos e passem tão depressa".[2] Perto do fim da vida, ela se queixou: "Não sei se consigo viver sem um laboratório".[3]

Eugene O'Kelly, ex-presidente do conselho e CEO da KPMG, refletindo sobre a própria vida (que viria a ser encurtada por um câncer), disse: "Muitas vezes, o comprometimento é medido pela quantidade de horas que você se dispõe a trabalhar. Mas uma maneira melhor de medir o comprometimento não é o tempo de que você aceita abrir mão, e sim a energia que quer dedicar".[4] Apostar tudo não é o mesmo que se exaurir — ficar cansado e desprovido de energia, recursos e potência. Em organizações agressivas, as pessoas são pressionadas, assediadas, espicaçadas e muitas vezes exauridas. Em organizações de alta contribuição, as pessoas têm a oportunidade de contribuir ao máximo, e entram de corpo inteiro. Qual é a diferença? A iniciativa e a decisão. Em uma cultura, a direção faz demandas; na outra, as pessoas contribuem livremente. Quando os líderes criam condições em que as pessoas podem contribuir plenamente e de coração, o trabalho é uma fonte de prazer. Torna-se mais que um simples trabalho, ou mesmo que uma carreira; torna-se nossa expressão mais feliz em toda a plenitude.

Um ambiente em que se aposta tudo, em que as pessoas não são nem exauridas nem subutilizadas, pode ser atingido com contribuidores que jogam para produzir impacto, e com líderes que extraem o melhor dos outros. Os Players de Impacto e os líderes Multiplicadores são uma combinação poderosa, porque a contribuição de cada pessoa — o valor agregado — é multiplicada. E, quando os indivíduos podem gerir a si próprios, isso dá ao gestor a oportunidade de liderar de verdade. É uma proposição que faz sentido no mundo do trabalho moderno. Hoje em dia, a maioria dos profissionais quer produzir impacto, e não apenas receber um contracheque; eles querem receber coaching, e não ser geridos; e, francamente, ninguém quer mais gerir pessoas.

Caso você seja um aspirante a líder, a mentalidade do Player de Impacto é sua rota para a liderança. Quando você pensa e trabalha dessa forma, passa a ser visto como líder, e, quando surgem as oportunidades de liderança, passa a ser uma escolha natural. Para aqueles entre vocês que talvez não tenham interesse em se tornar gestores propriamente ditos, as mentalidades e as práticas que analisamos vão colocá-lo no rumo de um impacto maior. Suas ideias serão ouvidas, e seu trabalho terá uma influência maior. Como Player de Impacto, você fará a diferença.

Gestores, montar um time de Players de Impacto é seu passaporte para sair da gestão e passar à liderança. Quando você não precisa mais dar um passo à frente e preencher as lacunas deixadas por funcionários talentosos, mas subcontribuidores, fica mais fácil se tornar um bom líder. Você pode recuperar sua equanimidade e exercer seu próprio papel com uma visão e uma postura claras. Também é a forma de levar sua organização a outro patamar. Além disso, vai ajudá-lo a ampliar a própria competência em liderança. Para aqueles que aspiram a se tornar líderes Multiplicadores, montar uma equipe de pessoas com a Mentalidade do Player de Impacto vai turbinar sua eficiência.

Embora a trajetória de carreira dos players de maior impacto possa levar a recompensas maiores, o verdadeiro prêmio pode ser uma experiência de trabalho melhor: mais escolhas, mais diversão, gratificação mais profunda. De fato, a melhor razão para dar o melhor de si talvez seja simplesmente a experiência propriamente dita. Mike Singletary, jogador de futebol americano do Hall da Fama, pergunta: "Sabe qual é a minha parte favorita do jogo? A oportunidade de jogar". Faça pela oportunidade, não apenas de participar, mas de dar o melhor de si.

Na cena de abertura do filme *Forrest Gump*, uma folha cai do céu e é jogada para lá e para cá pela brisa. Assim como essa folha, a vida é cheia de incertezas. O mesmo vale para a maioria das carreiras. As oportunidades se apresentam como folhas ao vento. Tom Hanks, refletindo sobre os recados do filme, afirmou: "O que define nosso destino é simplesmente a forma como lidamos com os elementos do acaso na nossa vida [...]

Olha essa [folha], que pode pousar em qualquer lugar e pousa a seus pés".[5] O que fazemos das oportunidades aleatórias? Enxergamos como ameaças ou agarramos as oportunidades que elas apresentam? A mãe de Forrest lhe diz: "Eu sou daquelas pessoas que acreditam que você faz o próprio destino". Estudando os players mais influentes e os maiores contribuidores do mundo do trabalho, acabei por concordar.

Embora todo mundo tenha valor e traga suas competências a suas funções, alguns indivíduos se tornam mais valiosos que outros. Jogam melhor. Encontram uma necessidade e a preenchem. Transformam a incerteza e a dúvida em oportunidades. Porém, sua forma de trabalhar é tudo menos aleatória. Eles descobrem o que é importante para aqueles a quem servem, e tornam isso importante para si mesmos. Assumem a liderança e completam o serviço. Têm leveza e se adaptam com rapidez, tornando o trabalho leve para os outros.

O quanto você pretende jogar bem? Como disse Marianne Williamson: "Jogar pouco não serve ao mundo". Onde você pode ser de maior valor? O que a vida está chamando você a fazer?

Caso queira fazer a diferença, olhe em volta. Descubra aquilo que exige sua atenção. Recorra a sua paixão e a seu propósito, e encontre uma forma de contribuir, de criar impacto, de jogar mais e melhor. Imagine o impacto de começar agora mesmo.

AGRADECIMENTOS

A maioria dos autores concordaria que a sensação de completar um livro lembra a de cruzar a linha de chegada depois de correr uma ultramaratona (ou duas, ou três). Na verdade, lembra mais uma vitória em um jogo importante: é um esforço de equipe, possibilitado pelos companheiros de time, treinadores, motivadores e todos aqueles que torceram por ele.

A Equipe

Primeiro, eu gostaria de agradecer à equipe por trás deste livro, a começar por Hollis Heimbouch, da Harper Business, que foi não apenas a editora, mas uma cocriadora e uma colaboradora a cada passo do caminho. Depois de quatro projetos de livros juntas, continuo maravilhada com sua capacidade de orientar e de fazer correções aguçadas, sem tirar de mim o pleno controle sobre minha obra. Obrigada, Rebecca Raskin e Wendy Wong, por gerirem o projeto, e obrigada ao restante da equipe da HarperCollins, que deu vida ao projeto.

À nossa equipe no Wiseman Group — Alyssa Gallagher, Lauren Hancock, Judy Jung, Jayson Sevison, Shawn Vanderhoven, Karina Wilhelms, Amanda Wiseman e Larry Wiseman —, obrigada por oferecer suas ideias, tornando melhor meu trabalho e por me ajudar a carregar o fardo em um ano muito difícil. Karina, obrigada por ter dado uma excelente largada a este projeto e por nos ter ajudado a acelerar na reta final. Você é uma fonte de contentamento. Minha gratidão especial vai para Lauren, parceira de ideias de valor inestimável, editora firme, cientista de dados brilhante e crítica leal. Vocês tornaram este livro melhor sob todos os aspectos.

Meu reconhecimento e admiração aos talentosos artistas Dillon Blue e Amy Stellhorn, por dar clareza às ideias deste livro, e a Jared Perry, pela capa da edição americana. Obrigada por se envolverem conosco.

Os Motivadores

Nossos parceiros de pesquisa, que abriram as portas de suas organizações a nossas entrevistas e análise e nos franquearam acesso a alguns de seus maiores talentos, tornaram possível nossa pesquisa. Meu muito obrigada a Weston McMillan, da Adobe; Lisa Gevelber, Susan Martin e Jenni Shideler, do Google; Jan Tai e Mark Turner, do LinkedIn; Brandi Higgins, da Nasa; Lisa Marshall, da Salesforce; Jeanne DeFelice, da SAP; Susan Rusconi, da Splunk; Jared Roberts, da Stanford Health Care; e Jen Huerd, da Target. E este livro não existiria sem as histórias dos Players de Impacto e de seus líderes, cujos nomes são citados ao longo do livro, tampouco sem as ideias obtidas dos 170 gestores que cederam generosamente seu tempo. Infelizmente, o número é grande demais para citarmos todos aqui.

Os Treinadores

Vários colegas me emprestaram seus cérebros ao longo do processo, entre eles Michael Bungay Stanier, minha fonte de ideias favorita; Dolly Chugh, que me ofereceu orientação de pesquisa e coaching; Mark Fortier, que ajudou a moldar as ideias do livro desde o princípio; Greg Pal, que se dispôs a compartilhar o brilho de sua mente e esteve sempre a postos como piloto de testes de ideias novas; e Ben Putterman, meu querido amigo e parceiro de ideias de toda uma carreira, inspiração e base para meu pensamento. Também tenho uma dívida para com um maravilhoso grupo de colegas que leram versões iniciais do livro, dizendo o que eu precisava escutar e consertar. Entre eles estão Wade Anderson, Rami Branitsky, Heidi Brandow, Fernando Carrillo, Stefan Cronje, Rob Delange, Yolanda Elliott, Charlee Garden, Mark Hecht, Hazel Jackson, Tony Mercer, Josh Miner, Len Pritchett, Mark Sato, Lisa Shiveley, Jake Tennant, A. J. Thomas, Nicola Tyler, Andrew Webb e Melinda Wells Karlsson. Um agradecimento a mais aos seguintes super-revisores, que leram e releram o manuscrito: Sue Warnke, Mike Maughan, Susie McNamara, Judith Jamieson, Ryan Nichols, Lois Allen e Andrew Wilhelms. Também sou grata a meus colegas da Marshall Goldsmith 100, que compartilharam suas ideias de coaching.

A Torcida Organizada

Sou particularmente agradecida a meus amigos e a minha família, que torceram por mim e que me motivaram ao longo de um complicado 2020 com seu interesse, amor e fé. Jan Marsh, fui estimulada por suas constantes orações por mim. Eric Volmar e Eric Kuhnen, suas orações noturnas mantiveram meu equilíbrio e alimentaram minha alma. Josh Jaramillo (doutor Josh), que encarna a mentalidade do Player de Impacto em seu próprio trabalho, obrigada pelo interesse e por ter perguntado todos os dias, sem exceção, como andava o livro, e como eu andava. Mãe, obrigada por ter sido minha editora *on demand* durante doze anos, e por seu exemplo de serviço. A meus filhos, Megan, Amanda, Christian e Josh (Joshinho), e meus enteados, Austin e Josh (Joshão), obrigada por mostrarem interesse, mesmo nos dias em que eu sabia que não estavam interessados. E Larry, obrigada pelo apoio infalível e por me presentear com o tempo para escrever.

APÊNDICE A:
COMO GANHAR MAIS CREDIBILIDADE

Perguntamos a 170 líderes (de gestores da linha de frente a altos executivos) aquilo que os membros de suas equipes fazem que mais os frustra e solapa valores. Esses destruidores de credibilidade quase infalíveis estão relacionados a seguir.

DESTRUIDORES DE CREDIBILIDADE
Também chamados de Quinze Modos Infalíveis de Desagradar o Chefe

1. Levar ao chefe problemas sem solução.
2. Esperar o chefe dizer o que tem que ser feito.
3. Fazer o chefe ir atrás de você para lembrar o que tem que ser feito.
4. Não enxergar o contexto geral; fazer só a sua parte.
5. Perguntar ao chefe sobre a próxima promoção ou aumento.
6. Enviar e-mails longos e verborrágicos.
7. Falar mal dos colegas, criar drama e insuflar conflitos.
8. Surpreender o chefe... com más notícias... na última hora... quando não dá mais para fazer nada.
9. Pedir para rever decisões já tomadas.
10. Esconder fatos inconvenientes e o outro lado de uma história.
11. Pôr nos outros a culpa pelos próprios erros.
12. Concordar na frente do chefe, mas discordar pelas suas costas.
13. Dizer ao chefe que uma coisa não é função sua.
14. Ouvir o feedback do chefe, e depois ignorá-lo.
15. Chegar atrasado a reuniões, fazer outra coisa durante elas, interromper os outros.

GERADORES DE CREDIBILIDADE

Também conhecidos como Quinze Modos de Angariar Confiança

PRÁTICAS DE IMPACTO	Fazer o trabalho que é necessário	Dar um passo à frente e um passo atrás	Acelerar na reta final	Perguntar e corrigir	Tornar o trabalho mais leve
1. Fazer as coisas sem que lhe peçam		✓			
2. Antecipar-se aos problemas e ter um plano para resolvê-los	✓				
3. Ajudar os companheiros de equipe					✓
4. Fazer um algo a mais			✓		
5. Mostrar curiosidade e fazer as perguntas certas				✓	
6. Pedir feedback				✓	
7. Reconhecer seus erros e corrigi-los rapidamente				✓	
8. Trazer energia positiva, divertir-se, fazer rir					✓
9. Descobrir por conta própria o que fazer	✓				
10. Terminar o trabalho sem que precisem lembrar			✓		
11. Cooperar com o chefe					✓
12. Dispor-se a mudar e a correr riscos inteligentes				✓	
13. Ir direto ao assunto e ser franco com o chefe					✓
14. Fazer o dever de casa e chegar preparado					✓
15. Deixar o chefe e a equipe bem na foto					✓

APÊNDICE B:
PERGUNTAS MAIS FREQUENTES (FAQS)

Eu gostaria de ter mais impacto no meu trabalho, mas tudo isso é um pouco demais para mim. Por onde começar?

Da mesma forma que em qualquer esforço de desenvolvimento pessoal, é preciso começar pela constatação de sua situação atual. A avaliação disponível em ImpactPlayersQuiz.com pode ajudá-lo a compreender se vem tendo o impacto de que gostaria, identificando os pontos em relação aos quais você precisa tomar uma atitude para aumentar sua influência e impacto. Mas não fique só na autoavaliação — dê início a um debate com seus responsáveis, pedindo seus pontos de vista e sua orientação. Utilize o enquadramento do Player de Impacto para debater quais mentalidades e práticas são seus pontos fortes atuais e quais você precisa fazer um esforço para fortalecer.

Além disso, o efeito de seu esforço será o maior possível caso você se concentre nas mentalidades e nos comportamentos mais fáceis de aprender. Segundo os coaches renomados que entrevistamos, entre eles estão:

MENTALIDADES MAIS FÁCEIS DE APRENDER	COMPORTAMENTOS MAIS FÁCEIS DE APRENDER
Crescimento: Consigo adquirir uma competência por meio do esforço.	**Busca de feedback:** Peça feedback, correções e opiniões contrárias.
Pertencimento: Sou parte importante da equipe.	**Oferta de ajuda:** Ofereça-se para auxiliar e apoiar colegas e líderes.
Proatividade: Sou capaz de melhorar a situação.	**Influência sobre os demais:** Envolva os outros com sua influência, e não com autoridade.
Resiliência: Sou capaz de superar adversidades.	**Visão ampla:** Compreender o contexto geral, em vez de fazer apenas minha parte.

Focar essas mentalidades e práticas vai ajudá-lo a gerar triunfos rápidos e a ganhar impulso, mas a melhoria mais sustentável será obtida trabalhando nas habilidades-mestras que são a base da Mentalidade do Player de Impacto. Talvez convenha revisitar "Domine as convicções e comportamentos básicos", na página 237.

Caso você ainda esteja em dúvida sobre por onde começar, experimente um exercício de visão simples, em duas partes. Quando a situação estiver caótica ou frustrante demais, procure duas coisas: (1) o ponto de vista da outra parte (seja ela seu gestor, seu cliente ou seu colaborador) e (2) a oportunidade para agregar valor, que fica mais clara depois que você enxerga a situação pela perspectiva do seu responsável.

Quantas dessas práticas eu preciso incorporar para ser considerado um Player de Impacto?

Os contribuidores de mais alto impacto em nosso estudo adotaram, em geral, três ou quatro das práticas dos Players de Impacto, e se destacavam verdadeiramente nelas (na média, 3,17 de um total de 5), segundo seus gestores. Além disso, não tinham carências importantes em nenhuma das cinco práticas. Embora você não precise seguir todas as cinco práticas, uma área problemática relevante pode solapar rapidamente boa parte do valor das demais. Ainda que você seja forte em várias das cinco práticas dos Players de Impacto, pode rapidamente recair no status de subcontribuidor se for mal em apenas uma delas. Por exemplo, considere alguém que é uma estrela como líder, terminador e "aprendedor", mas que tenha "alto custo de manutenção" e com quem seja difícil trabalhar. Provavelmente as pessoas evitarão se relacionar com essa pessoa, e rapidamente se encontrarão na periferia do trabalho que é mais importante. Seus pontos fortes serão subutilizados e menosprezados à sombra dos pontos fracos.

A mensagem que os dados transmitem condiz com um princípio observado por nós também nas habilidades de liderança: você não precisa ser brilhante em tudo, mas não pode ser péssimo em algum aspecto. Aumenta sua probabilidade de adquirir uma reputação de Player de Impacto quando você (1) cria uma base sólida, sendo bom em três das práticas dos Players de Impacto; (2) transforma uma prática em um ponto forte visível e dominante — algo pelo qual você se torna renomado; e (3) elimina qualquer sinal de comportamento subcontribuidor. Anular um ponto fraco ou desenvolver um único ponto forte dominante vai ajudá-lo a fazer a balança pender em seu favor. Porém, antes de entrar de cabeça, convém avaliar sua situação atual, usando a ferramenta de avaliação criada por nós e disponível no site ImpactPlayersQuiz.com (em inglês). É uma avaliação que vai ajudá-lo a identificar seu ponto forte como Player de Impacto e descobrir as armadilhas que podem estar impedindo você de dar sua contribuição máxima.

Pode-se desenvolver a Mentalidade do Player de Impacto, ou é algo com que nascemos ou não?

Provavelmente você já ouviu alguém fazer a pergunta: "O líder nasce líder ou vira líder?". A mesma pergunta pode ser feita a respeito dos contribuidores de alto impacto. Será que eles nasceram com essas características? Será que absorveram essas lições em casa, observando o pai ou a mãe em ação? Ou será que essas práticas foram adquiridas no trabalho, ensinadas por mentores, ou aprendidas na dura escola da vida?

Certamente, alguns tiveram ajuda desde o princípio. Por exemplo, Zack Kaplan viu sua mãe começar como recepcionista, aprender rapidamente, dar um passo à frente, assumir a responsabilidade e, por fim, tornar-se CEO da empresa. Zack, porém, era um menino tímido e reservado até o ensino médio. Ser uma pessoa proativa, que assume a liderança, foi algo que ele aprendeu no trabalho. Quando Fiona Su iniciou a carreira, a tenacidade e a força vieram naturalmente, mas desenvolver empatia e aprender a ver as coisas pelos olhos dos colegas são características que vieram depois de receber um doído feedback, de que ela era inteligente, mas parecia "um elefante na loja de louças". Parth Vaishnav, o engenheiro de software chamado para resolver um bug complexo e que afetava vários produtos, concentrava-se exclusivamente no próprio trabalho quando iniciou a carreira. Ele só começou a levar a sério, de forma mais ampla, o impacto do próprio trabalho quando sentiu o golpe de um feedback mais rude (com alguns palavrões e tudo) do arquiteto de produto, depois que um pedaço de código inserido por ele destruiu um código mais importante.

Sim, algumas pessoas têm uma vantagem inicial. Pode ter sido um modelo, um mentor ou um gestor exemplar, ou um entorno propício. Mas nunca é tarde demais para começar. Certifique-se de estar no rumo certo do êxito, começando pelas mentalidades e comportamentos mais fáceis de aprender (veja a primeira pergunta: "Por onde começar?").

A Mentalidade do Player de Impacto pode tornar a pessoa *workaholic* ou levar ao burnout?

A intensa dedicação revelou-se uma característica dos contribuidores de alto impacto em nosso estudo, mas isso não significa ser *workaholic*, a necessidade compulsiva de trabalhar sem parar. Cada Player de Impacto apresentado neste livro encontrou o próprio equilíbrio entre vida profissional e vida pessoal. Alguns trabalham muito mais que seus pares, enquanto outros não trabalham mais horas que os colegas. Todos os Players de Impacto que estudamos, porém, trabalham mais *intensamente* e com *mais propósito* que os demais. Por "intensamente" entenda-se que, no horário de trabalho, entregam-se com toda a energia. E por "mais propósito" entenda-se que refletem muito em relação à postura que têm na vida profissional.

Existe o risco de algumas pessoas interpretarem a Mentalidade do Player de Impacto como uma justificativa para trabalhar mais, ou por mais tempo, ou para pedir aos demais que façam o mesmo, o que provavelmente levará ao burnout. No entanto, você não precisa necessariamente trabalhar mais arduamente para aumentar seu impacto. Na verdade, o contrário é que pode ser verdade: quem tem impacto e influência tende a querer trabalhar mais porque o trabalho é gratificante.

Caso queira contribuir ao máximo, não trabalhe mais, simplesmente; em vez disso, procure fazer o trabalho que seja mais valioso, mais influente, que maximize o seu impacto. Caso tenha um limite estrito na quantidade de tempo que pode passar no ambiente profissional, dedique-se ao máximo durante esse tempo. Combinando essas duas posturas, você evitará o burnout, porque o trabalho lhe dará energia, em vez de tirá-la.

E se a Mentalidade do Player de Impacto não for valorizada na minha empresa ou pela minha hierarquia?

Toda organização tem a própria cultura e o próprio conjunto de valores. Parte da geração de impacto vem da descoberta daquilo que é valorizado dentro da sua organização, pelos seus responsáveis e pelos líderes a quem você presta contas. Use os Lances de Craque "Encontre a v.i.a. dupla" e o "Entre na v.i.a.", na página 81. Caso as práticas deste livro não sejam valorizadas pelo seu gestor, descubra quais são. Pergunte: o que é importante para você? Quais são os "isso sim" e "isso não" para quem trabalha com você? Lembre-se de que, ao trabalhar dentro da agenda que é valorizada na sua organização, e da forma que gera mais valor para seus líderes, você angaria respeito e aumenta sua influência — o que lhe confere mais abertura para levar os *seus* valores para a equação.

Caso você seja capaz de criar uma situação que combine com os seus valores, persista e ajude a moldar um entorno onde os demais também possam prosperar. Caso contrário — ou caso tenha um chefe com valores questionáveis —, saia, se puder.

Mas não tente simplesmente achar a empresa certa ou o cargo certo; procure um chefe que valorize o impacto, mais que a agitação. Caso não consiga fazer a mudança, dê uma olhada nas estratégias do Capítulo 8, "Como lidar com Desvalorizadores", no meu livro *Multiplicadores: como os bons líderes valorizam você*, edição revista e atualizada. O que quer que você faça, evite permanecer fisicamente se você se demitiu mentalmente.

Quero compartilhar o enquadramento do Player de Impacto com minha equipe. Como fazer isso?

A maioria dos gestores terá interesse em compartilhar os ideais e as ideias deste livro com as equipes que comandam. Caso o faça, porém, use uma abordagem que favoreça o diálogo, mais que a disseminação. Transmitir as ideias em um e-mail geral, sem chamar para o diálogo, é um jeito garantido de gerar ressentimento e rejeição. Por exemplo, o CEO de uma startup leu uma versão inicial deste livro e enviou um entusiasmado e-mail para a empresa inteira, anunciando as cinco práticas que levariam ao sucesso ali. Os funcionários não entenderam o que tinha provocado esse e-mail, e aqueles que vinham dando o máximo de si o encararam como falta de reconhecimento, e não como elogio. Da mesma forma, usar esse enquadramento para rotular os outros também se tornaria um impeditivo do aprendizado.

Caso queira despertar interesse e gerar um impacto duradouro, compartilhe as ideias, em vez de impingi-las aos outros. Inicie o debate, por exemplo, discutindo o livro com sua equipe. Fale da Mentalidade do Player de Impacto como um jeito de pensar do qual entramos e saímos, e não como uma forma de classificar as pessoas. Faça uma introspecção sobre de que maneira você tem tentado ser um Player de Impacto, mas não tem conseguido. Discuta as armadilhas que parecem produtivas, mas que na verdade reduzem o impacto. Converse sobre o enquadramento como um conjunto de hábitos que exige atenção constante para que as pessoas mudem, mas tenha em mente que alguns se sentirão frustrados, porque lhes falta o senso de iniciativa e controle necessário para que sintam que essas ideias estão ao alcance. Mais importante, lembre-se que essas discussões terão seu maior impacto se, na condição de líder, você tiver o mesmo comprometimento com sua reflexão pessoal e consciência de si mesmo quanto com o desenvolvimento e aprimoramento de sua equipe. Para sugestões de temas de discussão e orientação extra, consulte ImpactPlayersBook.com (em inglês).

Além de discutir essas ideias como equipe, você pode usar o enquadramento para definir as expectativas apropriadas e dar às pessoas permissão para se desviarem das formas mais convencionais de trabalhar. Fique de olho em pontos de inflexão: por exemplo, quando pessoas estão começando na empresa, na aclimatação de recém-contratados, no pontapé inicial de projetos ou numa transferência de um setor a outro. Além disso, essas práticas podem ser incorporadas aos critérios de contratação, aos modelos de liderança, aos programas de desenvolvimento de talentos e às estratégias inclusivas.

Os Players de Impacto são semelhantes às clássicas "superestrelas" das empresas (por exemplo, aquele programador considerado um "desenvolvedor que vale por dez" ou aquele vendedor apelidado de "caçador de elefantes")?

Essas categorizações são usadas em referência a pessoas extremamente talentosas, cuja produtividade é muito mais alta que a de seus pares. Players assim podem ser extraordinariamente valiosos, mas por motivos diferentes dos Players de Impacto. Essas superestrelas também podem gerar um custo, porque, embora entreguem resultados, às vezes são extremamente difíceis de lidar, resistentes ao feedback e até prejudiciais ao trabalho em equipe. Porém, as organizações se dispõem, muitas vezes, a lidar com elas, por serem tão boas no que fazem. Essa costuma ser a mesma razão para tolerar chefes desvalorizadores, mesmo em muitas das mais respeitadas organizações.

Embora esse tipo de contribuidor certamente exista e agregue valor, é importante notar que a esmagadora maioria (senão todos) dos indivíduos descritos em nossas entrevistas com gestores não se encaixa nesse perfil. Não são estrelas nem lobos solitários. São contribuidores talentosos e influentes, que também sabem como atuar em equipe. Em geral, também melhoram a equipe como um todo.

Existe uma diferença entre uma equipe só de craques e uma equipe campeã, e cada vez mais pesquisas demonstram que uma equipe que trabalha bem em conjunto pode derrotar um combinado de indivíduos talentosos. Por exemplo, Dave Ulrich, um renomado líder e estudioso da área de RH, escreveu: "Nossa pesquisa (no RBL Group, da Universidade de Michigan) conclui que as habilidades de uma organização têm um impacto no resultado do negócio quatro vezes maior que a competência dos indivíduos. Por exemplo, equipes com indivíduos que sabem trabalhar juntos, como um time, superam o desempenho de uma equipe de craques individuais que não trabalham bem juntos".[1]

Ser um craque solitário pode ser a rota para o sucesso dos hipertalentosos, e pode ser uma postura eficaz em diversos ambientes. Mas o perfil do Player de Impacto cria força coletiva e representa um livro de regras para o restante de nós.

Ser Player de Impacto é o mesmo que ter alta performance?

Não. Nosso estudo não é uma comparação entre quem tem performance alta e baixa; é um estudo de gente que realiza trabalho de alto valor e alto impacto, comparada a gente com a mesma inteligência e capacidade, mas que contribui com menos valor e menos impacto. Existe muita gente com boa performance, mas que talvez não atinja um impacto relevante. Da mesma forma, o conceito de subcontribuição é diferente do conceito de baixa performance. Existem muitos motivos pelos quais alguém pode apresentar um desempenho fraco — pode ser resultado de falta de capacitação, falta de esforço ou qualquer uma de várias circunstâncias extenuantes (tanto sistêmicas quanto pessoais) que interferem na capacidade de trabalhar de maneira produtiva. Resumindo, não buscamos compreender por que alguém tem performance fraca, e sim entender as razões pelas quais pessoas inteligentes e capazes contribuem abaixo de seu grau de capacidade.

Por que você focou apenas a diferença entre os Players de Impacto e os Contribuidores? E quanto aos subcontribuidores que você estudou?

Nosso estudo analisou três níveis de contribuição: (1) *contribuidores de alto impacto*: aqueles que realizam um trabalho de valor e impacto excepcionais; (2) *contribuidores comuns*: gente talentosa e inteligente que realiza um trabalho sólido, ainda que não brilhante; e (3) *subcontribuidores*: gente talentosa e inteligente que vem atuando abaixo de seu grau de competência. Neste livro, optei por enfatizar as diferenças entre as duas primeiras categorias, por acreditar que a compreensão das diferenças entre os bons e os verdadeiramente ótimos traria o maior benefício para o maior número de pessoas. Além disso, as mentalidades que levam à subcontribuição costumam ser complexas, podendo exigir o recurso a um tratamento psicoterapêutico mais profundo.

Embora este livro se concentre na diferença entre os contribuidores de alto impacto e os comuns, a pesquisa não apresentou padrões claros de convicções e comportamentos entre os indivíduos identificados como subcontribuidores. Um resumo das premissas e práticas de todas as três mentalidades — do Player de Impacto, do Contribuidor e do subcontribuidor — pode ser encontrado em ImpactPlayersBook.com (em inglês).

NOTAS

CAPÍTULO 1: OS PLAYERS DE IMPACTO
1. Dax Shepard. "Kristen Bell". *Armchair Expert with Dax Shepard*, Podcast, episódio 2, 14 fev. 2018, https://armchairexpertpod.com/pods/ kristen-bell.
2. Jen Hatmaker. "Armchair Expert-Ise with Podcast Creator and Host Monica Padman". *For the Love of Podcasts*. Podcast, episódio 7, 19 nov. 2019, https://jenhatmaker.com/podcast/series-21/armchair-expertise-with-podcast-creator-and-host-monica-padman/.
3. As medalhas anuais Service to America homenageiam heróis anônimos da força de trabalho do serviço público federal por seus feitos e contribuições para a saúde, segurança e prosperidade do país. Além da história de Ripley, você pode conhecer outros relatos sobre liderança no serviço público em https://servicetoamerica medals.org.
4. Thegamechangersinc. "Eric Boles: Running Around the Wedge—TheGameChangersInc". YouTube, 19 out. 2010, https://www.youtube.com/watch?v=uD5dDUqxbHY; Eric Boles, *Moving to Great: Unleashing Your Best in Life and Work*. Nova York: Stone Lounge Press, 2017.
5. Esta frase e todas as outras cujas fontes não são citadas foram extraídas de nossas entrevistas com Players de Impacto e/ou seus gestores entre 2019 e 2021, como parte da pesquisa que serviu de base para este livro.
6. As frases foram ligeiramente editadas a fim de obtermos maior concisão e clareza.
7. TYSON, Neil deGrasse. "What You Know Is Not as Important as How You Think". Master Class, https://www.masterclass.com/classes/neil-degrasse-tyson-teaches-scientific-thinking-and-communication/Chapters/what-you-know-is-not-as-important-as-how-you-think#.

CAPÍTULO 2: TORNE-SE ÚTIL
1. KINNI, Theodore. "The Critical Difference Between Complex and Complicated". *MIT Sloan Management Review*, 21 jun. 2017, https://sloan review.mit.edu/article/the-critical-difference-between-complex-and-complicated/.
2. Os nomes foram alterados por questões de confidencialidade.
3. "Brilliant Miller's Favorite Quotations". site School for Good Living, https://goodliving.com/quotation/george-martin-the-greatest-attribute-a-producer-can-have-is-the-ability-to-see-the-whole-picture-most-artists-whe/.
4. GOPINATH, Mohan; NAIR, Aswathi; THANGARAJ, Viswanathan. "Espoused and Enacted Values in an Organization: Workforce Implications". *Journal of Organizational Behavior*, vol. 43, n. 4, 8 out. 2018, pp. 277-93, https://doi.org/10.1177/0258042X18797757.

5. GOLDBERG, Amir; SRIVASTAVA, Sameer B.; MANIAN, V. Govid; MONROE, William; POTTS, Christopher. "Fitting In or Standing Out? The Tradeoffs of Structural and Cultural Embeddedness". *American Sociological Review*, vol. 81, n. 6, out. 2016, pp. 1190-1222, https://doi.org/10.1177/0003122416671873.
6. LAMM, Claus; BASTON, C. Daniel; DECETY, Jean. "The Neural Substrate of Human Empathy: Effects of Perspective-Taking and Cognitive Appraisal". *Journal of Cognitive Neuroscience*, vol. 19, n. 1, jan. 2007, pp. 42-58.
7. GALINSKY, Adam D.; MAGEE, Joe C.; INESI, M. Ena; GRUENFELD, Deborah H. "Power and Perspectives Not Taken". *Psychological Science*, vol. 17, n. 12, 2006, pp. 1068-74, https://doi.org/10.1111/j.1467-9280.2006.01824.x.
8. STORLIE, Chad. "Manage Uncertainty with Commander's Intent". *Harvard Business Review*, 3 nov. 2010, https://hbr.org/2010/11/dont-play- golf-in-a-football-g.
9. O nome foi alterado por questão de confidencialidade.
10. SEGOVIA, Oliver. "To Find Happiness, Forget About Passion". *Harvard Business Review*, 13 jan. 2012, https://hbr.org/2012/01/to-find-happiness-forget-about.
11. Em 2020, Ryan Smith comprou o Utah Jazz de Gail Miller.
12. PETERS, Tom, Twitter, 10 nov. 2019, 7h26, https://twitter.com/tom_peters/status/1193520200890699776.
13. JOBS, Steve. "You've Got to Find What You Love". *Stanford News*, 14 jun. 2005, https://news.stanford.edu/2005/06/14/jobs-061505/.
14. Entre os *millenials* à procura de emprego, 44% afirmaram que "estar em uma função que o apaixona" era a maior prioridade, à frente de "dinheiro", com 42%. Ver BURNETT, Jane. "Millennials Want Passion More than Money at Work". *Ladders*, 10 jan. 2018, https://www.theladders.com/career-ad vice/survey-millennials-want-passion-more-than-money.
15. JAMESON, Celia. "The 'Short Step' from Love to Hypnosis: A Reconsideration of the Stockholm Syndrome". *Journal for Cultural Research*, vol. 14, n. 4. 2010, pp. 337-55, https://doi.org/10.1080/14797581003765309.

CAPÍTULO 3: UM PASSO À FRENTE, UM PASSO ATRÁS
1. "The Troubles". Wikipedia, https://en.wikipedia.org/wiki/The_Troubles.
2. "Betty Williams, Winner of the Nobel Peace Prize for Her Work in Northern Ireland—Obituary". *Telegraph*, 19 mar. 2020, https://www.telegraph.co.uk/obituaries/2020/03/19/betty-williams-winner-nobel-peace-prize-work-northern-ireland/.
3. "Mairead Maguire". Wikipedia, https://en.wikipedia.org/wiki/Mairead _Maguire.
4. "Betty Williams (Peace Activist)". Wikipedia, https://en.wikipedia.org/wiki/Betty_Williams_(peace_activist).
5. Imagens de arquivo usadas no clipe de 2006: Nickelback. "If Everyone Cared". Vídeo da música, Roadrunner Records, 2006, https://www.youtube.com/watch?v=-IUSZyjiYuY, acessado em 2020.

6. LANGER, Emily. "Betty Williams, Nobel Laureate and Leader of Peace Movement in Northern Ireland, Dies at 76". *Washington Post*, 23 mar. 2020, https://www.washingtonpost.com/local/obituaries/betty-williams-nobel-laureate-and-leader--of-peace-movement-in-northern-ireland-dies-at-76/2020/03/23/d9010784--6a9d-11ea-abef-020f086a3fab_story.html.
7. SEMPLE, Jr., Robert B.. "Two Women Bring New Hope to Ulster". *New York Times*, 6 set. 1976, https://www.nytimes.com/1976/09/06/archives/two-women--bring-new-hope-to-ulster-two-women-bringing-a-new-feeling.html.
8. MANKINS, Michael C.; GARTON, Eric. "An Organization's Productive Power— and How to Unleash It". In: *Time, Talent, Energy: Overcome Organizational Drag and Unleash Your Team's Productive Power*. Boston: Harvard Business Review Press, 2017, p. 11.
9. VOZZA, Stephanie. "Why Employees at Apple and Google Are More Productive". *Fast Company*, 13 mar. 2017, https://www.fastcompany.com/3068771/how-employees-at-apple-and-google-are-more-productive.
10. O preço da ação em 31 dez. 2015 era de US$ 73,21; em 31 dez. 2019, era de US$ 128,21.
11. "The World's 50 Most Innovative Companies of 2019". *Fast Company*, 20 fev. 2019, https://www.fastcompany.com/most-innovative-com panies/2019.
12. BAPTISTE, Bronti. "The Relationship Between the Big Five Personality Traits and Authentic Leadership". Tese de doutorado, Walden University, Scholar--Works, 2018, https://scholarworks.waldenu.edu/cgi/viewcontent.cgi?article=5993&context=dissertations.
13. ROBBINS, Tony, Twitter, 22 abr. 2009, 12h34, https://twitter.com/TonyRobbins/status/1586010857.
14. "Playmaker". Dictionary.com, https://www.dictionary.com/browse/play maker.
15. HARRIS, Kamala, Twitter, 5 jun. 2020, 17h46, https://twitter.com/KamalaHarris/ status/1269022752914264064.
16. SWAIM, Barton; NUSSBAUM, Jeff. "The Perfect Presidential Stump Speech". FiveThirtyEight, 3 nov. 2016, https://projects.fivethirty eight.com/perfect--stump-speech/.
17. FERRAZZI, Keith, com WEYRICH, Noel. *Leading Without Authority: How the New Power of Co-Elevation Can Break Down Silos, Transform Teams, and Reinvent Collaboration* (Nova York: Currency, 2020), pp. 117-18.
18. O Wiseman Group subdividiu tarefas complexas em partes menores e realizáveis: 34 de 50 comportamentos de alto impacto (3,33 contra 2,05 para um contribuidor médio e 1,62 para um subcontribuidor).
19. "Playmaker". Wikipedia, https://en.wikipedia.org/wiki/Playmaker.
20. LISSAMAN, P. B. S.; SHOLLENBERGER, Carl A. "Formation Flight of Birds". *Science*, vol. 168, n. 3934, 1970, pp. 1003-05, https://doi.org/10.1126/science.168.3934.1003.
21. FOLLETT, Mary Parker. *Creative Experience*. Nova York: Peter Smith, 1924.

22. O nome foi trocado por razões de confidencialidade.
23. "Betty Williams: Biographical". Prêmio Nobel, jun. 2008, https://www.nobelprize.org/prizes/peace/1976/williams/biographical/.
24. RUSSELL, Daniel. "America Meets a Lot. An Analysis of Meeting Length, Frequency and Cost". *Attentiv*, 20 abr. 2015, http://attentiv.com/america-meets-a-lot/.
25. Glassdoor Team. "Employers to Retain Half of Their Employees Longer If Bosses Showed More Appreciation; Glassdoor Survey". *Glassdoor*, 13 nov. 2013, https://www.glassdoor.com/employers/blog/employers-to-retain-half-of-their-employees-longer-if-bosses-showed-more-ap precia tion-glassdoor-survey/.
26. GALLO, Amy. "Act Like a Leader Before You Are One". *Harvard Business Review*, 2 mai. 2013, https://hbr.org/2013/05/act-like-a-leader-before-you-a.

CAPÍTULO 4: ACELERE NA RETA FINAL
1. "The Play (American Football)". Wikipedia, https://en.wikipedia.org/wiki/The_Play_(American_football).
2. NASA *Program Management and Procurement Procedures and Practices: Hearings Before the Subcommittee on Space Science and Applications of the Committee on Science and Technology*. Câmara dos Representantes dos EUA, 97ª legislatura, 1ª sessão, 24-25 jun. 1981. Washington: U.S. Government Printing Office, 1981.
3. GOHD, Chelsea. "50 Years Ago: NASA's Apollo 12 Was Struck by Lightning Right After Launch... Twice! (Video)". Space.com, 14 nov. 2019, https://www.space.com/apollo-12-lightning-strike-twice-launch-video.html.
4. NASA *Program Management and Procurement Procedures and Practices*, p. 73.
5. SQUYRES, Steve. *Roving Mars: Spirit, Opportunity, and the Exploration of the Red Planet*. Nova York: Hyperion, 2006, pp. 2-3.
6. Ibid.
7. GRESHKO, Michael. "The Mars Rover Opportunity Is Dead. Here's What It Gave Humankind". *National Geographic*, 13 fev. 2019, https://www.nationalgeographic.com/science/2019/02/nasa-mars-rover-opportunity-dead-what-it-gave-humankind/.
8. HARWOOD, William. "Opportunity Launched to Mars". Spaceflight Now, 8 jul. 2003, https://www.spaceflightnow.com/mars/merb/030707launch.html.
9. "NASA's Opportunity Rover Mission on Mars Comes to End". NASA, 13 fev. 2019, https://mars.nasa.gov/news/8413/nasas-opportunity-rover-mission-on-mars-comes-to-end/.
10. Ibid., p. 112.
11. "Mars Exploration Rovers". NASA, https://mars.nasa.gov/mars-explora tion/missions/mars-exploration-rovers/.
12. GRESHKO. "The Mars Rover Opportunity Is Dead. Here's What It Gave Humankind".
13. Ibid.

14. KANTER, Rosabeth Moss. "Surprises Are the New Normal; Resilience Is the New Skill". *Harvard Business Review*, 17 jul. 2013, https://hbr.org/2013/07/surprises-are-the-new-normal-r.
15. DUCKWORTH, Angela Duckworth. "Why Millennials Struggle for Success". CNN, 3 mai. 2016, https://www.cnn.com/2016/05/03/opinions/grit-is-a-gift-of-age-duckworth.
16. Pesquisa do Wiseman Group revelou os seguintes números: 98,38% dos contribuidores de alto impacto fazem isso sempre ou com frequência; 72,09% dos contribuidores de alto impacto fazem isso sempre; 48,09% dos contribuidores médios fazem isso sempre ou com frequência; 10,69% dos contribuidores médios fazem isso sempre; 12,1% dos subcontribuidores fazem isso sempre ou com frequência; 2,19% dos subcontribuidores sempre fazem isso.
17. GRANT, Heidi Grant. "How to Get the Help You Need". *Harvard Business Review*, mai.-jun. 2018, https://hbr.org/2018/05/how-to-get-the-help-you-need.
18. "2017 Las Vegas Shooting". Wikipedia, https://en.wikipedia.org/wiki/2017_Las_Vegas_shooting.
19. MENES, Kevin; TINTINALLI, Judith; PLASTER, Logan. "How One Las Vegas ED Saved Hundreds of Lives After the Worst Mass Shooting in U.S. History". *Emergency Physicians Monthly*, 3 nov. 2017, https://epmonthly.com/article/not-heroes-wear-capes-one-las-vegas-ed-saved-hundreds-lives-worst-mass-shooting-u-s-history/.
20. Ibid.
21. Ibid.
22. "2017 Las Vegas Shooting". Wikipedia.
23. MENES et al. "How One Las Vegas ED Saved Hundreds of Lives After the Worst Mass Shooting in U.S. History".
24. Durante uma corrida, os cães de trenó malamute e husky, ao contrário de outros mamíferos, não precisam de glicogênio, que queima rapidamente, mas é gerado lentamente, o que lhes permite se reabastecerem rapidamente com proteínas e gorduras de queima lenta.
25. ROBSON, Douglas. "Researchers Seek to Demystify the Metabolic Magic of Sled Dogs". *New York Times*, 6 mai. 2008, https://www.nytimes.com/2008/05/06/science/06dogs.html.
26. MinuteEarth. "Why Don't Sled Dogs Ever Get Tired?". YouTube, 3 mai. 2017, https://www.youtube.com/watch?v=HDG4GSypclE.
27. MATHER, Victor. "Iditarod Champion and His Dogs Finally Make It Home". *New York Times*, 3 jun. 2020, https://www.nytimes.com/2020/06/03/sports/iditarod-champion-US-Open.html; MATHER, Victor. "Two Months Later, the Iditarod Champion May Finally Get a Ride Home". *New York Times*, 26 mai. 2020, https://www.nytimes.com/2020/05/26/sports/iditarod-coronavirus-thomas-waerner.html.
28. Ibid.

29. ELKINS, Kathleen. "Kobe Bryant Lives by This Mantra from His High School English Teacher". CNBC, 22 set. 2018, https://www.cnbc.com/2018/09/21/kobe-bryant-lives-by-this-mantra-from-his-high-school-en glish-teacher.html.
30. 2 Timóteo 4:7.
31. GRESHKO. "The Mars Rover Opportunity Is Dead. Here's What It Gave Humankind".
32. NORTHON, Karen, ed.. "NASA's Record-Setting Opportunity Rover Mission on Mars Comes to End". Nasa, 13 fev. 2019, https://www.nasa.gov/press-release/nasas-record-setting-opportunity-rover-mission-on-mars-comes-to-end.

CAPÍTULO 5: PERGUNTE E CORRIJA
1. WARD, Ashley. "4 Famous Directors and Their Advice to Actors". Sol Acting Studios, 12 jun. 2019, https://solacting.com/sol-blog/4-famous-directors-and-their-advice-to-actors.
2. Ibid.
3. ROBER, Mark. "Automatic Bullseye, MOVING DARTBOARD". YouTube, 21 mar. 2017, https://www.youtube.com/watch?v=MHTizZ_XcUM.
4. Pesquisa do Wiseman Group apresentou o seguinte resultado: "Aprende rapidamente e com entusiasmo ao ser apresentado(a) a um novo desafio" ficou em sétimo lugar entre os principais comportamentos que diferenciam contribuidores de alto impacto dos médios; "É curioso(a) e aberto(a) a novas ideias" é um comportamento que 96% dos contribuidores de alto impacto fazem sempre ou com frequência, contra 30% entre os contribuidores médios e 14% entre os subcontribuidores.
5. MOREHEAD, James. "Stanford University's Carol Dweck on the Growth Mindset and Education". OneDublin.org, 19 jun. 2012, https://onedub lin.org/2012/06/19/stanford-universitys-carol-dweck-on-the-growth-mind set-and-education/.
6. THOMPSON, Derek. "Workism Is Making Americans Miserable". *The Atlantic*, 24 fev. 2019, https://www.theatlantic.com/ideas/archive/2019/02/religion-workism-making-americans-miserable/583441/.
7. ADAMS, Kate. "Why Leaders Are Easier to Coach than Followers". *Harvard Business Review*, 5 mar. 2015, https://hbr.org/2015/03/why-leaders-are-easier-to-coach-than-followers.
8. Ibid.
9. KOST, Danielle. "6 Traits That Set Top Business Leaders Apart". Working Knowledge, Harvard Business School, 17 jan. 2020, https://hbswk.hbs.edu/item/6-traits-that-set-top-business-leaders-apart.
10. HEEN, Sheila; STONE, Douglas. "Finding the Coaching in Criticism". *Harvard Business Review*, jan.-fev. 2014, https://hbr.org/2014/01/find-the-coaching-in-criticism.
11. BERINATO, Scott. "Negative Feedback Rarely Leads to Improvement". *Harvard Business Review*, jan.-fev. 2018, https://hbr.org/2018/01/negative-feedback-rarely-leads-to-improvement; BURKE, Ronald J.; WEITZEL, William; WEIR,

Tamara. "Characteristics of Effective Employee Performance Review and Development Interviews: Replication and Extension". *Personnel Psychology*, vol. 31, n. 4, 1978, pp. 903-19, https://doi.org/10.1111/j.1744-6570.1978.tb02130.x.

12. Pesquisa do Wiseman Group mostrou que "admitir erros e recuperar-se rapidamente" é o sexto mais alto diferenciador entre os contribuidores de alto impacto e os subcontribuidores.
13. KRUGMAN, Paul. "Trump and His Infallible Advisers". *New York Times*, 4 maio 2020, https://www.nytimes.com/2020/05/04/opinion/trump-coronavirus.html.
14. MOREHEAD. "Stanford University's Carol Dweck on the Growth Mindset and Education".
15. ROSE, Ellie. "Kim Christensen Admits Moving the Goalposts". *The Guardian*, 25 set. 2009, https://www.theguardian.com/football/2009/sep/25/kim-christensen-admits-moving-goalposts.
16. MANSFIELD, Stephanie. "Jason Robards". *Washington Post*, 27 fev. 1983, https://www.washingtonpost.com/archive/lifestyle/style/1983/02/27/jason-robards/2c93d725-20e4-4d67-b5fc-1c87548520d1/.
17. OBAMA, Michelle. *Becoming*. Nova York: Crown, 2018, p. 419 [Edição brasileira: *Minha história*. Rio de Janeiro: Objetiva, 2018].
18. BLUNDEN, Hayley; YOON, Jaewon; KRISTAL, Ariella; WHILLANS, Ashley. "Framing Feedback Giving as Advice Giving Yields More Critical and Actionable Input". *Working paper* da Harvard Business School n. 20-021, ago. 2019, https://www.hbs.edu/ris/Publication%20Files/20-021_b907e614-e44a-4f21-bae8-e4a722babb25.pdf.

CAPÍTULO 6: TORNE O TRABALHO LEVE

1. "1964 Alaska Earthquake". Wikipedia, https://en.wikipedia.org/wiki/1964_Alaska_earthquake.
2. "Genie Chance and the Great Alaska Earthquake". *The Daily*, podcast, 22 mai. 2020, https://www.nytimes.com/2020/05/22/podcasts/the-daily/this-is-chance-alaska-earthquake.html?showTranscript=1.
3. Ibid.
4. Ibid.
5. MOOALLEM, Jon. *This Is Chance!: The Shaking of an All-American City, a Voice That Held It Together*. Nova York: Random House, 2020.
6. Ibid., 172.
7. Ibid., 175.
8. "American Time Use Survey—2019 Results". Bureau of Labor Statistics, 25 jun. 2020, https://www.bls.gov/news.release/pdf/atus.pdf.
9. DEAL, Jennifer J. "Welcome to the 72-Hour Work Week". *Harvard Business Review*, 12 set. 2013, https://hbr.org/2013/09/welcome-to-the-72-hour-work-we.
10. "Workplace Stress". The American Institute of Stress, https://www.stress.org/workplace-stress.

11. "Workplace Conflict and How Businesses Can Harness It to Thrive". CPP Global Human Capital Report, jul. 2008, https://img.en25.com/Web/CPP/Conflict_report.pdf.
12. CROSS, Rob; REBELE, Reb; GRANT, Adam. "Collaborative Overload". *Harvard Business Review*, jan.-fev. 2016, https://hbr.org/2016/01/collaborative-overload.
13. DEAL, Jennifer J. "Always On, Never Done? Don't Blame the Smartphone". Center for Creative Leadership, 2015, https://cclinnovation.org/wp-con tent/uploads/2020/02/alwayson.pdf.
14. "Employee Burnout: Causes and Cures". Gallup, 20 maio 2020, https://www.gallup.com/workplace/282659/employee-burnout-perspective-paper.aspx.
15. O nome foi trocado para garantir a confidencialidade.
16. BUCHANAN, Ash. "About". Benefit Mindset, https://benefitmindset.com/about/.
17. Ibid.
18. Pesquisa do Wiseman Group apresentou o seguinte resultado: "Tem baixo custo de manutenção e baixo drama": 89,97% dos contribuidores de alto impacto são assim sempre ou com frequência; 62,6% dos contribuidores de alto impacto sempre são assim; 40,64% dos contribuidores médios são assim sempre ou com frequência; 14,44% dos contribuidores médios sempre são assim; 15,94% dos subcontribuidores são assim sempre ou com frequência; 3,3% dos subcontribuidores são sempre assim.
19. HATMAKER. "Armchair Expertise with Podcast Creator and Host Monica Padman".
20. LOTT, Ronnie, em conversa com Steve Young no Bill Campbell Trophy Summit, Universidade Stanford, 16 ago. 2019. Eu assisti ao evento e obtive uma gravação da palestra em vídeo.
21. AAKER, Jennifer; BAGDONAS, Naomi, *Humor, Seriously: Why Humor Is a Secret Weapon in Business and Life and How Anyone Can Harness It. Even You*. Nova York: Currency, 2021.
22. Ibid.
23. GOSTICK, Adrian; CHRISTOPHER, Scott. *The Levity Effect: Why It Pays to Lighten Up*. Hoboken: John Wiley & Sons, 2008.
24. GOSTICK, Adrian; ELTON, Chester. *Leading with Gratitude: Eight Leadership Practices for Extraordinary Business Results*. Nova York: Harper Business, 2020 [Edição brasileira: *Lidere com gratidão*. São Paulo, Benvirá, 2020].
25. "Giving Thanks Can Make You Happier". Harvard Health, nov. 2011, https://www.health.harvard.edu/healthbeat/giving-thanks-can-make-you-happier.
26. RANDOLPH, Susan A. "The Power of Gratitude". *Workplace Health & Safety*, v. 65, n. 3, 2017, p. 144, https://doi.org/10.1177/2165079917697217.
27. FINLEY, Rebecca S. "Reflection, Resilience, Relationships, and Gratitude". *American Journal of Health-System Pharmacy*, v. 75, n. 16, 2018, pp. 1185-90, https://doi.org/10.2146/ajhp180249.
28. Pesquisa do Wiseman Group apresentou o seguinte resultado: "Promove a segurança e o bem-estar dos demais": 94,04% dos contribuidores de alto

impacto são assim sempre ou com frequência; 66,7% dos contribuidores de alto impacto sempre são assim; 55,82% dos contribuidores médios são assim sempre ou com frequência; 28,88% dos contribuidores médios sempre são assim; 40,66% dos subcontribuidores são assim sempre ou com frequência; 13,19% dos subcontribuidores são sempre assim.
29. WARNKE, Sue. "I looked at the sea of color yesterday evening, and I imagined the many hands who folded them". Facebook, 7 mar. 2020, https://www.facebook.com/swarnke01.
30. MOOALLEM, *This Is Chance!*.
31. LAM, Bourree. "The Two Women Who Kicked Off Salesforce's Company--Wide Salary Review". *The Atlantic*, 12 abr. 2016, https://www.theatlantic.com/business/archive/2016/04/salesforce-seka-robbins/477912/.
32. "The High Price of a Low Performer". Robert Half International, 15 mai. 2018, http://rh-us.mediaroom.com/2018-05-15-The-High-Price-Of-A-Low--Performer.
33. YOUNG, Steve, em conversa com Ronnie Lott no Bill Campbell Trophy Summit, Universidade Stanford, 16 ago. 2019. Assisti ao evento e obtive uma gravação da palestra em vídeo.

CAPÍTULO 7: AUMENTE SEU IMPACTO
1. KELLER, Gary. *The One Thing: The Surprisingly Simple Truth Behind Extraordinary Results*. Austin: Bard Press, 2013.
2. RITCHIE, J. Bonner. "Who Is My Neighbor?". David M. Kennedy Center for International Studies, fev. 2005, https://kennedy.byu.edu/who-is-my-neighbor/.
3. Ibid.
4. "Girl Scouts Look at Social Issues". *Indianapolis Star*, 7 jan. 1990, https://www.newspapers.com/newspage/105886091/.
5. LAZARUS, Richard S.; FOLKMAN, Susan Folkman. *Stress, Appraisal, and Coping*. Nova York: Springer, 1984.
6. "Cognitive Reframing". Wikipedia, 9 dez. 2020, https://en.wikipedia.org/wiki/Cognitive_reframing.
7. KEGAN, Robert; LAHEY, Lisa. "The Real Reason People Won't Change". *Harvard Business Review*, nov. 2001, https://hbr.org/2001/11/the-real-reason-people--wont-change.
8. Ibid.
9. "Intel Launches a Huge Advertising Campaign: * Technology: The $250-Million Blitz Is Aimed at Cutting Down the Competition and Selling Its Next-Generation 486 Microprocessors". *Los Angeles Times*, 2 nov. 1991, https://www.latimes.com/archives/la-xpm-1991-11-02-fi-797-story.html.
10. "Ingredient Branding". Intel, https://www.intel.com/content/www/us/en/history/virtual-vault/articles/end-user-marketing-intel-inside.html.
11. KRUSE, Kevin. "5 Simple Ways to Be a Better Ally at Work". *Forbes*, 26 out. 2020, https://www.forbes.com/sites/kevinkruse/2020/10/26/5-simple-ways--to-be-a-better-ally-at-work/?sh=1fcb24f7642e.

12. "Getting Ready for the Future of Work". *McKinsey Quarterly*, 12 set. 2017, https://www.mckinsey.com/business-functions/organization/our-insights/getting-ready-for-the-future-of-work.
13. BRODESSER-AKNER, Taffy. "Bradley Cooper Is Not Really into This Profile". *New York Times*, 27 set. 2018, https://www.nytimes.com/2018/09/27/movies/bradley-cooper-a-star-is-born.html.

CAPÍTULO 8: MONTE UMA EQUIPE DE ALTO IMPACTO
1. BALDWIN, Heather Baldwin. "Net Profit: How the Philadelphia 76ers Slam Dunked Their Way to Sales Success Despite on Court Losses". SellingPower, 7 nov. 2017, https://www.sellingpower.com/2017/11/07/13192/net-profit.
2. Ibid.
3. FISCHER, Jake Fischer. "Despite Tough on-Court Season, 76ers' Sales Staff Finds Success". *Sports Illustrated*, 19 maio 2016, https://www.si.com/nba/2016/05/19/philadelphia-76ers-sales-tickets-nba-draft-lottery-sam-hinkie-brett-brown.
4. Ibid.
5. Ibid.
6. Ibid.
7. Ibid.
8. EDMONDSON, Amy, *The Fearless Organization: Creating Psychological Safety in the Workplace for Learning, Innovation, and Growth*. Hoboken: Wiley, 2019, p. xvi.
9. Ibid., 21.
10. ROSE, Dan, Twitter, 17 out. 2020, 19h35, https://twitter.com/DanRose999/status/1317610328046280704/.
11. LOTT, Ronnie, em conversa com Steve Young no Bill Campbell Trophy Summit, Universidade Stanford, 16 ago. 2019. Assisti ao evento e obtive uma gravação da palestra em vídeo.
12. BANDURA, Albert. *Social Learning Theory*. Nova York: General Learning Corporation, 1971.
13. Ibid.
14. Partnership for Public Service. "Government Leadership Advisory Council on Crisis Leadership". 13 jan. 2021, https://vimeo.com/500210129.
15. DIMMOCK, Stephen; GERKEN, William C. "Research: How One Bad Employee Can Corrupt a Whole Team". *Harvard Business Review*, 5 mar. 2018, https://hbr.org/2018/03/research-how-one-bad-employee-can-corrupt-a-whole-team.
16. KRAUS, Michael. "Advice for a Better 2021—According to the Research". Yale Insights, 21 dez. 2020, https://insights.som.yale.edu/insights/advice-for--better-2021-according-to-the-research.
17. VOLINI, Erica et al.. "Belonging: From Comfort to Connection to Contribution". Deloitte Insights, 15 mai. 2020, https://www2.deloitte.com/us/en/insights/focus/human-capital-trends/2020/creating-a-culture-of-belonging.html.

18. WILLIAMS, Joan C.; MULTHAUP, Marina. "For Women and Minorities to Get Ahead, Managers Must Assign Work Fairly". *Harvard Business Review*, 5 mar. 2018, https://hbr.org/2018/03/for-women-and-minorities-to-get-ahead--managers-must-assign-work-fairly.
19. CROFT, Alyssa; SCHMADER, Toni. "The Feedback Withholding Bias: Minority Students Do Not Receive Critical Feedback from Evaluators Concerned About Appearing Racist". *Journal of Experimental Social Psychology*, v. 48, n. 5, 2012, pp. 1139-44.
20. MORAD, Renee. "Women Receive Significantly Less Feedback than Men at Work—3 Ways to Change That". NBC News, 11 fev. 2020, https://www.nbcnews.com/know-your-value/feature/women-receive-significantly-less--feedback-men-work-3-ways-change-ncna1134136.
21. CORRELL, Shelley J.; SIMARD, Caroline. "Research: Vague Feedback Is Holding Women Back". *Harvard Business Review*, 29 abr. 2016, https:// hbr.org/2016/04/research-vague-feedback-is-holding-women-back.
22. BLACKWOOD, Kate. "Women Hear More White Lies in Evaluations than Men: Study". Cornell Chronicle, 18 maio 2020, https://news.cornell.edu/stories/2020/05/women-hear-more-white-lies-evaluations-men-study.
23. REED, Peyton (diretor), *Through the Eyes of Forrest Gump: The Making of an Extraordinary Film*, Paramount, 1995.
24. MOORE, Catherine. "What Is Job Crafting? (Incl. 5 Examples and Exercises)". PositivePsychology.com, 1 set. 2020, https://positivepsychology.com/job--crafting/.
25. WRZESNIEWSKI, Amy; DUTTON, Jane E. "What Job Crafting Looks Like". *Harvard Business Review*, 12 mar. 2020, https://hbr.org/2020/03/what-job--crafting-looks-like.
26. RATH, Tom. "Job Crafting from the Outside In". *Harvard Business Review*, 24 mar. 2020, https://hbr.org/2020/03/job-crafting-from-the-outside-in.
27. HOWARD, Christopher S.; IRVING, Justin A. "The Impact of Obstacles Defined by Developmental Antecedents on Resilience in Leadership Formation". *Management Research Review*, v. 20, n. 1, fev. 2013, pp. 679-87, https://doi.org/10.1108/mrr-03-2013-0072.
28. DOLL, Karen. "23 Resilience Building Tools and Exercises (+ Mental Toughness Test)". PositivePsychology.com, 13 out. 2020, https://positivepsychology.com/resilience-activities-exercises/.
29. SCOTT, Kim. "The 3 Best Leadership Traits for Managing Through a Crisis". Radical Candor, https://www.radicalcandor.com/candor-criticism-during-a--crisis/.
30. CARR, Evan W.; REECE, Andrew; KELLERMAN, Gabriella Rosen; ROBICHAUX, Alexi. "The Value of Belonging at Work". *Harvard Business Review*, 16 dez. 2019, https://hbr.org/2019/12/the-value-of-belonging-at-work.
31. GRUENERT, Steve; WHITAKER, Todd. *School Culture Rewired*. Alexandria, EUA: ASCD, 2015, p. 36.

CAPÍTULO 9: APOSTE TUDO
1. SANDOMIR, Richard. "Kevin Greene, Master of Sacking the Quarterback, Dies at 58". *New York Times*, 22 dez. 2020, https://www.nytimes.com/2020/12/22/sports/football/kevin-greene-dead.html.
2. CURIE, Eve Curie, *Madame Curie: A Biography*. Nova York: ISHI Press International, 2017.
3. Ibid.
4. O'KELLY, Eugene. *Chasing Daylight: How My Forthcoming Death Transformed My Life*. Nova York: McGraw-Hill, 2008, p. 78.
5. REED, *Through the Eyes of Forrest Gump*.

APÊNDICE B: PERGUNTAS MAIS FREQUENTES (FAQS)
1. ULRICH, Dave. "HR's Ever-Evolving Contribution". The RBL Group, 18 jan. 2021, https://www.rbl.net/insights/articles/hrs-ever-evolving-contribution.

Este livro foi impresso pela Cruzado,
em 2022, para a HarperCollins Brasil.
O papel do miolo é Pólen Soft 80g/m²,
e o da capa é Cartão Supremo 250g/m².